自由誰說了算？

奴隸廢除後的理想與現實

解放しない人びと、解放されない人びと
奴隷廃止の世界史

鈴木英明——著
陳嫻若——譯

導讀

從世界史角度追溯奴隸制度在人類歷史上的意義

馮卓健／輔仁大學歷史學系專案助理教授

生活中我們常常會聽到一些跟「奴隸」有關的詞語，例如：金錢的奴隸、工作的奴隸。這樣的說法所強調的是人在生活中失去了自由，受制於他人或是其他事物。自由跟奴役往往被簡單地視爲是反義詞：奴隸就是失去自由的人，自由就是不在奴役的狀態中。在現代社會中，人們愈來愈重視自己的權益，說到底，就是希望能成爲自己的主人，不想讓他人來決定自己的命運，認爲這樣才能擁有屬於自己的自由。自由的定義隨著時間的推進在歷史上有不同的意義，臺灣商務印書館的《自由：民主的盟友或敵人？思考現代社會的形成與危機》一書對自由的涵義的發展有詳盡的討論，在此就不多贅述。

奴隸制度在歷史上有非常悠久的歷史，這是人類歷史上的悲劇，是人類文明的光輝背後擺脫不去的陰影。要去講述奴隸制度的歷史不是一件容易的事，因為所謂的奴隸制度，在不同的時代、不同的地點，有著不同的形式與定義。由於我專攻美國早期的歷史，於是在攻讀博士班期間讀了不少有關美國奴隸制度的書籍和研究。其中許多研究都在探討大西洋世界的奴隸貿易，或是在大西洋世界奴隸的生命經驗。雖然都試圖超越美國這個國族範疇，但大多還是侷限在大西洋世界。然而，日本鈴木英明教授的這本書，從更廣泛的世界史角度追溯奴隸制度在人類歷史上的各種意義，闡述奴隸制度的根源，也描繪人類在廢除奴隸制度上的努力，以及廢奴在世界史上的意義。不僅在視野上具有突破性，而且是國內出版界難得一見如此完整而簡明地介紹奴隸制度這個主題的書籍。我們對於世界史的認識，特別是對於奴隸制度的認識，長期都受到從歐美觀點出發的影響，確實非常需要像這樣一部具備亞洲觀點的作品，讓我們真正具備世界史的視野，本書值得讀者認真閱讀與思考。

我們一般對於奴隸制度的印象多來自於歐美，因此臺灣讀者對於奴隸制度理應不太陌生，但是卻又不甚熟悉。奴隸的形象充斥在我們從美國所接受到的大眾文化之中。年齡稍長的讀者應該記得《亂世佳人》這部由小說《飄》改編的電影，這部電影在早年風靡了臺灣的觀眾，也在一九三九年獲得了奧斯卡金像獎最佳影片獎。年輕一點的讀者應該記得二〇一四年同樣獲得奧斯卡金像獎最佳影片的《自由之心》，無獨有偶地，《自由之心》也是改編自《爲奴十二年》故事中的主人翁的自傳。隨著時代的不同，這兩部電影所呈現的美國奴隸制度有很大的差異。《飄》的作者是白人女性，這部小說所反映的是在美國南方「命定敗落論」（the Lost Cause）下對於南方奴隸制的描繪與美化。《爲奴十二年》則是由被綁架並販賣爲奴的所羅門．諾薩普對其親身經歷的描繪，呈現出奴隸制度不人道、殘忍的特性。從《亂世佳人》到《自由之心》的視角的轉變，我們可以看出美國的大衆文化中奴隸制度形象的變化。

義大利的歷史學家克羅齊說：「所有的歷史都是當代史。」每個時代的史家所關懷的課題，難免會反映在他們的選題以及研究歷史的角度上。因此，上述的美國大衆文化中奴隸制度形象的轉變，其實代表時代風氣的變化，隨著這樣的變化，我們得以因爲史家提出更多元的視角而對於奴隸制度有更多的認識。一九七四年，美國歷史學家尤金．貞諾維斯（Eugene Genovese）寫出了《流吧！約旦河流吧！》（*Roll, Jordan, Roll*）一書，成爲當代美國研究奴隸制社會的奠基之作。他從一九六二就開始撰寫這本書，這本書是在美國民權運動社會脈動下的產物，試圖以奴隸制爲核心探討奴隸制如何塑造了奴隸所生活的世界。他認爲美國的老南方是一個歷史上很獨特的父權社會，以奴隸制爲其核心。奴隸主從基督教教義發展出一套意識形態來解釋和合理化他們這個殘酷的體制。他們自認爲有責任要「照顧」這些奴隸，而這些奴隸反過來有責任服從這些奴隸主。當奴隸不服從，這些奴隸主便有義務去懲罰他們，讓他們回到正軌。支持奴隸制度者堅持認爲這些奴隸的境況比在美國北部諸州和英國那些窮困的勞工更好。對貞諾維斯來說，這些奴隸主自認對這些奴隸的道德義務和承諾是老南方這種獨特世界觀的基礎，這也解釋了爲什麼南方可以合理化他們寧願主張從聯邦中分離出去，並建立南方邦聯。

在貞諾維斯的基礎上，美國歷史學家五十年來延續和挑戰了貞諾維斯的論點，對美國和大西洋的奴隸制進行了更徹底的研究。華特．強生（Walter Johnson）對國內奴隸貿易的研究、大衛．戴維斯（David Brion Davis）對廢奴運動的研究、艾拉．柏林（Ira Berlin）對奴隸社會的研究都是當中的經典之作。近年來，開始有愈來愈多的史家挖掘女性奴隸的世界，臺灣商務出版的《她所承載的一切》便是其中的佳作之一，從一個跨越不同時代布包的故事來講述奴隸制度如何影響了數個世代的女性，即便是已經在法律上廢除了奴隸制度。今年美國早期共和史家學會的年度最佳傳記獎頒給了紐約市立大學的大衛．沃德斯崔契教授（David Waldstreicher）的《菲利絲．惠特利歷險記》（*The Odyssey of Phillis Wheatley*），惠特利是在波士頓地區的一名極具文學天分的女奴，她的文學天分讓她成爲當時一個極爲特殊的例子，不但在英國出版了她的詩集，甚至受邀巡迴。她的主人讓她獲得自由，但之後她的人生急轉直下，最後在三十一歲就因病過世。大衛．布萊特（David W. Blight）的《斐德列克．道格拉斯：自由的先知》（*Frederick Douglass: Prophet of Freedom*）贏得了二〇一九年普立茲獎的歷史書獎，這本書敍述了道格拉斯的一生，他從早年的奴隸生活，學會讀寫英文，之後成功逃跑，從馬里蘭逃到北方去。之後他到處巡迴演講，推動廢奴運動。這些作品加深了我們這個世代的人對於過去的奴隸制的認識，也影響了讀者大衆對於奴隸和種族問題的態度。

不可諱言地，臺灣普遍欠缺對奴隸制的深刻了解，也因此常常不願意正視種族偏見和刻板印象如何影響了我們的社會，也無法眞正理解奴隸制的過去對全世界的影響。鈴木教授的這本書能打開我們的視野，讓我們從世界史的視野來認識和理解體會奴隸制度與廢奴運動在我們今日的世界中所劃下的深深的傷痕。

鈴木英明教授的研究專長是印度洋地區的奴隸制，在臺灣商務出版的「歷史的轉換期」叢書中《1789年：追求自由的時代》一書中他負責撰寫「印度洋西海域與大西洋奴隸制度／奴隸交易的廢除」一章。他長期鑽研這個主題，是撰寫這個主題的不二人選。我上述的例子大多集中於對於大西洋世界的奴隸貿易與奴隸社會的研究，但是鈴木教授在這本書中突破了這個以歐美爲中心的視野，讓我們看到一個全球性的、跨國的奴役體制與廢奴運動。他高明地強調跨國性與共時性，描繪的不再是一個單一的奴隸與廢奴運動，而是一個在全球的範圍內，多元同時並行的複雜運動。讓我們得以眞正反思廢除奴隸制度對我們所處的現代社會的意義。

奴隸一詞對於現在的我們來說是一個充滿負面意義的詞彙，當我們了解奴隸制度的歷史，便會發現奴隸制度之殘酷與不公，是超乎我們所能想像與體會的。每當在我講授的「從電影看美國歷史」課程中讓學生看到《自由之心》的影片時，學生無不感到極度的心痛與不忍。但電影所能傳達的，恐怕還未及眞實的殘酷。廢除奴隸制度的呼籲讓許多人感受到利益與道德之間的矛盾與衝突，這樣的矛盾與衝突也成爲人類歷史上在推動廢奴運動的過程中反覆出現的課題。思考奴隸制度的本質能使我們進一步沉思生活中奴役與自由之間的關係，思考不同族群之間的關係，思考在社會上具有優勢與弱勢者之間的關係。希望這本書除了讓我們更理解人類歷史上的這個悲劇，以及衆人爲了擺脫這個悲劇所付出的努力之外，也能讓我們沉思與他人之間的關係，讓奴隸制度這個悲劇不要有機會借殼復活，壓迫弱勢者的人生。

目次

導讀 從世界史角度追溯奴隸制度在人類歷史上的意義……003

序章 世界史的共同體驗——廢除奴隸……013
1 奴隸制與我們 014
2 廢除奴隸成為世界史共同體驗——本書的研究意圖 018
3 本書的方法論 027

第1章 新大陸與啟蒙時代……039
1 大西洋奴隸貿易 040
2 新大陸非洲黑人的奴隸制發展 049
3 將非洲黑奴奴隸化的正當性 055
4 啟蒙思想 064
5 奴隸貿易與撒哈拉以南非洲和全球史 071

第2章　環大西洋廢除奴隸網……079
1　貴格會成員　081
2　廢除奴隸貿易協會　091
3　帶有現實感的想像力　099
4　革命的時代　108

第3章　巨大的矛盾——十九世紀前半的大西洋與印度洋西海域……125
1　從廢除奴隸貿易到廢除奴隸制的迢迢長路　126
2　印度洋西海域　149
3　想像與現實的距離　158

第4章　全球／地方的政治性廢奴——或者是作為手段的廢奴……165
1　合眾國的維持與廢除奴隸　167
2　廢奴促成了國民誕生，成為走向輝煌近代化的一頁——拉達那哥欣王朝的例子　187

3 隱性奴隸的「發現」——《藝娼妓解放令》與東亞奴隸概念的傳播 199
4 廢除的奴隸制、未廢除的奴隸制——國際社會的情況 209

第5章 **不解放的人、不被解放的人，新加入的人** 219
1 奴隸們的去留 220
2 勞動力爭奪戰 235
3 雇佣契約勞動制 241
4 雇佣契約勞動制的廢除——再談自己與他者 250

終章 **廢除奴隸為人類帶來了什麼？** 259
1 本書的論點 260
2 世界史共同體驗的走向 268

後記 278
註釋 282

序章

世界史的共同體驗

——廢除奴隸

1 奴隸制與我們①

對於今日生長在日本的人們而言，「奴隸」、「奴隸制」、「奴隸貿易」等名詞，不論在時間上、在空間上，都距離我們十分遙遠。也許不同人還有不同的空想或妄想。但不論如何，恐怕沒有太多人對它們抱持正面的態度吧；多數人想到這些詞彙反而會產生負面情緒，有時還伴隨著厭惡感或不道德感吧。

換到另一個地方，地球上許多地區或國家，這些名詞會引起更強的忌諱感和厭惡感。二〇一二年，在美國喬治亞州小學發生的「奴隸算數問題」就是其中一例。亞特蘭大市郊的某所小學，老師發給兒童的二十道數學應用題作業惹出非議，掀起席捲全美的爭議。到底出了什麼問題呢？原來句中出現了奴隸。舉例來說，題目中出現這樣的語句：「樹上長了五十六顆橘子。如果八名奴隸摘取相同數量，請問每個奴隸可以摘幾個橘子？」「如果弗雷德里克一天被打兩次，一星期會被打幾次呢？」

有人指出，問題中的「弗雷德里克」讓人聯想到本身是奴隸的廢奴運動提倡者弗雷德里克・道格拉斯（Frederick Douglass，？—一八九五年）。學校積極展開調查。這位教師以「私人因素」辭職。他出的算數題目出現了奴隸令他丟了工作，類似的事件在全美一再的發生，網路上也充斥著相關的報導。電視劇《根》（一九七七年播出），描寫活在現代的非裔美國人在尋找祖先的過程中，接觸到奴隸貿易和奴隸制度歷史，其劇情成為一種社會現象，直至今日仍不斷重演。而改編自由黑人索羅門．諾薩普（Solomon Northup）在一八五三年發表的自傳、二〇一四年上映的電影《自由之心》，榮獲奧斯卡獎，如同這兩個典型例子，在美國，由於奴隸問題與人種問題深刻相關，民眾一向抱著高度關注，也一直是敏感的問題。

再舉另一個事例吧。在很多事情上，經常與美國展現不同極端的阿拉伯諸國，對奴隸問題的敏感性卻沒有太大差異。第一次前往波斯灣國家進行文獻調查的印象，至今仍然十分鮮明。由於我既沒有關於檔案館的精確資訊，也沒有管道，所以在開始調查之前，在網上找到一家媒合當地研究者和海外研究者的NGO團體，並先去見了他們的主管。一開始自我介紹「我正在進行奴隸貿易的研究」時，他立刻嚴厲的指責我：「在檔案館絕對不可這麼說。」我進一步解釋，我的立場並非基於特定的角度批判奴隸制度或奴隸貿易，而是希望將它定位在更廣大的脈絡中，從而呈現相對化的觀點。但是他充耳不聞，總之只要是調查奴隸相關的問題，檔案館就不會發給我調查許可，他繼續說，對檔案館與政府而言，「奴隸」是不存在於本國歷史的東西。也許各位會想這也太過誇張了。但是，舉例來說，在美國的書店很容易能找到奴隸相關的書籍，但是在波斯灣國家卻是難如登天。話雖如此，並沒有研究者否定這個地區曾經存在過奴隸貿易或奴隸制度的事實。

最後，在檔案館的調查作業順利完成，後來在該國的另一城市（那裡是海上交易網絡的連結點，文獻上也記載了輸入奴隸的內容）也進行關於交易全面性調查。在這裡也經歷另一個印象深刻的體驗。我若無其事的問起在當地認識的朋友：「這個城以前也有很多奴隸嗎？」他的笑臉突然嚴肅起來，回答我說：「不，這裡以前沒有奴隸。」從他回答時的冷淡和表情的變化，我不得不立刻把話題轉向別處。

如果比較上述兩個事例，再討論也沒有盡頭。我在這裡想說的是，現在，關於奴隸的討論在世界各地還是個非常微妙的問題。說得更正確一點，奴隸這個詞，在全世界都是極為敏感的。就如用「性奴隸」一詞來表現慰安婦時國際的反應，就是最典型的例子。各位不妨回想，二〇一五年，所謂的「伊斯蘭國」重啓奴隸制度的報導，在全世界都造成極度的恐慌和反感的反應。

然而，聽到這種新聞，首先，到底有多少人會眞正去思索被點名的奴隸制或奴隸的實情呢？過敏的反應大多是衝著「奴隸」這個名詞而來的吧。也就是說，我們並非冷靜的思索這個詞所指涉的具體內容，只是被「奴隸」一詞所帶來的衝突吸引罷了。「奴隸」一詞就是具有這麼強大的勁道。這種現象並非現在才開始。一九六〇年代，在聯合國經濟及社會理事會上，當時坦尚尼亞代表舉發南非共和國實行的種族隔離，以及非洲南部諸國效仿種族隔離實行的各種政策，是「奴隸制度不可容忍的事例」，而這只是其中一例。

既然如此，這種顯然已成爲全世界共識的抗拒奴隸反應，到底是從何而來呢？大家預設的答案是，人們假設人性涵蓋「道德」與情感層面，並從中尋求抗拒反應的原因。「奴隸制違反道德」、「奴隸制度是人類情感上無法認同的制度」「無法想像人類販賣人類」等等。事實上，許多讀者也許對這樣的答案稍感安心。但是，生活在二十一世紀，我們想到的「道德」無時代之別嗎？也就是說整個人類的歷史任何時代都能適用嗎？還有，我們面對某一事件或事物時產生的情感，與不同時代、身處兩地的人們所產生的情感之間並無不同，這種前提眞的正確嗎？如果道德無時代之別，人類面對某件事物所產生的情感也不因時代或地點而有所變化的話，那麼，爲什麼奴隸制度與奴隸貿易會存在那麼長遠的時間呢？至少在西元前二三〇〇年，美索不達米亞的泥板碑文上，就已經證實了奴隸貿易的存在。奴隸制度與奴隸貿易在地球上的許多社會並未引發巨大的反感，且存在極爲長久的時間，未曾中斷。然而這些行爲在十八世紀末到二十世紀初陸續遭到廢除，在這急遽的變化中，難道沒有線索來解讀今日對待奴隸的世界一致的情感嗎？如果有的話，則必須面對下一個問題。爲什麼是在這個時間點？而且爲什麼地球上的絕大多數地區在轉瞬間（與奴隸制度與奴隸貿易存續的悠久時間相比）廢止了這些制度呢？——至少在法律層面上。另外，生活在今日的我們與那段過去又有著什麼樣的關係呢？

2 廢除奴隸成為世界史共同體驗

——本書的研究意圖

民族國家史中的廢除奴隸、全球史中的廢除奴隸

本書主要的研究意圖是重新思索奴隸制和奴隸貿易的廢除（除非有特別區別的必要，下文廢除奴隸皆包含上述兩種意思），作爲全球世界史的共同體驗。

因此，我們必須超越一國史的大壁壘，因爲廢除奴隸深深埋葬在述說該國來歷的民族國家史中，被正向的描寫成該國引以爲傲的一大成就，甚至其中不少成爲一種輝煌的代表。很多時候還會出現英雄人物。例如，聽到「亞伯拉罕・林肯」，許多讀者腦中就會浮現「解放奴隸宣言」這個詞。在英國，也有以威廉・威伯福斯（William Wilberforce，一七五九—一八三三年）爲首，致力於廢除奴隸的「聖人」們，只是在日本沒有那麼高的知名度。泰國則有朱拉隆功王（拉瑪五世，一八五三—一九一〇年）。他們在各自的民族國家史中，都是非常受歡迎的英雄人物。廢除奴隸更被描寫成他們不愧爲「聖人君子」的輝煌功績。

或者，鄂圖曼帝國的廢除奴隸制被描述爲坦志麥特（Tanzimat）改革的一環，明治政府的《藝娼妓解放令》，也被定位爲明治維新的一部分。朱拉隆功的廢除奴隸制，是卻克里改革的一環，這類改革爲這些國家的近代化揭開序幕。廢除奴隸在這條脈絡中成爲重要的一幕，而被賦予意義。可以理解爲，隨著舊有的秩序被打破，迎來了許多國民所渴望的「新時代」，奴隸的廢除制度應運而生。總而言之，在解放過去受到虐待的人民，獲得「自由」的同時，也創造出包含他們在內的「國民」。這樣的解釋也透過紀念儀典或雕像的建立、博物館內的展示，和學校教育現場的一再傳述，深深植入「國民」的心中。

試舉一例。泰國曼谷郊外的佛統府有泰國蠟像館，雖然稱之爲蠟像，但當地以氣候炎熱，蠟會融化爲由，而使用矽氧樹脂製作。一走進蠟像館，造訪者最先看到的便是王族人偶。之後，沿著行進路線，陳列的是高僧人偶等。但是重頭戲是一系列有關朱拉隆功廢除奴隸的人偶群。相關的展示分成兩條路線，首先，呈現的是國王穿著正裝坐在王座上，前面趴伏著半裸人民的景象（圖 1）。這是國王親自發布廢除奴隸制的場面。接下來另一群人偶則呈現奴隸的生活。事實上，第一個場面的構圖與國王在曼谷興建的阿南達沙瑪空宮殿天花板濕壁畫相同。這所宮殿後來因爲一九三二年立憲革命，而被充當成國會議事堂，但是最初的用途是迎賓館。國王希望將濕壁畫展現給誰看呢？不論如何，這所博物館似乎是學校遠足的好去處，我走出館時，活潑的孩童們個個都對逼眞的蠟像露出驚詫的表情，即使如此，展場內還是歡鬧聲不斷。

所以，廢除奴隸以各種形式表現出來，它不但是人民耳聞的故事之一，對現代的國民而言，也是不可回溯卻必須切割的過去。由於它深深埋葬在民族國家史中，所以用超越這個框架的尺度來探討廢除奴隸的問題，變得十分困難。話雖如此，如前所述，這個問題如果只侷限在一國史中，恐怕難以完整理解爲何各國或各地區都集中在十九世紀與前後的時期廢除奴隸制度。在這一點上，若想要將全球視爲一體來掌握，廢除奴隸制問題，將成爲地球史的重要主題。

全世界的共同體驗與世界史的共同體驗

如果將廢除奴隸解釋爲人類按照自己的意願，廢除自己創造出來的制度，且不只發生在某個集團內，而是全球性的現象，那或許可以將廢除奴隸制度評定爲人類首見、歷史首次的經驗吧。提到人類全球規模的共同體驗，腦中會浮現霍亂等瘟疫和天災、異常氣象等。近年來環境史的顯著發展清楚地提

圖1 ——— 泰國蠟像館有關解放奴隸的展示

醒我們，地球作爲一個整體的存在②。相對於此，廢除奴隸是極度人爲的世界性共同體驗。僅僅在一百數十年之間，過去在各地連綿持續的交易與制度，在全球各地完全消失。它並不是零星並且偶發性的發生在世界各角落，而是互相關連。是什麼造就了人類史上首次的共同體驗呢？就結果而論，如今，連法律上容許奴隸制度和奴隸貿易的社會，幾乎已經不存在。照這麼說，這項世界性的共同體驗，乍看似乎是以美好的結局收尾；但是，這樣的結論眞的正確嗎？我倒認爲這項共同體驗，並未因爲法條上執行廢除，而劃上休止符，反而大大影響到今日我們周遭的狀況。本書便希望從這個意義上，解讀廢除奴隸在世界史上的共同體驗。也就是說，本書所謂的世界史上的共同體驗，並不只停留在廢除奴隸進臻爲世界性共同體驗的過程，也包含獲得共同體驗後世界的變化。

單數形？複數形？

前面寫到廢除奴隸是按照人的意願實現的行爲，而這裡所說的人是單數形，還是複數形呢？如果是單數形，把人類視爲一塊磐石，擁有某種共同的想法或認知，可以暗示人類本質上具備如「基於良心，絕對不會認同奴隸制」的理念，並基於這一點實行廢除奴隸嗎？還是說，它可意指某個特定的人物或團體，主導各地的廢除奴隸呢？相對的，如果是複數形，則是把不同階層的民衆視爲對象，喚起其對廢除奴隸的行爲本體與思想多樣性的關注。本書的立場爲後者。將人類視爲一整塊磐石，有可能陷入本質主義。也許有別的方法可以用單數形解釋並探討，但至少現在的我還做不到。

此外，奴隸制度相繼廢除，並不像骨牌效應，由一次廢除推下一次的廢除。各個社會中主導廢除的主體性質不一。在這層意義下，我們不能忽視在擁有個別性的各社會框架中，各個獨立發展擴大的廢除行動。這些行動有著在一國史的框架下累積起來的深厚底蘊。本書的目標雖然是全球史，但是不能忽視以較小單位爲對象的研究累積。不如說，描繪全球史的工作，非得借助那些研究之力才能完成。但是，僅僅蒐集事例，不足以構成全球史，必須在一國史的框架下，關注個別顯現的廢奴行動，與其他個別的廢奴行動有著什麼樣的關聯性，同時將這些事例連結起來。因此，本書的重要課題之一，是探討擁有多樣意志和意圖的多元主體，如何在不同的活動空間中交錯，以及在這種多樣性下，他們是如何編織出全球性的共同體驗的過程。

定義的界限③

在有關廢除的對象方面，這裡也想丟出剛才單數形或複數形的疑問。換言之，如果世界各地的奴隸制，或者被喚爲奴隸的人們，擁有超越了時代、地域的某些共通性，那就表示它是一種可以用單數形來掌握的對象。若是如此，就可以對奴隸制或有關奴隸作普遍性的定義吧。相反的，如果汲取不出共同性，雖然用奴隸這個共通性詞彙來塡充，但是卻意味著各種現象混爲一談、充滿了無法理解的多樣性。先從結論來說，本書採用後者的立場。奴隸制度和奴隸的實際狀態種類繁多，既有將之法制化，如《黑人法典》，由波旁王朝路易十四世執政時期訂定，鉅細靡遺的規定非洲黑人的使用方法等④，或是後代根據阿瑜陀耶王朝法律整理而成的《三印法典》裡的〈塔德法〉；也有像印度洋各地不成文的奴隸制。此外，奴隸們在每個社會負擔的功能也不盡相同。有的社會重視他們作爲單純勞力的功能，有的社會是將奴隸當成展現威望的財產，用來炫耀主人的社會地位、財力和權力。既有社會將奴隸當成獻祭犧牲品，也有社會嚴格限制主人的生殺大權。有的社會釋放率高，有的社會低。再者，從全球的格局來看，奴隸擁有奴隸的現象也並不稀奇。這麼多樣的性質眞的適合被侷限在某個定義中嗎？

過去許多研究者致力於奴隸的定義，但是至今尚未能達成充分的共識。讀者是如何定義的呢？可以想像的答案之一，是基於與「自由」對比的定義吧。一般來說，被解放的奴隸就是獲得「自由」。依循這一點似乎能形成「自由對奴隸」的構圖。但是，如果將印度洋周邊和亞洲各語言中，意指「奴隸」的單字排列出來，它展現出來的事實是，這些字彙幾乎全部都不是「自由」的反義詞。另一點，就是浮現在它們之間的多樣性。福澤諭吉將英語的freedom翻譯成日語的「自由」是個好例子，尤其是在亞洲各語言中，「自由」是基於近代以後外國傳入的新概念所創造的語彙⑤。另一方面，被指稱爲「奴隸」的人們從以前就存在了。例如，現代泰語中相當於「自由」的詞是「itsàrà phâap」，這個詞本來意味著「偉大」的狀態。塔涅特．阿封蘇旺（Thanet Aphornsuvan）便說，在泰國社會，直到二十世紀前半廢除奴隸制，展開撤除不平等條約運動、民族主義興起的時代，奴隸與自由的反義詞關係才固定下來。受到傳教士等的影響，才終於將itsàrà phâap固定爲奴隸的反義詞。

一九二六年國際聯盟奴隸條約中的定義⑥

直到今日，尚未完全確立奴隸的普遍性定義。今日許多研究者都承認，如果以古希臘、羅馬或是南北美洲大陸的事例爲準而嘗試下的定義，未必能與實際情況吻合——例如印度洋周圍各社會的事例。但是多數時候會援引一九二六年國際聯盟批准、通稱奴隸條約第一條，姑且定義如下。

「奴隸制度」指的是，針對附屬於某個人的所有權，行使部分或全部權力的個人地位或狀態。⑦

這個定義愈讀愈看不懂。例如，這裡所說的「所有權」含意，是否舉世皆同呢？對於所有權概念範圍之廣和多樣性，已經有各種討論⑧。若將這些暫放一邊，假設眞有超越時間與空間限制、人類社會普遍性共同的所有權概念，那麼個人的「狀態」屬於所有權的範圍嗎？

上述的定義是國際社會場域中首次獲得承認的奴隸定義，不過並不表示就此結束。後來，各種個人或集團想要強烈指責自己批評的對象時，會用「奴隸」這個詞來稱呼對方，操作奴隸的概念。將前面的種族隔離稱爲奴隸制就是其中一例。總之，在現代社會中，如果從一開始就想對這種敏感，卻也有用的「奴隸」一詞，給予概括性定義的話，就不得不執著於定義的問題；此外，透過事先的定義，而限定本書的研究目標，有可能會看不到原本應該列入討論範疇的對象，兩者都非本書的意圖。

不如說，我們應該在各語言的多種語彙相等的給予「奴隸」這個譯語，把它們視爲可以代換的同質事物，然後再把焦點放在它們被廢除的過程。本書想關注的，並不是事先決定好定義，再檢證各個稱爲「奴隸制」的制度是否合乎該定義，或是從一個個事例引導出定義，而是去觀察在「奴隸制度」被加上引號之前的狀態、被廢除的過程，這是世界共同體驗的過程，以及它引起什麼樣新狀態的過程。

3　本書的方法論

相關連的世界史⑨

我想加入方法論，將本書的目標再具體的說明一下。「比較」與「關聯」是探討全球史兩大方法論的支柱。基本上本書採用的是後者。以方法論的「關聯」而言，近年更細分出「跨國史」（transnational history）。

「關聯」既是方法論，同時也是思考全球性歷史時會爲我們提供靈感的現象。思考這種「關聯」的現象，就會浮現出「接續性」與「共時性」兩個關鍵詞。「接續性」指的是利用人與人之間進行有形、無形的交換或奪取，而與別人有所關聯。至於「共時性」，自然災害等就是很好的例子。也就是共同經歷某個事件而產生的關聯。從這裡來談論廢除奴隸這個世界史的共同體驗，算是雙重關聯的產物吧。廢除的個案接連發生，形成共時性，同時，該過程更進一步促進了接續性。接下來，我們將就這兩個關鍵詞，再稍微闡明一下本書中的焦點。

接續性——「想像力」連接的世界⑩

全球史探討的關聯，大多時候都包含在接續性的範疇。接續性雖然容易聯想到物質性的交換，但卻不只於此。關於接續性，本書的關鍵在於，自己對他者投予的「想像力」，尤其是區別自己與他者，或測量其距離的想像力，同時也是連結自己與他者、將心比心的想像力。這裡所說的自己與他者，既有單數形的時候，也有複數形的時候。

「他者」或「他者性」是奴隸制成立的重要元素之一，因而成爲許多研究舉出的關鍵字。總之，把奴隸視爲他者或是外來者，持續與主流社會隔離，對奴隸制的成立、維持十分重要⑪。但是，站在非洲、印度洋海域史、東南亞史的立場，見解卻大相逕庭，上述歷史的社會中，奴隸被主流社會同化的傾向很強。話雖如此，即使在這種社會，他者性還是奴隸化轉機中的重要元素。舉例來說，基督教徒與伊斯蘭教徒之間，在心理或法律上，會避免將同宗教信仰者當成奴隸。但是，奴隸並非總是來自其他社會。同一社會的內部，也有奴隸誕生的機會。懲罰與債務就是其中一例。在這種社會中，會將不守規矩、未能履行約定等規範的失序者，歸納爲某一種他者，進而視爲奴隸化的對象。如此可知，他者性是靠想像力形成的。如果他者性對奴隸制的發生或維持、或產生奴隸化的過程裡，具有卓越貢獻的話，也許我們可以假設，廢奴運動時，意識到某人與自己同屬一類的想像力，比意識到某人乃與自己無關之他者的想像力更重要。

此外，從本書介紹的事例中，似乎能呈現測量自己與多個他者團體世界之間距離的想像力。說得更具體一點，在廢奴運動方興未艾的十九世紀，也是所謂的國際社會擴大成全球規模的時代。爲了參與國際社會，必須得到會員資格的認同，而廢除奴隸就成了重要條件。對在國際社會內的人們而言，廢除奴隸爲什麼會是接受外在某人加入的重要條件呢？這個問題會是本書第 4 章後半著重的焦點。當然，單靠想像力是無法寫盡廢除奴隸的歷史，但是本書，它會是一再被提及的重要關鍵字。

共時性——十九世紀的大矛盾⑫

如果我們關注共時性，除了奴隸制的廢除是通過連接性逐步形成的全球共同體驗之外，我們也不能忽視與此相矛盾的其他共時性現象在同一時代並行發生的事實。那就是勞動力需求的顯著增加，其中尤其以熱帶、副熱帶地區爲中心。如果根據伊曼紐·華勒斯坦（Immanuel Wallerstein）討論的近代世界體系論，這個時期世界更加一體化，人與物的流通量增加，也因爲生活的均質化，「世界商品」的需求有了飛躍性的增加。砂糖和咖啡、辛香料和茶，在奴隸或類似立場的人加入生產的關係下，全都成爲生產量爆發性成長的世界商品。關於這一點，我們不能忽視尤以歐洲爲中心的活躍消費。舉例來說，英國的砂糖消費量，在一八〇〇年代約爲三億英磅，但是到一八五二年，已增加到三倍多，達到十億英磅。

另外，世界各地都在推動殖民地化，爲了統治殖民地區，基礎建設成爲各地刻不容緩的任務。鐵路鋪設和港灣的整建更是其中之甚。對於更多勞動力的需求日益增加，且更爲集中。而在許多殖民地區，能夠滿足勞動力需求的，只有奴隸。既然如此，爲什麼會推動廢除奴隸呢？在廢除奴隸後各地對勞動力的需求，未見衰退，甚至有所增加。例如，在一八九五年到一九〇二年之間，千里迢迢的從印度次大陸運來近四萬名勞工，爲英屬東非鋪設烏干達鐵路。

這種勞動力需求的增加與曾經支撐勞動力供應的奴隸貿易與奴隸制度的廢除，形成了極大的矛盾。但是如果考量到以下的觀點，這種矛盾或許會被視爲毫無意義而受到忽視，可以捨棄。因爲奴隸制經濟效率太差，有自主意識的薪聘勞工效率更高，所以奴隸制度才被廢除。這是自亞當．斯密以來，從反對奴隸制度的立場被一再傳頌的有力言論之一。總之，從經濟效率的觀點，奴隸制度的消滅可以說是一種必然。

但是，這種見解可以有多種反論。首先，事實上，英國到最後一刻仍反對廢奴的人，是在西印度群島採用奴隸的種植園主們，以及受到他們影響的國會議員們（參照第 3 章）。如果重視經濟效率的話，爲什麼他們不盡早轉向廢奴？與其相關的研究指出，在實證研究精確度提高的現在，也廣泛的接受了廢除奴隸制對大英帝國而言，是經濟性的自殺行爲。總而言之，廢除奴隸制讓大英帝國殖民地生產的農作物失去相當的國際競爭力。

而且，並不是任何地方都是爲了經濟利益而持有奴隸，負責家務等工作的家中奴隸就是個好例子。許多社會中，奴隸除了單純的勞力外，還具有其他價值。奴隸具有的功能多元性超越了單純勞力，這種奴隸在許多社會歷史悠久，如果根據這個事實，各位可能已經發現，只將奴隸制度理解爲勞動力的一種形態，讓廢除的意義簡化爲制度的轉變，則會冒出許多問題。例如，相對於因饑荒或各種苦衷，難以生存下去的個人，奴隸制度能提高其生存可能性。總而言之，在這種困境下，如果找到一個人蓄他爲奴，大多數時候，就表示衣食住無憂，至少脫離了生存的危機。或是，無法償還負債的人願意爲奴以代替還債，這種事例尤其多見於東南亞。如果在某些社會，奴隸貿易和奴隸制度達成了這種安全網的功能，那麼廢除奴隸爲這種社會帶來什麼呢？

雖然一般流傳的印象，奴隸就是對奴隸主言聽計從的人，但是這段描述多數時候都大幅偏離歷史的眞相。舉例來說，在伊斯蘭法中，奴隸確實是奴隸主的財產，它與家畜同樣是「會出聲的財產」，但是，奴隸主必須負責奴隸的衣食住，必須保障做人最基本的生活，當然也沒有生殺的權力，也禁止過度懲罰。不只是伊斯蘭法統治的社會，在世界上多數社會，滿足奴隸的衣食住，都是奴隸主的義務。如果疏忽照顧，他們的社會地位會明顯降低。因此，至少在中東和非洲大陸東部的伊斯蘭教徒之間，將出生於自家的奴隸賣掉是非常不名譽的事。在社會認知中，奴隸是奴隸主必須扶養、培育成健康大人的對象。賣掉這種對象的行爲，等於是無視社會的要求，放棄奴隸主應付起的不成文義務，將會大大傷害奴隸主的社會地位、名聲、名譽。由此可知奴隸制度與我們一般的印象大相逕庭，大部分的情況下，奴隸制度已深植在現實社會當中，有時對於成爲奴隸的人們而言，與生存息息相關，且存在了相當長的時間。

此外，在英國與美國，無論檯面上下，大衆的支持都對廢除奴隸提供了巨大的貢獻（參照第2章、第3章）。舉例來說，美國有一救援組織「地下鐵路」幫忙隱匿逃亡奴隸的行蹤，但它也是非法行爲。如果把廢奴的歷史定位單單聚焦在勞動制度的轉移上，他們運動隱含的瘋狂熱情就會立刻從討論範疇中消失。他們爲什麼會那麼賣命？只要停下來思考，應該不難想像，被解放的奴隸總有一天會流入自己身處的勞動市場吧。實際上它的確也成爲現實。贊成廢除奴隸的勞工後來必須在勞動市場上與前奴隸競爭，衆所周知，這間接導致了白人意識的形成。

十九世紀，世界各地充斥著類似的巨大矛盾。如果這種矛盾與廢除奴隸又成爲共時性現象的話，就不能只單單擷取廢奴的問題，在類似無菌狀態下探討它的發展，而是需要去了解奴隸制度和奴隸貿易如何在雙方相剋的過程走向廢除，換句話說，需要去探討奴隸制廢除所形成的這一巨大矛盾與其他各種問題之間的相互作用是什麼。關於這點，我們不能只談討到奴隸制度的廢除，就爲本書劃下句點。爲了將廢除奴隸描述成爲世界史的共同體驗，更有必要探索廢除奴隸之後，巨大的矛盾培養出什麼樣的世界（參照第5章、終章）。

相關的既往研究與本書的結構⑬

我希望在與既有研究的對比中，讓本書的定位稍微明確之後，再結束這篇序章。世界各地有關廢除奴隸的研究不勝枚舉。但是，用全球視野來思考這個問題的研究數量仍尚不多。原因之一是一開始提及的廢除奴隸在一國史中占據了重要地位。當然，過去並不是沒有嘗試過突破一國史框架來解讀這個問題，一九九三年出版、由馬丁．克萊恩（Martin A. Klein）編輯的《打破鎖鏈——近代非洲與亞洲的奴隸制、拘束與解放》（*Breaking the*

Chains: Slavery, Bondage and Emancipation in Modern Asia and Africa）是其濫觴。克萊恩在序文中提倡解放奴隸的世界史，蒐集了亞洲、非洲各地有關廢除奴隸制的論文。之後，更發行多本類似的論文集。然而，儘管克萊恩的提議是全球性的，絕大多數的論文仍然集中於環大西洋地區。近年，環印度洋地區相關的奴隸研究頗有進展，在過去以大西洋爲主的奴隸認知上激起了漣漪。雖然這個領域也出版了探討廢除奴隸問題的論文集，但是這本書研究的事例只限於環印度洋地區。

在廢除奴隸的世界性共同體驗中，橫跨大西洋的交流的確發揮了很大的作用（參照第1章、第2章）。在西洋世界奴隸制與廢除方面著作等身的大衛·戴維斯（David Brion Davis）就曾表示：「美國的貴格會教徒影響了英國的廢奴論者，而英國的廢奴論者又影響了美國，美國的廢奴論者也對巴西的改革者造成影響[14]」。從大方向來說並沒有錯，但我不認同他的視角只停留在環大西洋地區。不如說，我們必須著眼於以全球規模發展這種關連的過程，重新思考他的主張。也就是說，是否順著他的話語，補足觀點就能解決問題呢？

此外，本書並不支持霍華德·坦帕里（Howard Temperley）以下發表的言論。他編纂的論文集不只包含環大西洋地區的事例，也涵蓋了非洲大陸與英屬印度的例子針對奴隸制度的廢除，他如此評價：「儘管見解不同，但是它達到了整個歷史的人道主義之巓。」如果必須按照字面的意思理解，而不是諷刺的話，我對此才有極大的異見。只看結果的話，似乎可以接受這個評價。的確，在民衆大規模的請願運動推動下，國會達成了廢除奴隸貿易的決議，此後，世界各地也陸續廢除了奴隸制度和奴隸貿易。照他最擅長的大英（帝國）史的脈絡，人道主義的主張和基於此而發起行動的民衆貢獻，受到高度評價。而且現代英國也從中追求廢除奴隸的歷史意義。但是如果我們細細探索廢除奴隸成爲世界史共同體驗的過程，就很難同意坦帕里的評價。舉例來說，一八六〇年代之後，英國皇家海軍開始積極在非洲大陸東部沿岸監視奴隸貿易的活動，獲得了亮眼的成果。但是，那只是黑白不分的捉拿、破壞有載運奴隸或未載運奴隸的單桅帆船而已。事實上，參與這項監視活動的艦長在回憶錄中承認，自己艦隊的隨機捉拿、破壞，全是爲了皇家海軍規定的獎勵金。如果眞是這樣，奴隸貿易監視活動與人道主義該如何整合呢（參照第 3 章）？此外，如果觀察明治政府發布的《藝娼妓解放令》布告，同樣很難認爲它有貫徹人道主義的立場（參照第 4 章）。

對坦帕里的意見和異論，可以預料到會有以下文爲首的批評：當時的人道主義與現代理解的人道主義所針對的範圍不同。雖然這是值得傾聽的批評，但是與其把這兩者設想成毫無交集的不同主張，不如認爲雙方有某種關連性更爲合理。若是如此，就有必要充分關注它如何演變——也就是過程了。廢除奴隸內含的想法或意圖，隨著時代的演進，以及多種人士的參與中，變得多樣化。本書也想針對這一點進行深刻的觀察。如果我們承認這種變化和多樣性，並累積那些遠離人道主義的社會中推動奴隸廢除的例子，就不會那麼容易的把廢除奴隸這個世界性共同體驗，完全歸功於人道主義。此外如果人道主義深深影響了這個世界性共同體驗，應該能在廢除後的世界找到蛛絲馬跡才對。但結果如何？生活在今日的我們，又站在這個世界性共同體驗延伸出的哪一點上呢？我無法用一句話來總括，如同前面一再強調的，答案只有在描述廢除奴隸成爲世界史共同體驗的過程，才能回答出來吧。

第1章　新大陸與啟蒙時代

史上進行奴隸貿易最活躍的海洋，既不是印度洋，也不是太平洋，而是大西洋。雖然自十六世紀以後，從非洲大陸向西橫貫大西洋的奴隸貿易，只有三百幾十年的歷史，但是，比起歷史更悠久的印度洋奴隸運輸推測數量，大西洋運送的奴隸數量，幾乎與前者相同或者更多。本書既以廢除奴隸爲主題，自然不能忽視大西洋奴隸貿易的發展。因爲，大西洋正是孕育廢除奴隸成爲世界共通體驗的搖籃。

第1章中會追溯到發現新大陸爲止，探索大西洋奴隸貿易的發展，另外，我們先來思考爲什麼這場交易的對象全是非洲黑人，而非其他人種吧。故事從新大陸的發現開始。發現新大陸是大西洋奴隸貿易至關重要的事件，但同時也是廢除奴隸上不能遺漏的事件。

1 大西洋奴隸貿易

大西洋奴隸貿易的規模 ①

大西洋奴隸貿易的發生是大航海時代的副產物，由於發現新大陸，西班牙和葡萄牙將加勒比海島嶼和南北美洲大陸各地納入王室的統治時，就開啓了由非洲一路向西的大西洋奴隸貿易。一五二〇年代，由於加勒比海的阿拉瓦克人和加勒比人等與殖民者的戰爭，或是史稱「哥倫布大交換」帶入的傳染病，造成人口大規模減少，來自非洲大陸的實驗性奴隸交易便開始了。

關於這項交易，自九〇年代開始，美國埃默里大學的大衛．埃爾蒂斯（David Eltis）主導了全面性的資料蒐集，並據此建立了資料庫。成果公布在網路上，成爲一般熟知的「航海數據庫」（voyages database，以下簡稱爲ＶＤ）②。截至二〇二〇年，ＶＤ網羅了共計三萬六千一百一十筆橫跨大西洋的奴隸航海，並且計算出推測值。除去早期由葡萄牙船隻進行的交易外，這是現今有關大西洋奴隸貿易最值得信賴的數據和推算。參照這個數據，一五〇一年到一八六六年間，從非洲大陸西部運送了約一千二百五十多萬餘名的奴隸到大西洋彼岸。在已知不同時期數量有所增減的狀況下算出平均值，三個半多世紀之間，每年從非洲大陸運出約三萬二千多餘人。爲掌握它的規模有多大，我們試著參考從非洲大陸運往大西洋之外地區的奴隸數量。基本上，輸往大西洋的奴隸供給源在非洲大陸西部，但是在早期時，與之前就存在的橫越撒哈拉沙漠的奴隸貿易供給源，在地理上大幅重疊。一般認爲，在十五世紀以前，橫越撒哈拉沙漠的奴隸貿易每年不超過五千人③。此外，在一六〇〇年之前，從非洲大陸運到外地的奴隸數量，總計一年也只有五千到一萬人的規模。與這些數字相比，我們更能理解大西洋奴隸交易規模的龐大程度。

黃金與奴隸④

據考察，第一批被葡萄牙船隊帶離非洲大陸的黑人奴隸於一四四一年抵達里斯本。當時，葡萄牙籍的貿易船有一位船員，爲了取悅恩里克王子，在現在茅利塔尼亞沿岸的波哈多角（Cape Bojador）抓捕一對男女，將他們帶回葡萄牙。後來也陸續帶回附近的居民，但是葡萄牙人最初對奴隸並沒有表現出太大的興趣。不如說他們航海到非洲大陸西岸的主要目的是黃金。很早以前，地中海和

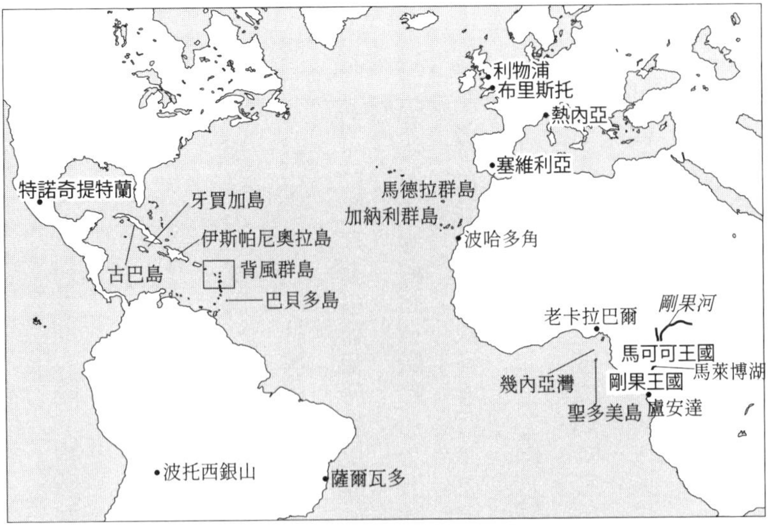

地圖 1 ——— 第 1 章出現的主要地名

中東就已傳說非洲大陸西部以黃金聞名。甚至中世紀阿拉伯文的地理書頻頻提到土裡埋的金塊如同胡蘿蔔一般多。一三二四年馬里帝國的國王曼薩．穆薩前往麥加朝聖，讓歐洲人發現這些傳說也許所言非虛。他在麥加和途中停留的開羅揮金如土的行為，讓埃及黃金市場的價格暴跌。之後，加泰隆尼亞地圖等文獻中出現疑似是馬里帝國國王曼薩．穆薩的圖像，他頭上戴著金冠、右手持金杖、左手抓著金塊，端坐在非洲大陸西部地區的王座上。顯示這個地區的黃金在地中海一帶已廣為人知。葡萄牙人最先盯上的是黃金。

但是，他們漸漸著迷於奴隸貿易。其原因有二，一是葡萄牙人擔當起非洲大陸西部奴隸貿易的仲介，建立了以黃金作為從中取得之利潤的機制。雖然學者們曾經就非洲大陸在大西洋奴隸貿易制度化以前，奴隸之於當地社會重要性進行討論，但多數研究者都認為，在這項交易發生之前，就已存在著發達到一定程度的奴隸制度與奴隸貿易。極早期時葡萄牙人嘗試過自己抓捕奴隸，但是這麼做當然伴隨著極大的風險，所以，當他們知道仲介業的存在後就放棄這種做法。葡萄牙人在非洲大陸西部區域內的貿易網絡中占據了一席之地，就像是十七世紀荷蘭東印度公司在亞洲區域的貿易活動，他們不僅僅是扮演仲介的角色。著迷於奴隸貿易的另一個原因，是葡萄牙在一連串航海活動中最早征服的馬德拉群島，開墾砂糖等作物的種植園，爲配合勞動力的需求，而必須進行奴隸貿易。馬德拉群島本來是無人島，一四一九年葡萄牙船漂流到此爲契機，開始進行殖民統治。十五世紀成爲出口歐洲砂糖的最大生產地。不只是葡萄牙人，熱那亞和西西里人都來此地從事甘蔗栽培。十六世紀初，人口從一萬五千人增加到一萬八千人的規模，其中，奴隸近二千人。馬德拉群島衍生的勞動力需求，最先由加納利群島的原住民來塡補，不久後供不應求。此外，西班牙的卡斯提亞王室於十五世紀末，也在占領的加納利群島從事甘蔗栽培，很快便出現勞動力不足的情形⑤。非洲黑人奴隸的需求應運而生，但完全依賴非洲黑奴作爲勞動力的種植園，則在聖多美島才出現。

聖多美島與剛果王國⑥

位於幾內亞灣的聖多美島，正是將種植園與非洲黑奴牢固結合起來的地方，這種模式隨後在新大陸迅速擴展。明確的發現時間不詳，但一四七〇年代初以前，葡萄牙航海者們就確定這個島的存在，並在一四九〇年代初期以前發展到定居化⑦。後來，甘蔗與其種植技術從馬德拉群島引進，一五一七年的階段時已確認有兩個製糖廠，同時，哪些人最適合作爲勞動力的相關知識也被帶入這座島嶼。即使是聖多美島經濟最豐足的一五七〇年代，島上的歐洲裔居民也沒有超過五百人。他們難以忍受當地的氣候，此外，開拓初期因爲生態環境的不同，也無法儲備歐洲人的日常飲食。因而，開拓這個熱帶雨林覆蓋的島，栽培甘蔗的勞動力，都不是這些歐洲居民，而是從對岸的非洲大陸運過來的勞動力。後來，在大西洋對岸栽培商業作物的種植園，以非洲黑人作爲主要勞動力的形態，已在聖多美島獲得了全面性的實踐。儘管生產的砂糖品質極低⑧，但是此島的製糖業，在一五二〇年代後期已經威脅到馬德拉群島業者，在這個世紀的第三個季度進入最盛期。雖然不知道島上的正確奴隸人口，但是最盛期時有六十到八十家製糖廠，每家都擁有一百五十名奴隸。從這裡可以概算出約九千到一萬二千名奴隸。

葡萄牙人發現聖多美島不久，一四八三年，葡萄牙王室與版圖從海岸延伸到內陸的剛果王國建立外交關係。這個事件，對葡萄牙人獲得奴隸帶來重大的影響。過去他們的奴隸供給源與橫越撒哈拉沙漠的奴隸貿易網供給源重疊，當然會有競爭對手。但是，剛果王國的版圖在橫越撒哈拉沙漠的奴隸貿易網南邊，並沒有深入參與這個交易網，葡萄牙勢力因而接觸到了「未曾開發的」奴隸供給源。依據ＶＤ的推算，這個新的奴隸供給源提供大西洋奴隸貿易的奴隸總數達到整體的百分之四十五上下。

葡萄牙船艦到達剛果之初，以剛果國王恩濟加・恩庫武（Nzinga-a-Nkuwu）爲首的剛果人，對葡萄牙擁有的航海、火器、建築相關技術表現出興趣。再加上他們認爲來自海上的客人具有神聖的力量。相反的，與這個前所未知的王國建立商業關係的可能性，也深深吸引著葡萄牙人，甚至幻想著能遇見傳說中的祭司王約翰（Prester John，譯注：十二世紀～十七世紀盛行於歐洲的傳說人物，據說他在充滿穆斯林和異教徒的地區中，統治著基督教的神祕國度）。在交流的過程中，基督教也隨之傳入剛果，恩濟加・恩庫武在一四九一年五月三日接受洗禮，獲教名喬安一世。一五〇六年去世後，他的兒子穆衛木巴・恩濟加（教名爲阿封索一世）繼承王位後，兩國關係更加深化。葡萄牙人在剛果河下游北岸的明杜利（Mindouli）到博科松戈（Boko-Songho）一帶發現了優質的銅礦，穆衛木巴透過壟斷歐洲商品的分配，試圖穩定自己的王位。請注意這個時候，葡萄牙的航海目的並未集中在取得奴隸。

剛果王、奴隸市場、貝殼貨幣⑨

進入一五一〇年代，葡萄牙人的奴隸需求升高，原因來自聖多美島甘蔗栽培的量產化，引爆了奴隸需求。在剛果王國從事奴隸調遣的葡萄牙人，多數是在這島上設有據點的人。穆衛木巴試著發動遠征獵捕奴隸，應付高升的需求，但是，到了一五二〇年代，需求進一步增長，王國的供給力已不敷所需。此時，從聖多美島等地上岸的私商，無視國王的意願，開始私自調遣奴隸。穆衛木巴並不樂見這種狀況，因爲這麼一來他就無法壟斷歐洲商品來穩定王位了。他曾多次執筆寫信給葡萄牙王，要求規範國內葡萄牙勢力的活動，也設置部署檢查他們販賣的奴隸是否眞的是戰爭俘虜，試圖扭轉局勢。一五二〇年代末狀況終於好轉，但是並非上述的努力得到了成果，而是國王找到了足以滿足葡萄牙勢力的奴隸供給源。馬萊博湖（Pool Malebo）附近出現了一大奴隸市場帶。原因是剛果王國與在馬萊博湖北岸接壤的提歐人（Tio）建立的馬可可王國之間，從十五世紀末就開始爭奪銅礦。無止境的爭戰結果，能夠穩定地抓到一定數量的戰爭俘虜——也就是奴隸。而且，這一帶在穆衛木巴就任王位之前，是剛果王國統治的地區，當時，他們允許葡萄牙勢力在這個區域駐留貿易——尤其是銅礦。也就是說，雙方都十分熟悉馬萊博湖周圍的地理風土。向這個市場帶供給奴隸的不只是剛果人，也有提歐人。市場上商品枯竭的話，提歐人會到更遠的地方運來奴隸。

據安妮·希爾頓的研究，這個市場出現後，奴隸供給既豐富又穩定，所以穆衛木巴再次穩定了政局。也就是說，此舉減輕了葡萄牙勢力與王臣私下發展交易關係的危險性，也防止葡萄牙勢力爲了購買奴隸，擅自出入王國的偏遠地區，從而避免當地情勢的不穩定性。值得注意的是，爲這個奴隸市場帶供給奴隸的提歐人想要木布拉貝幣。這種貝殼貨幣原爲小榧螺（Olivella nana），在提歐語稱爲「木布拉」，剛果語叫做「恩濟木布」，當時是在盧安達附近被採集。最初，葡萄牙人自己無法準備這種貝殼貨幣，必須從穆衛木巴處獲得[10]。這個奴隸市場帶持續發揮功能，再次讓剛果王體制穩定下來，直到十六世紀末，都是大西洋奴隸貿易一大供給地。

但是，剛果王國並未長治久安，一五四五年穆衛木巴死去後，陷入長期的內戰。一五七五年，葡萄牙在剛果王國當時版圖南端的盧安達，得到新的奴隸出口據點。這處良港位在大陸，而非島嶼，因此能更有效率地將奴隸運出海[11]。但是葡萄牙人在中非西部建立獲取奴隸的據點，並不表示幾內亞灣等地區從此擺脫了奴隸供應的角色。出現新的參與者從這些地方輸送奴隸到新大陸，只是時間的問題。

同時，在大西洋的另一邊，葡萄牙與西班牙王室擴張了各自的領土。西班牙勢力在一四九二年抵達伊斯帕尼奧拉島和古巴島等並建立據點，一五二〇年攻陷阿茲特克的特諾奇提特蘭，在廢墟之上建立新西班牙總督轄區的首府。此外，一五一九年攻下巴拿馬之後，也侵入南美大陸，滅了印加帝國。一五四四年將波托西銀山收入囊中。相對的，葡萄牙人佩德羅．艾瓦里茲．卡布拉爾（Pedro Álvares Cabral）在一五〇〇年到達巴西，葡萄牙勢力自一五三四年之後，嘗試在巴西定居。一五四九年建設了首都薩爾瓦多，出兵征服各地。在這個新天地，從一五三〇年代就已經嘗試甘蔗栽培，在征服者眼中，開發這些新占領的廣大土地發展的可能性，已不再是夢想。於是，就需要能參與開發的勞力——奴隸。別忘了西北歐洲的人正從旁觀察這一局勢。很快的，他們也步上後塵。大西洋東西兩側展開史上最大規模的奴隸貿易，如同齒輪咬合般，實行與準備同步運作著。

2　新大陸非洲黑人的奴隸制發展

新大陸非洲黑人的奴隸制發展⑫

巴托洛梅．德．拉斯卡薩斯（Bartolomé de las Casas，一四八四—一五六六年）是出生於塞維亞的天主教教士，在廣大新西班牙總督轄區活動。他最廣爲人知的事例是，站出來對殘酷對待新大陸原住民的殖民者提出異議。他的奔走宣講揭開了「委託監護制」（Encomienda）迫害原住民的實情，因而成爲一大轉機，最後促使一五四二年頒布《印地安新法》。殘酷奴役原住民的行爲在西班牙屬地成爲不再合法，委託監護制的廢除也是早晚的問題。他費時多年撰寫的《西印度毀滅述略》（一五五二年發行）和《印地安史》（一五六一年發行）也是他畢生活動的集大成。然而，在他倡導保護原住民的同時，他也清楚知道，如果沒有勞動力，殖民地的經營將無法維持下去。如果不用新大陸的百姓，那該用誰才好呢？他提出具體的代替方案。在一連串解放原住民脫離殘酷奴役的重點活動中，他一再提出利用非洲黑人奴隸（以下簡稱黑奴）作爲替代方案。

有關新大陸黑奴制與拉斯卡薩斯的關係，有種種的解釋。有人認爲他的一連串主張，成爲非洲黑奴制與奴隸貿易發展的強大根基，但也有人指出他後來也反對非洲黑奴制，他只不過是暫時性性容許這個制度⑬。至少，在《印地安史》中散見各處的言辭都領會得到他的悔恨。例如，關於他向西班牙國王進言，解放原住民，並以黑奴取代之，他記述：「悔恨深深的折磨著我，我應負擔自己的淺慮之責。這是因爲主教（拉斯卡薩斯）調查確定，黑人被抓捕時的狀況，與印地安人被囚捕時的狀態一致都是透過不正當的手段」⑭。問題是，不只拉斯卡薩斯認爲使用非洲黑奴取代原住民更好（至少在某個時期以前）。許多呈遞給西班牙國王、保護原住民請願書中，甚至主張一名非洲黑人的勞動力，相當於四到八人原住民。

在西班牙王室統治的地區中，最早正式引進非洲黑奴的地方是大安地列斯群島，這些島是西班牙勢力後續征服活動的據點，也是殖民地統治的實驗場，因此需要勞動力。島上已有一定程度的人口符合需求，大安地列斯群島中最大的伊斯帕尼奥拉島，在哥倫布到達時，全島擁有一百萬人左右的人口。但是被西班牙征服後，許多原住民不適應嚴酷的粗重工作，或者是被殖民者無意間帶入的流行病感染死亡。最後，該島的原住民人口在一五〇八年只剩六萬人，一五七〇年的記錄記載，人口驟減到五百人以下。而在一五二五年，開始從非洲大陸直接向新大陸輸送奴隸。⑮

另一方面，葡萄牙王室宣告占有的巴西，則稍遲在一五六〇年左右起，明顯有非洲黑奴流入。到達巴西之後，殖民者主要的目的，是取得用於染料的巴西紅木，不過自一五三〇年代到四〇年代，甘蔗種植逐漸興起。一五三〇年，葡萄牙派遣蘇沙馬添（Martim Afonso de Sousa）率領遠征隊，主要任務是掃除巴西沿海的法國船隻與探險。隊中有嫻熟甘蔗種植者，也有不少在馬德拉群島有過甘蔗種植經驗的葡萄牙、義大利和法蘭德爾籍人士。巴西殖民地的樣貌開始發生巨大的轉變。

由於聖多美島出產的砂糖品質低劣，而價格低迷，相對於此，初期巴西產砂糖品質雖然不及馬德拉群島，但是卻大大勝過聖多美產砂糖。舉例來說，如果比較十六世紀後期里斯本每一阿羅巴（約十四．七公斤）的砂糖價格，馬德拉產可賣二五〇〇到三〇〇〇雷亞斯（Reis），聖多美產只賣到六三〇到九五〇雷亞斯，巴西產有一四〇〇到一八五〇雷亞斯。巴西甘蔗每單位面積的收穫量高，製糖能力也很熟練。所以，甘蔗移植後不到二十年時間，巴西的砂糖生產量便與馬德拉群島並駕齊驅了。高產量也就帶動了勞動力，也就是奴隸需求的增高。一五五九年，聖多美島的王室代理下達出口奴隸的命令，只要持有巴西行政官發行的證明書，製糖業者即可從該代理人統治下的地區直接買入奴隸。非洲黑奴交易的引擎朝著巴西全面啓動。⑯

依據VD的研究，十六世紀後期，流入巴西的非洲黑奴呈爆炸性的成長。十七世紀以後聲勢不墜，不久就凌駕了輸入量相對低落的西班牙屬地之上（參照圖2）。砂糖生產量的曲線也與之相似。在一五八〇年的階段，生產量爲年產五千噸左右，但是半世紀後躍升至二萬噸。再前進到一六四〇年代，巴西生產的甘蔗糖占據了歐洲市場的八成。

西北歐勢力的加入與新砂糖生產地的興起⑰

但是，歐洲市場的巴西產砂糖勢如破竹的優勢並未長久。到了十七世紀，英國、法國、荷蘭，甚至丹麥等國家，獲得國王特許狀的新興勢力紛紛開始參與新大陸的活動。這些新興殖民地多數也都傾向生產砂糖。

舉例來說，一六二〇年代，英國確立了巴貝多島的統治，最初開闢的是菸草種植園，但是品質比維吉尼亞產的差，在市場上銷路不佳。隨著時間推移，到一六四〇年代初，該島開始嘗試種植甘蔗，藉由荷屬巴西的移居者帶入的製糖技術，從一六四〇年代末起，質和量都有亮眼的提升。依據一六六九年的推算，英屬西印度群島輸往英國的砂糖，有八成來自巴貝多島。

後來，到十八世紀前期，同爲英屬的背風群島與牙買加島的砂糖生產超越了巴貝多島。尤其是牙買加島，積極的從領先的巴貝多島和背風群島招攬擁有奴隸的栽培園主定居。不只如此，他們也接受來自歐洲的僱傭契約勞工，不過，此島的白人人口在一六八〇年到一七〇〇年之間，約從九千人減少到七千人。相反的，非洲黑奴人口在一六七三年到一七〇三年之間，從一萬人激增到四萬五千人。這種對比鮮明的人口動態，可以扣住以下兩點來說明。一是熱帶的氣候和非洲大陸帶來的疾病，或者是移居他島造成的白人人口減少。另一點是大規模種植園的誕生。

英國剛剛占領牙買加島時，移居者大多是承接西班牙人經營的可可、棉花、木藍等小規模的種植園，也繼續使用在當地的非洲黑人。但是，移居者們因病倒或離島、死亡等，漸漸放棄了這些作物的經營，這些小規模種植園被有資本的栽培者收購、合併，並將農地轉型爲收益更高的砂糖栽培，但這需要投資製糖廠等設備。這一過程出現在十七世紀第三季到十八世紀中期，之後，大型種植園也逐漸向島內地區擴展。

於是，包含加勒比海在內，整個新大陸

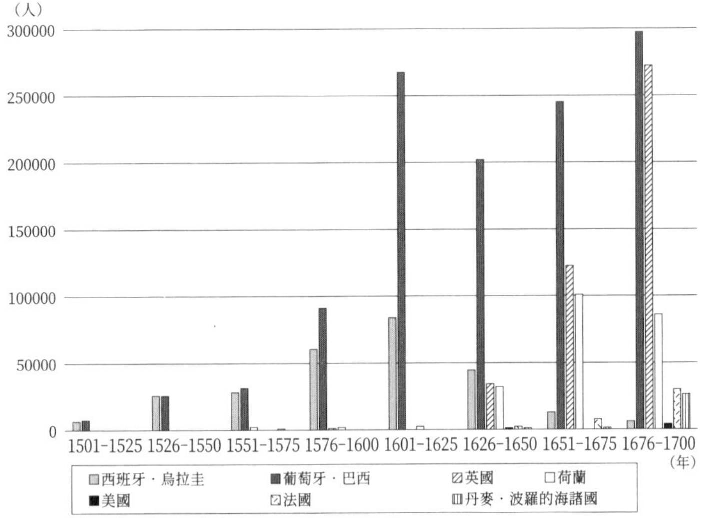

圖 2 ——— 大西洋奴隸貿易的規模（1501—1700 年）

的面貌快速變化的過程中，非洲黑奴成了不可或缺的角色[18]。

3 將非洲黑奴奴隸化的正當性

為什麼是非洲黑人[19]？

爲什麼被當成奴隸的對象都是非洲黑人呢？原因之一在於聖經的世界觀。收錄在舊約聖經《創世記》的著名故事——〈諾亞方舟〉，有時因爲加上了浪漫的元素，所以爲許多讀者耳熟能詳。故事中，神看到人類墮落，於是引發洪水欲滅絕人類時，「與神同行的正直之人」諾亞受神之託，開始建造方舟。方舟完成後，諾亞與其妻，三個兒子與他們的妻子，以及所有動物成對的進入方舟，方舟安然渡過了四十日四十夜的洪水，所有墮落的人類滅絕，只有方舟內的生物存活下來。諾亞從方舟放出的金絲雀又飛回來了，了解到他們離陸地很遠。第二次放出金絲雀時，牠沒再回來，因此確定方舟離陸地近了。相信很多讀者都還記得這個場景的描述。問題出在這一節之後。洪水退去，神對人類許下不再興起滅絕災難的承諾後，諾亞一家人回到土地上定居。諾亞栽培葡萄、釀酒，但有時喝得爛醉，赤裸著睡著。他的兒子含見到這光景，就叫來閃和雅弗兩兄弟，兩人背著臉拿著衣服幫父親蓋上。諾亞醒來後得知兒子的作爲，就用下面的話詛咒含的兒子迦南：「迦南當受咒詛，必給他弟兄作奴僕的奴僕」，又說「耶和華——閃的神是應當稱頌的！願迦南作閃的奴僕。願神使雅弗擴張，使他住在閃的帳棚裡；又願迦南作他的奴僕。」（〈創世記〉9：25—27）

依據〈創世記〉的說法，全世界的人都源自於諾亞的兒子們。洪水之後，他們把地球上的大地分割成三塊。分割的地表，歐洲交給雅弗，亞洲交給閃，非洲交給了含。約在九世紀左右前，以這樣的聖經世界觀爲基礎，誕生了TO圖（圖3）。這個世界圖隨著十字軍東征，資訊量有了飛躍性的提高。之後亦隨時補充知識，常保現實感，一直流傳到十五世紀。含的子孫（非洲），應該成爲雅弗與閃子孫（歐洲和亞洲）的奴僕這個認知，也被納入世界觀中成爲定論。這個觀念根據《創世記》，把非洲黑人視爲最適合當奴隸的人選，稱爲「含的詛咒」，在六、七世紀逐漸確立，當T

圖3｜依西多祿《詞源》的TO圖

O表示地球的形狀，大地被T字（河川或海洋）分割成歐洲、亞洲和非洲。大地爲海洋（環海）所圍繞，環海的終點就是地球的盡頭。

〇圖不再影響現實世界之後，它的影響力還仍延續到到二十世紀[20]。

只不過非洲黑人在新大陸被當成奴隸，還有基於實用性的其他理由。殖民者早已在馬德拉群島、聖多美島等地積累了對非洲黑人作爲勞動力的經驗與知識，這些經驗不僅限於葡萄牙或西班牙殖民者，還傳播到了其他地方。例如，它會由巴西前往巴貝多的栽培者傳播，也會像英國從西班牙奪取牙買加島後，接手前統治者留下的種植園和使用的非洲黑奴。

除了非洲黑奴以外的選擇？[21]

但是，難道不能用新大陸和加勒比海各島的原住民嗎？爲什麼非要千里迢迢的從非洲運來黑奴呢？其實，原住民也成爲殖民活動的勞動力之一，但是，只因爲他們對殖民者帶進來的病原菌非常沒有抵抗力，與已有免疫力的舊大陸民衆不同，沒有免疫力的新大陸百姓與病原菌的接觸是致命的[22]。在新大陸，殖民者的征服與他們帶入的病原菌，讓原住民的數量比哥倫布到達之前大幅減少[23]。此外，在到達巴西後的兩個世紀間，殖民者遇到的當地人大多是漁獵採集者，這個事實透露出這些社群無法提供足夠的農業或礦業勞動力來滿足殖民者的需求。話雖如此，對殖民者而言，原住民隨時隨地都在，也並非完全不能使用的勞動力。西班牙屬地內就利用「委託監護制」積極的使用原住民奴隸。然而，我們不能忽視的是，殖民者與原住民的接觸本身，助長了病原菌的傳染，最後導致了原住民人口銳減的結果。不論如何，殖民者面對獲得的廣大土地和其農礦業相關的潛在可能性，剩餘可茲作爲勞力利用的原住民數量極少，必須有人來塡滿這個空缺。

既然如此，把歐洲人帶過去也可以吧？事實上，囚犯、俘虜或者是流浪者，都是歐洲各國進軍海外時的先鋒部隊。舉例來說，首任巴西總督托梅．德索薩（Tomé de Sousa）在建設葡萄牙屬巴西首個主要港口薩爾瓦多時，就帶了六百名流放罪犯過去，令人聯想到最初作爲流放地的英屬澳洲的歷史。然而，歐洲人並未成爲新大陸勞動力的主要來源。

爲什麼不是歐洲人呢？關於這個問題，可以舉出幾個可能的解答。第一是歐洲內部的勞力需求太高。例如，赫伯特．克萊因（Herbert S. Klein）就曾指出，在所謂「繁榮的十六世紀」中，工商業的發展和城市的發達，成爲大量歐洲人到新大陸從事單純勞工的一大障礙。但是，後來的「十七世紀危機」時代又如何呢？這個時代的歐洲進入小冰河期，農作欠收減產，各地連連爆發諸如三十年戰爭或淸教徒革命等戰亂，女巫審判等也擴大了社會不安。生活貧困者、戰爭俘虜、因異端或違法行爲而下獄的罪犯應該不在少數。

對於這一點，西摩・德瑞雪（Seymour Drescher）提出了進一步的論述。他指出如果歐洲各國把互相戰爭中捕捉的俘虜，送到新大陸強制幹活，那麼各處必定會發生報復和營救戰俘的行動。這樣的行動不僅會威脅到殖民地的穩定，還可能影響到海外貿易和海上運輸的安全。發生這種情形時，像葡萄牙那種人口較少的國家，想要戰勝報復戰爭顯然有其難度。此外，將殖民地得到的財富運回本國時，如果遭到他國報復的艦隊逮獲或是擊沉，那就化爲烏有了。不只是這種復仇戰爭，也可能發展出搶奪俘虜的戲碼。殖民地的經營，原則上是少數殖民者使喚多數勞工所形成，所以如果在人數上具壓倒性多數的勞工，趁著搶奪同僚的機會，揭竿造反的話，殖民者不是對手。當然還有俘虜在殖民地發起叛亂，趁機發動搶奪行動。此外，在基督教世界中，戰爭是遵照「正義戰爭理論」（jus bellum iustum）合理化下執行。如果保障勞動力成爲戰爭的目的，那麼理論也有修改的必要。正義戰爭理論在十四世紀左右，由多瑪斯・阿奎那（St. Thomas Aquinas）建立該思想。阿奎那認爲，一場戰爭若要成爲正義戰爭，必須滿足三個條件，(1)君主應在正確的目的下宣戰，(2)有正當的原因，(3)基於正確意圖執行。從羅馬或西哥德時代就依據《市民法》，承認正義戰爭的結果，可將俘虜當成奴隸，運用在勞動力上。從正義戰爭論的觀點，羅馬時代的哲學家希波的奧古斯汀也認同正義戰爭下的掠奪。但是，換言之，掠奪終究必須是正義戰爭帶來的結果之一，以掠奪爲目的的戰爭，絕不能稱爲正義戰爭。也就是說，不能合理化以獲取奴隸爲目的的戰爭㉔。

自他的分界

德瑞雪的理論雖然明快，但是留下了兩個疑點。第一，從正義戰爭論的觀點，該如何說明將非洲黑人當成奴隸使喚的正當性。似乎不難得出這個問題的答案。舉例來說，如前文所述，葡萄牙軍在非洲大陸西岸，透過向當地人購買而取得奴隸。這些奴隸如果核定爲非洲內部正義戰爭後俘虜的人，就有了獲取的正當性。此外，在新大陸獲取原住民奴隸時，也可以看到在購買前，確認該名奴隸是否是正義戰爭下的俘虜，或滿足上述正義戰爭要件下獲得奴隸的案例。拉斯卡薩斯之所以後來對非洲黑奴制表達深刻悔恨之心，也是因爲他發現，被帶到新大陸的非洲黑人，受到葡萄牙人「不正義且暴虐的方法令其奴隸化㉕」。另一個疑點是，歐洲各國之間的戰爭而獲得的俘虜，是否會等待援軍前來拯救？我們這種已經具有深刻國家歸屬意識的人較容易理解德瑞雪的說明，然而套用在這個時代的民眾身上是否合適？我所說的是，因爲這個時代歐洲各國的軍人多是傭兵，出身來自四面八方，應該與我們容易聯想的「爲國作戰」觀念相差懸殊。

第二個疑問，即使縱覽先行研究也很難找得到答案，但是，如果拉到自他分界的問題來思考的話，下面有關大衛・埃爾蒂斯提出的論述值得關注。他指出，從歐洲將罪犯、俘虜或流浪漢送到新大陸的費用，實際上比從非洲運送人力的成本更低，而且歐洲這類適合新大陸的潛在勞工也很充足。然而，由於歐洲內部的文化和心理上存在非常高的障礙，這並非一個現實的選擇。總而言之，埃爾蒂斯的論述是說，中世紀歐洲內部的奴隸制結束之後，就對奴隸制產生出避諱的感覺，與歐洲人在同時期形成的意識（埃爾蒂斯使用「內側之人」一詞）交疊，所以歐洲人避諱將同樣來自歐洲的自己人當成奴隸使喚的感覺，已經是泛歐洲性的結果了。他在擴展這個論點中舉出了豐富的事例，有關歐洲人對奴役歐洲人的避諱感，例如，他舉出一六五五年將七十二名英格蘭政治犯送往巴貝多島的事件，引發了極大的爭議，最後民眾向英國國會請願。他也指出，歐洲人對奴隸制本身的厭惡，從英國的愛國歌曲〈統治吧，不列顛尼亞〉（Rule, Britannia!）中反覆唱頌「不列顛人，絕對、絕對不要成爲奴隸」（Britons never, never, never will be slaves.）就可以看出。若是接受這個論述，在歐洲人的印象而言，奴隸的對象只能是外側的人，內側的人不行。經歷過「哥倫布大交換」的新大陸，非洲黑人也就成爲最適合的對象㉖。

如果我們接受這個論點，那麼，通過排除其他選項，非洲黑人逐漸成爲歐洲人在新大陸強制勞動的首選對象。

新大陸的發現與非洲黑奴正當性的動搖

有趣的在於下一點。將使用非洲黑人的奴隸制正當化的同時，新大陸的發現讓歐洲的基督教徒，在把黑人當成奴隸上遇到了一個大問題。在《聖經》的世界觀中，無法明確解釋在新大陸遇到的是什麼人。當他們理解哥倫布發現的土地不是印度，而是別的地方時㉗，也暴露出《聖經》世界觀的界限。

同時，新大陸的發現，也使源自於希臘化時代學問上的「可居住領域」（Ökumene）概念產生了動搖。根據這個概念，自己所住的居住領域周圍，應該是人類無法居住的廣大領域。而且，從居住領域中心愈往不可居住世界走，愈是不適於人類生活的環境，文明程度也大大降低。所以，了解新大陸是自己知識所不及的地方，就意味著了解自己已涉足所謂不可居住世界的地方。在那裡遇到的與自己相似的生物，真的是同樣的人類嗎？殖民者的疑問不得不從這裡出發。但是，很快的，他們就認知到那些人與自己同樣是人，而且還發現了優越的文明。那麼，根據「可居住領域」的概念，該如何解釋那些人和他們的文明呢？

「可居住領域」的概念與聖經世界觀的動搖，也必然動搖了基於這些世界觀所支撐的非洲黑奴制度正當性的「含的詛咒」理論。但是，這一動搖並未立即轉化為對非洲黑奴制度的反對。不僅如此，新大陸殖民者與當地人的實際關係進展，如同拉斯卡薩斯主張中提到的，甚至還促進了將非洲黑人當成奴隸的做法。含的詛咒反覆的以各種形式長駐在人心中，持續到二十世紀。關於非洲黑奴制的正當性討論，在這個階段後還看不出結論。但是，新大陸的發現暴露出歐洲人過去信仰的世界觀或概念的界限，也成為啓蒙思想萌芽的一大主因。

4 啟蒙思想

啟蒙思想㉘

《百科全書》爲啓蒙思想期的代表著作，依據書中對啓蒙思想家的解釋（法語的Philosophes）是指「跨越偏見、傳統、社會共識與權威。也就是那些令大部分人的心靈處於從屬地位的所有事物，並努力以自己的頭腦進行思考的人們。啓蒙思想則可以說，是從既有知識框架追求自由的運動。在《聖經》世界觀和「可居住領域」概念支持下建立的非洲黑人奴隸制，也是他們討論的主題之一。

他們對奴隸制的抨擊是什麼樣的呢？大略整理的話，可區分爲經濟性的觀點和人道主義的觀點。當然兩者並非互相對立，而是融合性的。舉例來說，以發現氧氣和光合作用特性聞名的約瑟夫．普利斯特里（Joseph Priestley，一七三三—一八〇四年），在批評奴隸制上就融合了兩方面的觀點。但是，這裡我想依循這個方向，以突出雙方的特徵爲優先。

從經濟觀點展開批判的論者，當然不可少了亞當．斯密（一七二三—一九〇年）。最廣爲人知的，就是他在《國富論》（一七七六年出版）中指出，奴隸勞動的經濟效率比自由人勞動差。此外，根據他的學生筆記所整理的《法理學講義》第二卷中的論述提到，奴隸被迫在恐懼暴力威脅下幹活，而且不留任何自主思考改良方法的餘地，這種無效率的勞動，從結果來說費用比自由人勞動更高。

另一方面，人道主義立場的基本出發點在於確認自然權。具體來說，自然權是在政府成立前的狀態下，已經存在的生命、自由、財產、健康的權利。這是人與生俱來的權利，不可以轉讓給他者。這是湯瑪斯·霍布斯（Thomas Hobbes，一五八八年—一六七九年）與約翰·洛克（John Locke，一六三二—一七〇四年）共同的理念。從這個立場來看，黑人同為人類，卻被迫冒著生命危險搭乘奴隸船航海，在奴隸制度下從事苛刻的勞務，便是侵害其自然權，是不被允許的。例如，洛克在《政府二論》中有如下的論述：

> 人類生來的自由，就是不受人間任何上位權力的約束，也不處於人們意志或立法權之下，只能以自然法作為自己的準繩。（中略）這種不受絕對、任意權力約束的自由，對於一個人自我保衛極其必要，並且有密切的關聯。當人類失去這種自由，將同時喪失自衛手段和生命的權利。因為一個人並不

具有創造自己生命的權力，就不能用契約或通過自身的同意，把自己交給他人奴役。或是置於他人絕對的、任意的權力下，任憑其奪去生命㉙。

而且，奴隸狀態就是「合法的征服者與俘虜之間持續的戰爭狀態」，一旦雙方之間訂立了契約，那麼只要在契約有效期間，戰爭與奴隸狀態便告終止㉚。

尚-雅克．盧梭的《社會契約論》（一七六二年），也基於自然權對奴隸制度有更強烈的批評。他的思想影響了法國大革命，也爲奴隸制度和奴隸貿易的反對運動，提供了思想的支柱。他正面反駁當時奴隸制擁護派依據的自然奴隸說（亞里斯多德提倡的論說，認爲人類之中有人生來就應爲奴）。盧梭主張，奴隸身分者只是從祖先時代就成爲奴隸，無法擺脫這種身分的人。並且，「自由」的價値可與「生命」比肩，奪走一個人的自由，奴役他，就等同於殺了那個人。這麼一來，就抵觸到保障生命的自然權。因此奴隸不可存在。

啟蒙思想家與廢除奴隸

但是，他們的這種思想與現實行動之間，經常會出現難以整合的地方。最有名的是，洛克投資了皇家非洲公司，該企業壟斷了連結英格蘭、非洲大陸西部與加勒比海的三角貿易。雖然它只存在於十七世紀末的二十幾年間，但是這個時期，卻與英國社會的砂糖消費量激增的時代吻合。在這段期間，這家特許公司運送超過十萬名非洲黑人到加勒比海當奴隸，獲取龐大的利益。幾乎可以將洛克視爲享受該利益的投資人之一。此外，他也投資了開發巴哈馬群島的巴哈馬探險公司（設立於一六七二年）。

此外，洛克也擔任北美殖民地卡羅來納專利權保有領主的非正式秘書，和促進三角貿易相關的交易殖民委員會事務局長，與通商殖民委員會的委員。而且更參與草擬北美殖民地的基本憲法。這份憲法於一六六九年完成，其中第一一〇條爲「卡羅來納所有自由民，對持有的黑奴具有絕對的權力與權威，不論其擁有的奴隸擁有任何觀點或宗教信仰。」這項條文是否出自洛克之手不得而知，但是，他參與了編撰過程是公認的事實。總之，即使他沒有經手這項條文，但也容許它的通過。

另外，強調自然權的思想家，未曾進行任何實際從事廢除奴隸制的活動。閱讀啓蒙思想家們的著作，會發現他們談及奴隸制度和奴隸貿易，多是將他們作爲「自由」的對比，或在討論其他事物時，以奴隸作爲比喻或具體事例，其目的並非在批判現實中的奴隸制度。

例如，他們的意圖與後世的廢奴運動家們對奴隸制度和奴隸貿易的抨擊是不同的。意圖應該是否定提倡自然奴隸說的亞里斯多德的本質論，不應有支配者、被支配者的存在。《社會契約論》想議論的終究是人民主權，而不是奴隸。當然，後世的廢奴運動家援用盧梭的論點發動運動，所以他的論述可以與廢除奴隸相連結。但是，那未必是他自己在著作中最想關注的訊息。此外，知名的百科全書派伏爾泰，是個咖啡的重度愛好者，據說他一天要喝幾十杯咖啡。既然他如此嗜喝，若能稍微想像一下海的彼岸如何生產出咖啡豆也是好事。

當然，實際上，廢除奴隸運動並不是非做不可的事，而且啓蒙思想家們還發表比奴隸制度和奴隸貿易本身更有重點的理論。伏爾泰啜飲第某杯咖啡時，也許會想起種植園的奴隸，但是，無論如何，他們在現實中都沒有發起實際行動。關於這一點，多琳達·奧特拉姆（Dorinda Outram）依照啓蒙思想家有關奴隸制度的理論指出，毋寧說他們「更致力於創造『普遍的』人類主體，即以『人文科學』基礎、理性且經濟上自由的行爲者」[31]。

不論是洛克還是盧梭，他們對於奴隸制度和奴隸貿易，似乎缺乏一種與自己有直接關聯的現實感。他們倒不是拘泥於這種現實感，而是試圖在更「高層次」發展思想。如同後述，實際的活動會由接觸過奴隸制度和奴隸貿易且擁有現實感的人們展開。不過，在介紹他們之前，必須提到啓蒙思想的另一面。

啟蒙思想的另一個面貌㉜

啓蒙思想無疑爲廢除奴隸運動提供了基礎，但是它也爲擁護奴隸制度的立場提供了理論上的後盾。啓蒙思想在奴隸問題上可說是一把兩面刃。啓蒙思想的擴展，促進了「科學」上人種概念的發達。掌握了取代上帝權威的「科學」，依據人種而區分人類，奠定了人種的優劣。當《聖經》式的人類分類界限漸趨明確的同時，不仰賴上帝，依據人們理智來理解事物的啓蒙思想要如何解釋新發現的人類，是一大問題。從啓蒙思想創造出來的廣義人類學原型，是根據膚色、毛髮、體格等外表特徵爲人類分類。

濫觴是以《蒙兀兒帝國誌》聞名的醫師佛蘭索瓦．貝尼爾（François Bernier，一六二五—一六八八年）。

貝尼爾曾進入蒙兀兒宮廷，他透過自己旅行的親身見聞形塑出獨自的世界觀，並且以它爲基礎，提倡根據外貌特徵爲人類分類的觀念。他的著作結合了大航海時代的見識和啓蒙思想，爲後來科學人種論奠定了基礎。一七七五年，伊曼努爾．康德（Immanuel

Kant）在短論文〈關於各種人種〉中，將人類劃分成白人、黑人、匈（蒙古）人、印度人四個人種，因而主張「尼格羅（黑）人與白人並非不同種的人類㉝」。但是，卻在這句話的後半段補充：「但他們是兩個不同的種族」。之後的論述中也明確的將黑人與白人放在兩個極端來理論。這裡隱隱浮現出啓蒙思想對奴隸制度的另一個面貌。總之，啓蒙思想家開啓與反對奴隸相關的論辯其出發點之一乃是人類同源的觀念。因此，既然同爲人類，就必須遵守自然權。這個信念成爲後代廢奴運動一大原動力。相對的，康德的主張在人類可追溯到相同祖先這一點，與人道主義的啓蒙思想不謀而合，不過，在承認這個觀點下，他明確指出人類之間是有差異的。

在康德的階段，人種之間的差異確實未能直接連動到奴隸制度的擁護，但是，約翰·費里德里希·布盧門巴赫（Johann Friedrich Blumenbach，一七五二年—一八四〇年）的論述將人種分類論變得更加精緻化，我們可以淸楚地看到這一論點如何爲擁護奴隸制奠定了基礎。他不只著眼於膚色、毛髮狀態等外表上的特徵，更注重骨格，嘗試更「科學」式的人種分類。根據他的分法，人類會分成「高加索人」、「蒙古人」、「衣索比亞人」、「美洲人」、「馬來人」五種。他並不是只有分類，還將分類項排成序列，「高加索人」是「人類眞正的膚色」，更是「最美麗的人」，因而排在第一位。「馬來人」與「衣索比亞人」則定位在最底端。如此以科學證明白人為優秀的人種，同時也同樣證明黑人是劣等人種。兩者的差異為以下主張提供了重要的貢獻：肯定了奴隸制度是白人提升黑人文明程度的其中一個階段。

5 奴隸貿易與撒哈拉以南非洲和全球史

大西洋奴隸貿易讓非洲大陸不發達嗎？

讓我們轉開視線，看看大西洋奴隸貿易對撒哈拉以南的非洲大陸造成什麼樣的衝擊吧。關於這一點學術界也是充滿爭議，且尚未達到共識。如果把爭議粗略整理，可以分成「轉型假說」與前者的反對論。「轉型假說是保羅．拉夫喬（Paul Lovejoy）從華特．羅德尼（Walter Rodney）在《歐洲如何使非洲不發達》中的示意圖發展出來，而廣為人知的學說。拉夫喬的論述詳見他的主要著作《奴隸制度中種種轉型——非洲奴隸制度的歷史》。依據該書所述，以前在撒哈拉以南的非洲大陸，奴隸制度和奴隸貿易並不是十分發達。在以家族為根基的各個社會中，奴隸制屬於邊緣地帶，但是隨著時代的進展，轉變爲確定的生產模式。拉夫喬尤其把一六〇〇年到一八〇〇年的時期視爲里程碑。這段時期，大西洋奴隸貿易進入巔峰，新的奴隸獲取方式與商業系統的發達，使得撒哈拉以南非洲地區出現了更大範圍的奴隸利用。這種奴隸制的擴張，在撒哈拉以南的非洲大陸不只在眞實意義上延遲了經濟發展，也招來了武力爲政者的擴展和政治統一性的瓦解。而在一八〇〇年以後，從非洲大陸輸出的奴隸量減少的同時，以前貢獻於奴隸出口的各個奴隸供應地，已經出現人口枯竭的問題，因此奴隸供給地擴大到其他地區。此外，同時期因殖民地統治引進的種植園，也確立了非洲大陸依賴奴隸的生產模式。這個概略的主張說的就是，經由大西洋奴隸貿易發展爲契機，使得非洲長期的經濟時間軸中發生了根本性的改變。

「轉型假說」初版發行之初，輿論對其評價好壞參半，最重要的反對論者之一，是約翰·桑頓（John Thornton）。他主張撒哈拉以南的非洲大陸，從大西洋奴隸貿易開始之前就已經有十分發達的奴隸制和奴隸貿易，至於撒哈拉以南非洲大陸各社會中奴隸制度的定位，並沒有受到大西洋奴隸貿易太大的影響。不如說正是已發達的奴隸制度和奴隸貿易打下了基礎，大西洋奴隸貿易才能以空前的規模發展。

至於哪一邊的見解贏得最後勝利，現在還很難說。的確，我們不能否認，奴隸制度從大西洋奴隸貿易開始之前，就發達到一定程度。但是，卻也不能因此就輕視大西洋奴隸貿易留給撒哈拉以南非洲大陸的衝擊，只要回想一下前面提過以剛果王國爲起點的奴隸貿易，與既有的橫越撒哈拉沙漠的奴隸貿易網並無關連，而是新興起的買賣，就不難理解了吧。而且大西洋奴隸貿易如果沒有發展出那麼大的規模，沒有人會知道撒哈拉以南非洲會經歷什麼樣的歷史。所以關於「轉型假說」與其反對論，現階段只能予以模糊的判斷。

「非洲」與全球史

那麼，爲什麼要介紹這些議題呢？因爲不論這些爭議站在哪一邊立場，這些討論都將（撒哈拉以南的）非洲置於更爲廣泛的全球脈絡中。筆者希望引起讀者思考的是，我們是否應該將撒哈拉以南的非洲視爲一個獨立的歷史單元，並賦予其特定的角色，進而將其簡單地置入像大西洋奴隸交易這樣的跨區域論述框架中？當然，涉足這類議論的歷史學家，大多相當謹慎，不會輕易將撒哈拉以南非洲定型成大西洋奴隸貿易的單純受害者，或將「歐洲」或「西洋」定型成單純加害者。

但是，就算眞是如此吧。對讀到這種爭議的讀者來說，腦中很容易就會浮現出上述的二元對立圖式吧。這樣議論下去的話，對通曉全球史研究的讀者而言，好像會成爲某種似曾相識的論述。在日本，把二元對立（尤其是「西洋」與「東方」）相對化，或是從這個議題擴展，重新思考既有的歷史單位時，會傾向將它解釋爲全球史研究意義的一環。但是，往往在這個議論中，會欠缺「西洋」與「東方」相減後剩餘的地區。具體來說，現在，這裡討論的撒哈拉以南非洲、拉丁美洲、大洋洲就是常被忽視的地區代表。有關那些地區，以西洋爲軸心的二元對立圖式（即西洋對〇〇的圖式）經常描述的點也極爲相似。依據固定化圖式而遺漏的事實所在多有，而這些遺漏最終也就阻礙了彈性的歷史理解。想要克服這種問題，就還是必須累積具體的例證，儘管明知這是種愚拙的方法。在文章中，前面談及的剛果王國事例便可說明。中非西部轉變爲大西洋奴隸貿易供給中心的過程，無法單以葡萄牙勢力等的旺盛需求來說明。我們必須複習一下這個地區創造奴隸的機制、剛果諸王爲奠定與維持體制而壟斷歐洲商品的分配，基督教也積極運用。如果一併考慮這些因素，仍然可以接受「西方」作爲加害者、「非洲」作爲受害者的簡單對立框架嗎？

三角貿易的實態㉟

與上述問題相關的，是關於所謂連接西歐、非洲西部和新大陸的三角貿易。通常情況下，這三個地區在貿易中被賦予固定的角色。這裡想介紹兩個與三角貿易相關的事例。

最早的事例是老卡拉巴爾（Old Calabar）。它位在克羅斯河注入幾內亞灣的河口的商業租界總稱，由杜克城等數個城鎮組成。現在在奈及利亞境內。尤其是十七世紀後期以後，英國的布里斯托以及利物浦的船長們，與當地埃菲克人（Efik）締結了深厚的交易關係，於是老卡拉巴爾發展成奴隸出貨的一大據點。從十七世紀中葉到一八三八年之間，從這個地區運出約二十七萬五千名奴隸，規模次於前述的盧安達，在大西洋奴隸貿易的奴隸運出數上排名第五。英國船運來的鐵製品，是當地最受青睞的商品。大家都知道當地的商人會自學英語，與英國船的船員交流，但是住在杜克城的商人安特拉．杜克（Antera Duke）甚至能以英語書寫，並留下一七八五年到八八年三年份的日記。從日記中得知，杜克城的居民與利物浦船的船長們，爲了與老卡拉巴爾其他鎮的商人及布里斯托船的船長抗衡，或是鞏固漢蕭城的商人及法國船船長們更堅實的關係，進一步促進交易量的成長。他們從個人的交誼爲基礎，讓雙邊的城市同時並行的走向繁榮。安特拉日記中最常出現的人物是利物浦的船長派翠克·費爾威瑟，但是校訂日記的史蒂芬·貝倫特（Stephen D. Behrendt）認爲，兩人的親密關係是基於雙方相仿的年齡。對安特拉來說，費爾威瑟是屬於自己年齡階層的人。一七五五年，當費爾威瑟第一次來到杜克城時，還是個二十歲初頭的水手。但是一七六八年之後，他就以船長的身分來訪。這個鎭的居民把與費爾威瑟有關係的利物浦人，都當成他的親戚。想要了解老卡拉巴爾爲什麼能發展成奴隸貿易的重要據點，就必須正視從個人情誼發展起來的老卡拉巴爾與其他城鎭的競爭關係。而且如果不將此過程中杜克城與利物浦同步發展的現象收入視野，就無法把歐洲和非洲單純的區分爲加害者和被害者的立場了。

除此之外，如果也把下列事例列入考量的話，若想理解非洲大陸西部的奴隸貿易實情，以往只限環大西洋世界的三角貿易框架並不夠充分。如果參考近年來從經濟史的立場、全心全意投入大西洋奴隸貿易相關研究的小林和夫論述，就會發現在印度產棉布在非洲大陸西部奴隸交易的重要性。這種藍染的棉布稱爲「基尼」（guinée），是印度次大陸東南部科羅曼德爾海岸生產的布料。非洲大陸西部的購買者（也包含奴隸販子）對「基尼」最重視的不是編織的強韌度或染色深淺，而是它的味道。在大西洋奴隸貿易逐漸沉寂之後，「基尼」依然流通於非洲大陸西部，直到二十世紀，它還是繼續進口，在當地擔當交換財的角色。依循這一點，過去環大西洋完成的三角貿易模式，並無法充分了解大西洋奴隸貿易，必須把印度次大陸納入視野中。這時就必須考慮到購買印度產棉布的非洲大陸西部人的嗜好和消費模式，居間牽線的仲介商角色，以及印度次大陸的生產樣貌了。

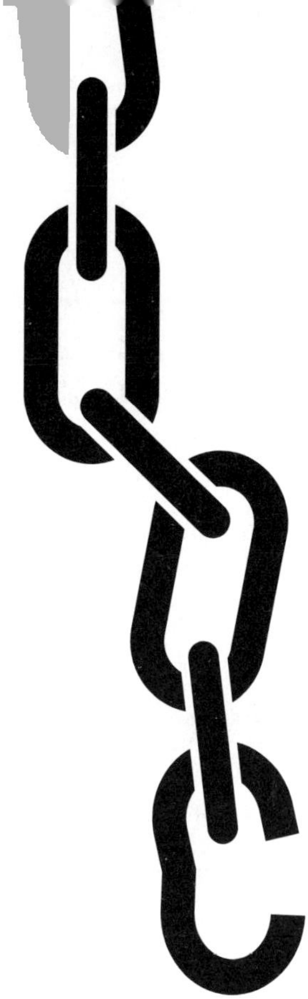

第2章 環大西洋廢除奴隸綱

本章將描述廢除奴隸成爲世界性共同體驗的萌芽時代。如同序章述及，廢除奴隸也是民族國家史的輝煌篇章，它在各國一國史的框架中，都累積了豐富的卓越研究①。另一方面，近年來，超越一國史單位，以大西洋的格局切入廢除奴隸問題的立場也受到注目②。

以下基本上承襲後者的立場，謹愼的看待在大西洋規模下，不同國家、社會中提倡者連續接力的局面，一面推進論述。我想，從中應會發現集團或個人等小於國家單位的行爲主體的面貌。這些小於國家的行爲主體超越國家，在環大西洋的舞臺接力，相互作用反覆的作用到各個行爲主體，最終實現了全國性的廢奴。但是，這裡所謂的接力場面，未必是直接進到廢除奴隸過程的過渡階段。舉例來說，美國獨立促成了英國的廢奴，但是並未直接連結到美國本土的廢奴。另外，海地革命爲法蘭西帝國的奴隸制帶來了暫時的廢除，但是海地與周邊觀望的諸國卻呈現出各種不同反應。本章也將這一面向納入範疇，以大西洋的規模揭開十九世紀初期前廢除奴隸運動的發展。

1 貴格會成員③

思考大西洋規模的廢除奴隸運動時，最先必須談到的，就是以拒絕參戰和男女平等主義等而聞名的貴格會（也叫公誼會或教友派）。對他們來說，最重要的理念「內在之光」，是指「經由聖靈內在的見證，讓信徒自己通過耶穌基督，直接得到上帝的啓示④」。英格蘭共和時期，清教徒革命如火如荼展開的一六四六年，喬治·福克斯（一六二四—九一年），感悟到「內在之光」，因而展開傳道之路，這就是貴格會的創始。之後，透過他信仰上的門徒羅伯·巴克雷（Robert Barclay，一六四八—九〇年），福克斯的思想終臻得到神學的定位。但是，在一六八九年光榮革命催生出權利法案之前，貴格會成員不斷受到大規模的鎮壓。

鎮壓的起因是貴格會對抗與政治權力掛勾的神學權威，要求更多宗教改革。這裡所說的既有神學權威，是奧立佛·克倫威爾率領的革命政府所支持的正統派喀爾文主義。喀爾文主義主張救贖預定論，基督的死只引導指定的人得到救贖。相對的，貴格會成員採取「普救論」，認爲基督的死在人們的心中點亮「內在之光」，在它的引導下所有人都能得到救贖。此舉遭到對立的革命政府和英國國教會的鎮壓，於是有些信徒逃離不列顛島，在加勒比海或北美大陸等建立他們的據點。

一六八八年，日耳曼敦⑤

在北美大陸，貴格會一開始就參與了廢除奴隸運動。一六八八年，在賓夕法尼亞殖民地的日耳曼敦，四名貴格會成員草擬了針對奴隸貿易的抗議書。我這麼寫，好像貴格會的信仰宗旨直接連結到廢除奴隸運動。但是這部分有必要保留，這點在研究者中仍有爭論⑥。至少可以確定，這份日耳曼敦的抗議書撰寫的時間點，對北美許多貴格會成員而言，奴隸的使用和買賣已經是極其日常的景象。其實，這座日耳曼敦城，和它所在的賓夕法尼亞殖民地，基本上都是他們的土地⑦。抗議書主要是剛從歐洲渡海到美國的貴格會人，目睹到尤其住在日耳曼敦之外、英裔資深貴格會員使用奴隸的情景，而決定動筆撰寫。

申請書在阿賓頓召開的月會上提出，這個集會對貴格會員具有非常重大的意義。「內在的光」是個人在心中發現的靈感，當每個人說出聖靈對他說的內容時，有時會出現互相矛盾的狀態。但是他們不能把矛盾的責任推給上帝。因此聚集、互相交流，努力接收正確的聖靈信息時，就爲集會帶來了意義。抗議書就是在這樣的背景下，於月會中被提出。

我們來看看它的內容吧。抗議書從反對人口買賣的聲明開始。文中用了強烈的口氣，指責怎麼可以容許人口被四處販賣，一輩子過著奴隸的生活呢。而且，「我們」應該待人如己，即使對方是什麼「輩分、出身或是（膚）色」，都不該改變我們態度。尙且，在歐洲許多人因爲信仰而受到迫害，與「這裡」黑皮膚人受到迫害恰成對照。接著文章又提到通姦，「我們」知道不得通姦，但是買賣奴隸就會拆散夫妻、把妻子分配給其他男子，把孩子賣給另一些人，這與通姦沒有兩樣。文中還質問買賣奴隸的人，想像自己被買賣的狀況，這種行爲有遵從基督教教義嗎？繼續不容分說的抨擊，住在「這

地圖2 ——— 第2章出現的主要地名

裡」的貴格會友把人當作家畜來對待，這種事傳到歐洲，還有人願意到此地來殖民嗎？而且，偷盜人口和買下被偷盜的人口都是非法的。文中也好意相勸，賓夕法尼亞若是解放這些奴隸，將能獲得好評。接下來抗議人角度一轉，質問如果奴隸團結起來發動叛亂，該怎麼辦？最後敦促衆人再次思考奴隸買賣的問題作爲總結。

抗議書只有一處引用了聖經的話，但卻頻繁引用福克斯或其他著名貴格會長老的著作，與前一章基於《創世記》建立的世界觀恰成對比。依循這些觀點，抗議書向克服重重困難、堅守相同信仰來到賓夕法尼亞的同胞，投遞出直接而強烈的信息。

最值得注意的是，潛藏在這份抗議書其中的現實感。將歐洲因信仰受迫害，與在賓夕法尼亞人種迫害的奴隸貿易和奴隸制度相對照，眞正是以強烈現實感的形式，將抗議人自己（以及月會的參與者）和奴隸重疊在一起的表現。這種現實感，正是許多歐洲啓蒙思想家付之闕如的。總之，不同於那些思想家想像著大海彼岸的奴隸，耽溺於思索，這份抗議書的撰寫，則是看著眼前的奴隸，向同志對待奴隸的行爲舉止發起的行動。

將歐洲的宗教迫害與奴隸制進行對比的修辭，無疑對參加月會的英格蘭籍貴格會成員尤其具有強烈的感染力。不只如此，最後提及擔憂奴隸造反的危機感，也不難引起共鳴。加勒比海的早期殖民地在十七世紀間，發生了多起奴隸造反的事件。與貴格會有深刻淵源的巴貝多島也曾有這種徵象和計畫，只可惜功虧一簣，這些事殖民者也都心裡有數。此外，新興殖民地賓夕法尼亞，今後也需要更多的移民，所以，因此有關於在歐洲的聲譽的部分也會對在場的衆人產生強烈的影響。

但是，阿賓頓的月會上，這個議題太「沉重」了，所以又把這個論述拿到在費城召開的四季會。然後又以相同的理由，在更高層的年會上討論。最後，在伯靈頓的年會上，以這個議題爲時尚早而遭到斥退。

貴格會未能接納抗議書，可能有幾個原因。希羅多加德·欣德—強生指出圍繞著移民產生的文化差異問題，恐怕尤其重要吧。也就是說，署名的四位抗議人都是剛剛才從荷蘭和德國來的新移民。他們以前的人生幾乎從來沒有直接參與過奴隸制或奴隸貿易。另一方面，正因爲賓夕法尼亞殖民地還有廣大的未耕地，蘊藏著發展潛力。若想開拓就不能缺少勞動力——奴隸。如果這是事實，那麼批評抗議人對生活在賓夕法尼亞缺乏現實感也沒有錯。

也許有讀者會認爲這個批評太過火。但是，我不這麼認爲。之後，必須等到獨立後，經過林肯的解放奴隸宣言，一八六五年公告通過第十三條修正案，合衆國才依法廢除奴隸制[8]。期間經過了近兩百年。即使後述的貴格會在費城年會上，做出持有奴隸者除名的決議，距離日耳曼敦的事件也經過了快一百年。在一六八八年的階段，置身於依靠奴隸勞動力才能成立的社會，大多數自由身分者還無法想像出廢除奴隸這件事。

其後貴格會的廢除奴隸運動[9]

一六八八年抗議書的原始版本，在一八四〇年之前就已逸失[10]。由此可見，貴格會在北美洲的廢奴運動並非自日耳曼敦時期起就具備持續性。話雖如此，之後運動並沒有就此告終。在賓夕法尼亞，如後述的約翰・伍爾曼（John Woolman，一七二〇—七二年）等部分人士，直接到奴隸主的家中，嘗試勸說他們解放奴隸。但是，在一七五〇年的階段，貴格會的奴隸主中，有七成拒絕了他們，繼續保有奴隸[11]。

並不是只有貴格會對北美大陸的奴隸制度和奴隸貿易感到疑惑。以賓夕法尼亞爲例，不只是貴格會，在國教會、長老教會、浸信會，都有過解放奴隸的事實。但是貴格會推動了更爲活躍的廢除奴隸運動。這裡，我們不能忽視約翰・伍爾曼和安東尼・貝內澤（Anthony Benezet，一七一三—八四年）的貢獻。伍爾曼少年時去當童工，店主就曾要求他爲持有的女奴隸撰寫買賣證書，而在他去世後出版的自傳中，如此表現當時心中的掙扎：

> 那是轉眼間的事。為了我同胞之一撰寫奴隸制度的證書並非易事。但是我乃是年聘的受雇者，受主人的命令而寫。他是個年老的公誼會信徒，以前買下了她。唉，因為懦弱，我屈服的寫了證書。但是執行證書時，我從心底感到痛苦。於是我在主人與其友人面前說，擁有奴隸與信奉基督教互相矛盾⑫。

伍爾曼與其他貴格會員一樣，單槍匹馬的面對奴隸制度和奴隸貿易的非正義，在這一點上，他應該算是廢除奴隸的思想家，而非運動家。相對來說，貝內澤則是運動家了。他出生於法國北部聖康坦（Saint-Quentin）的猶太家庭，當路易十四發布《楓丹白露敕令》（一六八五年），廢除了承認新教徒信仰自由的《南特詔書》後，貝內澤一家人逃往國外。與其他許多胡格諾派信徒先逃到荷蘭，之後再經過英格蘭，於一七三一年抵達費城。這段貝內澤經歷過的少年時光，讓他從社會弱者的立場看見社會，並且開始思考自己能做些什麼。他的視線也轉向非洲黑人。不但設立黑人子弟的學校，更將貴格會的基本信念（上帝面前人人平等、講求非暴力）與孟德斯鳩、蘇格蘭啓蒙思想的影響融合，陸續發表控訴廢除奴隸的著作和書信⑬。

加上他與同時代其他貴格會運動家不同，他並非只在貴格會內活動，而是把自己的視野延伸到會外，與後來合衆國建國之父班傑明・富蘭克林等也有書信往來。不過，最初他並沒有把活動擴展到北美大陸之外的想法。但是，一七六五年至六六年施行的印花稅法造成了混亂，促使他開始向英國發聲。一七六六年，他得知英國海外福音傳道會（一七〇一年由英國國教會設立的傳教組織）的格羅斯特主教在年度傳道中，批評了奴隸貿易，立即向英國的貴格會成員寫了數封信，之後，當自著的《關於尼格羅奴隸的悲慘狀態——向英國與美洲殖民地提出的警告》（以下簡稱《尼格羅奴隸》）出版後，也將其寄送給相關人士。這本不滿二百四十頁的小冊中引用數本刊物——主要是參與奴隸貿易的英格蘭人紀錄，介紹非洲黑奴的實況。據說初版中還用了四頁篇幅，收錄了上述格羅斯特主教的年度傳道。在諸段引用之間，他力陳自己的見解，例如，在引用奴隸船的船長在船上進行殘酷行爲的相關文章後，強烈的質問讀者「我們英國的法律極具正義性，但爲何這些英國人能夠在未經審判、未證明非洲人犯有任何足以接受這些懲罰（被送上奴隸船及遭受虐待）的罪行下，就任由這些不幸的非洲人走向野蠻的死亡？」⑭

一七七一年，貝內澤的大著付梓，更強烈的迫使英國的貴格會成員採取行動。英國成員也並非完全沒有作爲。在倫敦，相當於年會執行部的「爲受難的集會」在一七六七年自費印刷了一千五百冊《尼格羅奴隸》，分發給國會議員等。但是，基本上，英國貴格會擔任的是貝內澤等美國貴格會與英國國內的窗口，卻並沒有積極、持續的扮演這個角色。此外，在這個階段，他們自己也沒有向英國社會做出任何行動⑮。

克里斯多福．布朗（Christopher L. Brown）對貴格會呈現的態度發表以下觀點。那就是英國國內的貴格會組織都是由老一輩擔當，他們當中有不少人對自己當年遭受迫害的記憶還歷歷如新。此外，組織的核心都是富裕的商人階層，包含在北美設置據點者在內，他們即使沒有直接參與奴隸貿易，也從環大西洋交易中獲得龐大的利益。再加上貴格會在英國社會中的立場較爲特別。他們向漢諾威王朝宣誓效忠（並不是一般常見的誓約）因而使他們享有幾種特權，如政府認可免除他們的兵役，和拒絕繳交部分稅金（十分之一稅和教會稅）等⑯。他們害怕特權被剝奪，再次遭到迫害，因此，長久以來在會員之間形成了對政治性發言採取戒慎恐懼的態度。對貴格人而言，戰爭才是最大的危機。因爲，他們不論在人力上、金錢上，從未對戰爭作過貢獻。貝內澤積極鼓吹英國貴格會員參與的時期，正是美國獨立戰爭形勢緊張的期間。英國的貴格會員紛紛躲進保護殼，不願採取自發的行動。

不過，美國獨立戰爭的氣氛對貝內澤在英屬北美殖民地的活動形成了助力。「獨立派在批判英國時，將自由主義的修辭與廢奴主義綁在一起」，逐漸的在紐澤西、紐約、羅德島等地，將廢奴運動推廣到貴格會以外的地方⑰。例如，以獨立宣言簽署者而爲人所知的班傑明．洛希（Benjamin Rush）屬於長老教派，不過他在一七六九年寄給法國友人的信中曾寫道，他十分讚許貴格會的活動，而且「只要我們自己以膚色不同爲理由，繼續保留奴隸制度，我們對英國議會試圖奴役我們的批評就毫無意義⑱。」

一七七五年，費城商人階層的貴格會員成爲核心，成立了以廢除奴隸爲目的的賓夕法尼亞廢除協會⑲。第二年，也就是美國獨立那年，費城的年度大會做出決議，將貴格會持有奴隸的會員除名處分。此時距離日耳曼敦的抗議已經過近百年。

2 廢除奴隸貿易協會

托馬斯・克拉克森[20]

再次將話題轉回英國。貝內澤的呼籲卻在意外之處引起了某個人物的呼應。英國剛失去北美殖民地的一七八五年，劍橋大學舉辦的拉丁語論文比賽，以「違背他人意願使他成爲奴隸是否合法？」作爲論題，而這所大學的學生托馬斯・克拉克森（Thomas clockson，一七六〇——一八四六年）決定報名參加。

然而，在截稿的僅僅兩星期前，他還對這個議題漠不關心，而且自稱對奴隸問題「一無所知」[21]。前一年他也在同一場比賽中獲得最優獎，再次報名參加，完全是想獲得最優秀論文獎所賦予的高階學士（Senior bachelor）稱號。而且，他聽過出題者對奴隸制的否定言論，便依據這個方向開始構思。所以，他的動機與奴隸貿易完全不相干，僅管他的意圖隱約可見，但是他還是認眞的著手準備。他在準備的過程中前往倫敦，在書店找到了一本《有關幾內亞的若干歷史性解說》（一七七一年發行，圖4）。在這本書的幫助下，克拉克森在比賽中得到最優秀獎，也藉由這個機會發現了奴隸問題。

他找到的這本讀物，正是前述的貝內澤剛寫完的大作。多年後，克拉克森回憶道「這本珍貴的書裡包含了我想要的幾乎所有內容」㉒。我們不能把他這句話限制在一個個數據或資料的層次來理解。貝內澤的論述並非長篇累牘的闊談道德上、宗教上不能容許的主張，而是在文章一開頭便推出第一手資料與經驗的數據，勸說性的主張非洲黑人與自己的平等。這給克拉克森帶來極大的影響。

如果一開始就侃侃講述基於特定道德或信仰的價值判斷，對此抱持反感的人，恐怕很難輕易接受他的主張。價值觀和信仰的不同很可能會被反駁回去，但是，如果把客觀的事實擺在最前面，事實本身並不容易被推翻，而附帶的主張也就有了更多發人思考的餘地。

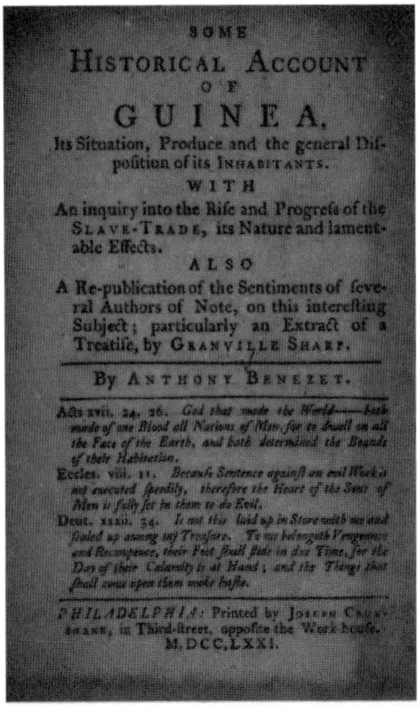

SOME
HISTORICAL ACCOUNT
OF
GUINEA,
Its Situation, Produce and the general Disposition of its INHABITANTS.
WITH
An inquiry into the Rise and Progress of the SLAVE-TRADE, its Nature and lamentable Effects.
ALSO
A Re-publication of the Sentiments of several Authors of Note, on this interesting Subject; particularly an Extract of a Treatise, by GRANVILLE SHARP.

By ANTHONY BENEZET.

Acts xvii. 24. 26. *God that made the World——hath made of one Blood all Nations of Men, for to dwell on all the Face of the Earth, and hath determined the Bounds of their Habitation.*

Eccles. viii. 11. *Because Sentence against an evil Work is not executed speedily, therefore the Heart of the Sons of Men is fully set in them to do Evil.*

Deut. xxxii. 34. *Is not this laid up in Store with me and sealed up among my Treasure. To me belongeth Vengeance and Recompence, their Foot shall slide in due Time, for the Day of their Calamity is at Hand; and the Things that shall come upon them make haste.*

PHILADELPHIA: Printed by JOSEPH CRUKSHANK, in Third-street, opposite the Work-house.
M.DCC.LXXI.

圖 4——《有關幾內亞的若干歷史性解說》初版

關於這一點，不妨回想一下當時正值啓蒙時代，強調客觀性和科學思維的觀念已開始廣泛傳播。克拉克森的論文提供了後來廢奴運動家言論的重要範本。在英國，貴格會成員與托馬斯．克拉克森逐漸建立了聯繫。此外，他們與以福音主義者爲中心的社會改革團體「克拉帕姆派」（Claphan sect.）以及其他志同道合的人之間的合作條件也逐步成熟。一七八七年，組成了「廢除奴隸貿易促進協會」（以下稱廢除貿易協會）。

廢除奴隸貿易促進協會㉓

協會組成之初，會員有貴格會成員九人，國教會教徒三人。在組織成立之前，成員各自都在推動社會改革運動，其中也包含廢除奴隸貿易。九名貴格會成員之中，有從事印刷業和書籍零售的詹姆斯・菲力浦斯等商人、銀行家、生產業者等。貴格會已在一七八三年向國會提出反對奴隸貿易的請願書，這也是英國國會首次收到反對奴隸貿易的請願。此外，此時期也出現與其他教徒組成奴隸貿易相關的讀書會。這種積極的行動，與前述英國貴格會對貝內澤的冷淡反應大相逕庭。不過自一七七〇年代末期開始，標榜社會改革的年輕會員漸漸在倫敦的貴格會中占有優勢，也是原因之一。

三名國教會信徒之一即是克拉克森，他正尋找將其先前在比賽中獲獎的論文翻譯成英文並發表的機會。當時，他透過貴格會友人的引薦，認識了前文提到的菲力浦斯。其餘的兩名國教會信徒中，有一位是格蘭維爾・夏普（Granville Sharp，一七三五—一八一三年），他投入奴隸問題的誘因，可以追溯到三十歲時。他的哥哥是在倫敦執業的外科醫師，每天早上都爲貧困的民眾免費看診。有一天早上，在等待診察的隊伍中，有個滿身是血，奄奄一息的非洲黑人。根據後來查明的眞相，那個人叫做史壯，是一名住在巴貝多的白人律師的奴隸。他隨行來到倫敦，但是因爲一些摩擦，律師用槍托重擊他的頭部。見他倒地不起，律師以爲他已經沒救了，就將他遺棄。他不只頭部裂傷，也導致他幾近失明，路也走不好。到達哥哥的醫院時，簡直可以說慘不忍睹。

經過細心的照顧，史壯逐漸康復，後來便在貴格會的藥房工作。然而兩年後，被舊日的主人發現，便以書面將他賣給別人。得知這個消息的夏普，就史壯的身分問題提起訴訟。他自學英國法律，確認法條中沒有支持奴隸制度的根據，持續爲他辯護，最後史壯終於贏得自由人的身分。但是史壯遭到毆打的後遺症並沒有痊癒，重獲自由後五年，年僅二十五歲就離開人世。

在十八世紀的英國，史壯的審判絕不是例外，許多奴隸跟隨契約主到達英國後便逃跑。同時代的報紙也經常看得到尋找逃亡奴隸的懸賞廣告。十七世紀末起，英國的黑人人口不斷增加他們在英國法律地位，一直是該國法律界懸而未決的問題。夏普自從史壯案之後，也積極的參與幾件與奴隸境遇相關的審判。

知名的古典傳記作家普林斯・霍爾（Prince Hoare）在描寫夏普時，引用了一七七二年一月十三日夏普的日記：「詹姆斯・桑默塞特（出身維吉尼亞的黑人）今天早上與我在比格那裡雇用的印刷工人一起來拜訪我，陳述了他對查爾斯・史都華的不滿。我給了他我所能給的最好建議。㉔」這個建議促成了《桑默塞特案》的審理，此案爲英國國內的奴隸問題，帶來了一大轉機。桑默塞特被主人從維吉尼亞帶到倫敦，他趁機逃亡，但被主人史都華發現，而被關在船中。不過，桑默塞特在逃亡中接受洗禮，當時的教父母了解了狀況，便提起訴訟，尋求人身保護令。主審法官是第一代曼斯菲爾德伯爵威廉・墨瑞（William Murray, 1st Earl of Mansfield），他宣判英國的實在法中沒有奴隸制的相關規定，所以桑默塞特應爲自由人。這項判決表示司法明確認定，英國本國不能存在奴隸，從這層意義可以算是劃時代的判決。後來夏普在一七八一年，也參與了一起船長將一百三十餘名奴隸扔進大海，欲領取保險金作爲賠償，但保險公司拒絕賠款的案件（即「宗號船事件」）。

協會成立的第二年，隨著威廉・威伯福斯（William Wilberforce）的加入，原本尚在下議院摸索廢奴運動的協會，也獲得了參與國政的管道。

政治宣傳[25]

英國國會通過廢除奴隸貿易的過程中，民眾的壓倒性支持發揮了重要的功能。由商人、銀行家、製造業者爲核心組成的廢除貿易協會，在抓住大眾心理的戰略上具有極高的成效。他們定期向報社投稿，介紹北美等地的動向，保持民眾對議題的關心，並且製作、販賣刻有「難道我不是人，不是你的兄弟嗎？」標語的飾品，物品中央刻有帶著手銬、合掌跪地祈禱的黑人姿態，被做成浮雕、紀念章、盤子、胸針和手鐲、髮夾，用來籌措協會的活動資金，讓商品深得民眾歡迎（圖5），甚至出現了仿冒品。標語的設計者不可考，但是黑人像，乃是至今仍馳名國際的英國陶瓷器品牌創始者約書亞．威治伍德的工坊所設計[26]，他對廢奴運動也有深刻的理解。這些周邊商品還被刊登在他的商品目錄，並且擺放在展示廳內。

圖5 —— 廢除奴隸貿易協會的小用具

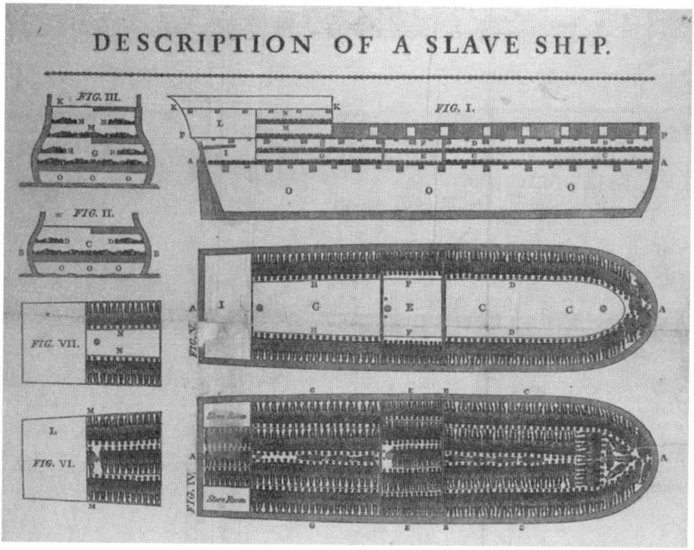

圖6 ——— 「布魯克斯號」

這張圖常出現在歷史資料集中，它名爲「布魯克斯號」，是一艘眞實奴隸船的結構圖。這張圖首次出現於1788年，英國成立了《多本法》，規定每艘船運載的奴隸人數，應配合船的噸數。根據這條法，「布魯克斯號」最多可以運載454名奴隸。這張圖呈現了船內的配置結構。

但是，協會的主要活動是宣傳手冊和書籍的出版（圖6）。舉例來說，從成立年到第二年的預算，有半數以上都用於出版經費。另外，最早期大量印製了薄而輕巧的冊子。如此一來，可以降低印刷費用，取得的人也容易閱讀，就結果而論，更能有效率的將協會的訊息擴散出去。印刷是由前述的詹姆斯．菲力浦斯的工廠執行[27]。

除了廢除貿易協會的出版活動之外，同一時期還出現了在英黑人發行的出版品。最廣爲人知的是一七八九年奧拉達．艾奎亞諾

（Olaudah Equiano，一七四五？—一九七年）的自傳《非洲人奧拉達．艾奎亞諾或古斯塔夫斯．瓦薩的傳奇一生》吧。據書中所述，奧拉達出身於非洲大陸西部的伊博民族，十一歲時被俘擄成爲奴隸，服侍過多位主人長達十年。後來爲自己贖身。之後定居倫敦，四十四歲時出版了傳記。

他的自傳以多篇短文組成，給人純樸但充滿活力的印象。它不但給讀者不同凡響的臨場感，更明確傳達出他篤信基督的純粹信仰。例如，他稱曾受神的啓示，可能爲當時的讀者留下深刻的印象：

我以信徒的眼睛清楚的看見，各各他山上救世主被釘在十字架、流出鮮血的身影。那時，聖經的封印已經解開。人們認為我是在法律面前被判刑的罪人。法律以強烈的態勢顯現在我的良心之前，而且「但誡命來到，罪惡活了，我就死了」。我看見主耶穌基督受到屈辱，但仍承擔著對我的侮辱，以及我所有的罪惡和恥辱㉘。

也許可以將對上帝的敬畏和尊敬表露無遺的艾奎亞諾，與廢除貿易協會中那雙手合十的黑人標誌交疊在一起。他以自己親身經歷寫成的著作揭露了奴隸制度的眞實情況，引發了巨大的迴響，也頻頻外出演講旅行。在他去世前，自傳經他自己修訂共有九版（另外還有不少盜版）在英國國內發行，一七九一年也在紐約出版。不久之後更翻譯成荷蘭語、德語和俄羅斯語。

3　帶有現實感的想像力

社會變化㉙

廢除貿易協會積極的活動和明星艾奎亞諾的誕生，讓廢除奴隸運動向不特定多數的大衆開放。但奇怪的是，艾奎亞諾在晚年描寫廢奴之路的編年史式著作中，幾乎沒有提及大衆在廢奴過程中扮演的角色。與此相反，當今的研究者普遍承認大衆的貢獻，幾乎沒有人會像克拉克森的著作那樣忽視或否定大衆的影響。大衆對廢除奴隸運動的積極參與，即便有時顯得過於熱情，卻無法被忽視。

那麼，爲什麼英國民衆對廢奴運動會那麼狂熱呢？其中的一大關鍵很可能是前面一再提到過的「想像力」——尤其是帶有現實感的想像力。

到了十八世紀，英國的「黑人」人數逐漸增加。這裡並不像前面記述爲「非洲黑人」是因爲當時英國社會中的「黑人」，並非單獨指非洲黑人，連來自「東印度」的人也包含在內。「東印度」，也就是來自好望角以東的「黑人」，多數都是印度次大陸出身。他們在海軍投效軍旅後，定居在倫敦或是其他港口。此一趨勢從一七八〇年代開始變得更加顯著，但是實際人口數不詳。話雖如此，很難想像他們會比非洲黑人更多。包含這些印度人，十八世紀英國的黑人人數約有一萬五千名左右，這是研究者之間可以接受的數字。相對於英國，同時期的法國，即使高估計算，黑人人口也只有約四千至五千人。以人口結構比來看，法國最多只占〇．〇二五%的程度，反之，英國卻高出法國近五倍。

英國黑人人口特別集中在倫敦。不同於前一章提到啓蒙思想家只是紙上談兵，或者是坐在咖啡館裡遙想著南方的奴隸制，十八世紀中期以後，至少對倫敦市民而言，黑人早已比從前更常見而熟悉。威廉．賀加斯（William Hogarth）留下的一系列作品如實的表現了這一點。出生於倫敦貧窮家庭的賀加斯，從事過銀雕師和版畫家但都不得志，後來發表一

圖 7 ——— 威廉・賀加斯的作品

他作品中描繪的黑人，包含上流家庭的男僕在餐桌旁服務，還有趁著街頭狂歡作亂之中亂摸婦女的胸部，兩者都自然的融入風景中。

系列畫作。他將生活在大都市倫敦的民衆百態素描下來，然後製作成銅版畫。他的作品在當時大爲風行，其中也多次描繪黑人（圖7）。

黑人之所以更親近民衆，主要是美國獨立戰爭結束後，加入保皇黨（譯注：美獨立戰爭期間效忠英國國王的殖民地居民）的非洲黑人大舉逃到倫敦。因爲種種原因，他們多數的戰功不受承認，輾轉到了英國之後也沒能過上像樣的生活。最後大多淪爲乞丐，其中也有不少靠著表演歌舞賺取生活費的藝人。另外，一七八八年發行一本與倫敦柯芬園附近的妓女有關的指南中，收錄了某位妓女的描述，說白人的她出入「黑啤酒花」舞廳，在黑人演奏的音樂下起舞的情景。「黑啤酒花」是否也對白人開放，衆說紛云，但是至少在這本指南中所顯示的，它不僅爲黑人所熟知。

有人指出，當時在英國船甲板上唱的「船夫號子」，很多都與加勒比海奴隸唱的歌相似。船上三教九流的人都有，但是他們必須共同合作，讓船隻順利航行。在這種背景下，船上產生了融合的文化，而「船夫號子」便是其中的一環。不久，這些曲調流出甲板，在市井小民間傳播。十九世紀初的倫敦，演唱這些歌曲最著名的歌手，應該是暱稱「黑喬」的約瑟夫．強生。他本來是船員，由於不知名的因素腿部殘疾，留下的肖像畫中他都拄

圖8 ——— 約瑟夫·強生的肖像畫

最醒目的是他戴在頭上的帆船模型。它的名字叫做「納爾遜號」，令人聯想到國民英雄納爾遜將軍。

著枴杖（圖8）。他不只在大都市，也到地方鄉村巡演，唱著當時的愛國歌曲〈英國水手的禮讚〉（The British Seaman's Praise）向經過的路人賺取報酬。

倫敦的黑人除了像艾奎亞諾，這種社會地位已受到廣泛認可的人物，還有很多經歷各種際遇的人。透過他們，（前）奴隸也好，（非洲）黑人也罷，對生活在這個城市的人而言，都不再是遙遠的名詞，反而已經是偶爾帶點親切感的人物了[30]。

話雖如此，倫敦的狀況並沒有普及到全英國。倫敦吸收了全英國半數以上的黑人人口，除了利物浦或普利斯托等，與大西洋奴隸貿易有淵源的港口城市以外，看見黑人或奴隸的機會應該非常少。但是，即使如此，對他們帶有現實感的想像力，並非侷限在倫敦，即使是鄉下地方，也打好了接收城市訊息的底子了。

識字與想像力㉛

說得更具體一點，書籍發揮了卓越貢獻。到了這個時期，至少在英格蘭，識字率已經大幅的提升。再加上不論從流通面，或是價格面，獲得書籍的管道都變得更加容易。一五〇〇年前後，英格蘭的識字率只有六%，到了一八〇〇年，上升到五三%。在這個資訊流通的時代，透過印刷技術的提升與交通網的完備，識字率與其增長速度均有所增加。有研究者推斷，在英格蘭和威爾斯，成年男人的識字率有六〇到七〇%，成年女子的識字率約在四〇%的程度。尤其在十八世紀，是個連農村地區都有更多人具備閱讀能力的時代。關於書籍的實際價格，以整個歐洲來說，自從古騰堡活字印刷發明到一八〇〇年以前，價格大約比十五世紀中期降低一〇%。事實上，十八世紀的英國，有些大眾傾向的廉價書籍，叫做「Chapbook」廣泛流傳民間。這些廉價書籍範疇廣泛，從基督教道德論，到食譜、旅行指南，小說或旅遊記事也包含在其中。另外，十八世紀還有將一本書拆開來販賣的現象，透過文字，爲許多民眾開啓了通往陌生世界的途徑。

將這裡提到的識字率與書籍的問題，與大眾在廢除奴隸過程所扮演的角色連繫起來的，則是「想像力」。

林恩・亨特對於小說有以下的看法：「小說強調世人的內在情感，根本上十分相似。而許多小說想讓更多人知道，尤其是對自立的渴望。於是，閱讀小說便透過將情感投入故事中，而萌生出平等和共鳴的感受㉜」。她在別處也提到，共鳴這種情感並不是十八世紀才誕生，小說也不是唯一得到共鳴的方法。在情感上受到故事（對讀者而言遠在天邊發生的奴隸制度和奴隸貿易）吸引這一點上，舉例來說，如果一名非洲黑人與許多讀者一樣改信英國國教，就能產生絕佳的臨場感，訴說自己奴隸經驗的《艾奎亞諾自傳》，和奴隸相關的書籍或宣傳冊等發揮了強大的功能。此外，以非洲黑奴爲主角的小說或戲曲也出現了。而且，廢除貿易協會透過報章日常性的傳遞北美大陸的動向，人們可以時常感受到大海對岸的奴隸制度，都是現在正在發生的現實。

這些書中描寫的奴隸故事，對許多讀者來說已非身外之事。許多在工業革命發展中成爲勞工的民衆，將自己的境遇和奴隸交疊，因而支持廢除奴隸運動。身爲群衆的他們在舞臺下聲援威伯福斯等聖人們輝煌的表現。當然，勞工的心裡也盼望著廢奴運動能促進自己待遇的改善吧，所以工業城市曼徹斯特的廢奴運動，比利物浦港更爲熱烈。

於是，在英國打造出一片土壤，孕育出對非洲黑人或奴隸帶有現實感的想像力，廢奴運動才能蓬勃發展。

請願運動與國會㉝

帶有現實感的想像力，具體化成向國會請願的連署簽名。就英國而言，請願是廢奴運動最重要的武器。據德瑞雪所言，在廢奴問題出現以前，請願是享受某些特定利益的群體或名譽市民等，向政府要求其權利的手段。請願的署名者大多來自某個特定的社會階層。相對的，有關廢除奴隸貿易的請願，署名者由廣大的社會階層組成。從一七八七年到隔年，第一起大規模請願運動中，特權群體之外的民眾署名比例達到七成，之後每次的請願活動中，特權群體之外的署名都維持在高比例。

這些請願運動中，尤其值得注目的是曼徹斯特。這個城市是剛崛起的新興工業都市，在一七八七年十二月，收集到近一萬一千筆署名，達到全城市人口約二〇%左右。即使是保守估計，推測這個城市約有三分之二的成年男子署名。主持這次請願運動的是棉花商人、國教教徒托馬斯·沃克（一七四九—一八一七年）。他不只籌劃曼徹斯特的運動，收集連署，確定運動成功之後，又在英國各地的主要報紙上刊登廣告，呼籲將廢除奴隸貿易運動當成國之大義。簡略的說，他抨擊奴隸貿易是對正當宗教教義的直接暴力，違反了自由（這裡的原詞是liberty）、正義以及博愛的原則，因此主張必須向國會請願，停止這種貿易。而且他把記有該主旨的傳閱書寄送給英國主要城市的市長。另外，又表示爲了完全解決此事，必須將他們此次的運動傳播到全歐洲，也因此他才盡快向全英國報告自己的請願運動。事實上，到一七八八年一月中旬爲止，這份廣告已經在英國各地至少十七家報紙刊登。從各地的新聞可以一窺各地的反應。例如，一月二十六日，《北安普頓信使報》便陳述奴隸貿易侵害自然權，是對正義與博愛原則的蹂躪，有害於國民性，對偉大而自由的人民尊嚴毫無價值，並且刊登了北安普頓有志居民向國會提交廢除貿易的請願。四天後，《巴里與諾維奇郵報》也刊登一則廣告，稱廢除影響國家名譽的奴隸貿易，乃是普遍的共識。這些案例中，「國民」或「國家」的字眼特別引人注目。這一點會留待下一章進行討論。

一七八八年二月，當這項請願齊集送到國會後，政府組成了「有關奴隸貿易的樞密院委員會」。同時，首相威廉．彼特（William Pitt）煽動威伯福斯提出決議案。但是，威伯福斯認爲，要等到提供比樞密院委員會更詳細的資料再行動才是上策。此外，此事遭到利物浦民選議員的強烈反對，議案留到翌年的議會（但是，在當年的國會中，成立了規範奴隸運輸船規模的《多本法》）。翌年，一七八九年，威伯福斯在下議院發表第一次廢除奴隸貿易演講。當時英國國會的議事錄並沒有逐一詳盡地記錄其言講內容，所以眞僞不明，但是依據報導演講內容的《晨星》報，他以「同情爲博愛偉大的來源」作爲演說的總結。不過，在國會中的進展並不順利，並沒有取得顯著的成果。另一方面，在國會之外，艾奎亞諾的自傳出版等，使廢奴運動展現出更加熱烈的氣勢。關於奴隸貿易存廢的戰火，在國會內外持續延燒。

4 革命的時代

法國的黑人之友會㉞

英國如火如荼的廢奴運動星火也飄到了法國。一七八八年，「黑人之友會」（以下簡稱「友會」）在巴黎組成，由知名的吉倫特派領袖雅克・皮埃爾・布里索（Jacques Pierre Brissot，一七五四—九三年）爲核心，以數學家、哲學家或社會科學家而聞名，同時也是法國大革命時期的政治家尼克拉・德・孔多塞（Nicolas de Condorcet，一七四三—九四）出任會長。這個協會擁有約一百名左右的會員。分析此協會會則的濱忠雄認爲，協會標榜以不破壞殖民地的統治爲前提，透過各方利益協調下達成廢奴目的的過程，深刻反映出十八世紀中葉之後啓蒙思想家的反奴隸制論。

在思考大西洋規模的廢奴過程上，布里索積極的與英美推動廢奴派人士建立關係，是這個協會成立的重要原因。布里索前一年赴英，與克拉克森等英國協會的主要成員會面，促成了友會的誕生。布里索成爲協會的名譽會員，友會組成之後，克拉克森也赴法協助活動。這個會的活動基本是翻譯英國協會發行的宣傳冊類，標誌幾乎完全相同，看得出受到英國協會的強烈影響。另外，成立之年，布里索也帶著英法兩協會的介紹信，赴美拜訪紐約的解放協會，它是由賓夕法尼亞廢除協會創始人之一，也是合衆國國父之一的約翰·傑弗遜在一七八五年創設。在他停留期間，北美的協會不遺餘力的給予建議和協助。其實，布里索即在投入奴隸問題以前，就設想過這種國際性的合作關係。此外，美國獨立後實現的自由制度，也正體現了他構思的理想共和政體。

布里索積極的活動，將原本各自發展的英、美、法廢奴運動緊密聯繫起來。友會的成立儀式上，他在演講中高度讚許合衆國貴格會與英國廢奴運動對黑人之友會的影響。布里索在美國停留期間，克拉克森的著作在北美出版，他將自己著作的翻譯合訂進去。布里索於一七八八年十二月結束北美的行程，回巴黎的途中順道經過倫敦，參加廢除協會的集會。在那裡，他成爲國際廢奴網絡的象徵，受到熱烈的歡迎。

正當廢奴網絡跨越大西洋正式開始運作時，革命的時代也到來了。一七七八年七月十四日，民衆攻進巴士底監獄。

「自由．平等．博愛」與奴隸的距離㉟

聽到法國大革命，就會想起「自由．平等．博愛」的標語吧。從這裡深入思考，很容易直接地把法國大革命連結到廢除奴隸。例如，頻頻有人指出，克拉克森個人就對這次革命十分熱中。但是，我們不能忘記一個事實，最初人權宣言的對象，只限於有充足財力收稅的成年白人男性。雖然對象漸漸擴大，但是奴隸與猶太人、白人女性等群衆一樣，都無法享受這些權力。法國大革命與廢除奴隸（即使爲後者添加了「世界性共同體驗」的修飾語，冠上「法國的」）並沒有直接關係。就友會的活動方面，只限付出高額會費入會者參加，而且當克拉克森赴法輔助協會活動時，還遇到法國種植園主成立的「馬西亞克俱樂部」」（Club de l'hôtel de Massiac，譯注：成立於法國大革命期間的政治俱樂部，由法屬安地列斯群島奴隸主種植園主組成）激烈的敵對。

革命與廢奴，經由第三項殖民地有了連結。說到法國大革命爲法蘭西帝國帶來了什麼，有各種不同的觀點。它有積極面，也有消極面。最大的負面影響，我想以法屬聖多明戈（Saint-Domingue）的喪失來舉例，應該不會有太多異議。這個殖民地後來獨立建國，即我們熟知的「海地」，在當初曾是世界最大的砂糖生產地，有「安地列斯的珍珠」的美譽。法蘭西帝國喪失這個獨一無二的殖民地過程中，觸發了革命與廢除的直接連結。

海地革命與週休三日㊱

海地革命的詳細始末，已有濱忠雄出色的研究，所以不再贅述。這裡想先確認的是下面這一點，也就是這次革命可以發現不同目的的三個主體。一是自由黑人。在這個殖民地上，他們位於白人與奴隸之間，在經濟上、人口規模上都是不能忽略的存在㊲，但是他們卻未享有和白人同等的權利，因而想趁著法國大革命獲得權利。其他兩個主體在大局中都被定位爲奴隸。一種是從事體力活的奴隸，另一種是監督前者的奴隸。通常，剛送進種植園的奴隸是前者；在海地出生等在農園長年生活者，就成爲後者。當然，前者占絕大多數，對後者而言，與其反對奴隸制度本身，他們更在意掌握種植園的經營。但是，在革命的發展中，很多時候未必能清楚區別兩者。因此，應該明確區別兩者的狀況中須特別留意，其他情況下則統稱為奴隸。

奴隸階層起義的背景即使與法國大革命有關係，也和自由黑人的起義迥然不同。多數奴隸都誤解了法國大革命。例如，海地革命爆發前夕，他們週末在某間種植園舉行的大規模集會中互相分享消息，像是法國國王給予他們一星期三天休假日，但是聖多明戈的白人卻反對；以及國王與國民議會派遣軍隊到海地，維護奴隸們的權利。根據這些消息，他們討論著是該等法軍到達，援助他們，還是先展開軍事作戰。研究者並沒有查明清楚關於休假日的傳聞出處，但至少在海地革命爆發前的一七九一年一月，已口耳傳遍了海地。在後來殖民地當局與奴隸們之間舉行的談判中一再提及這個話題。不能將這個傳言視為毫無根據的流言，因為一七八四年推出黑人法典的修正敕令，其中有包含嚴守法典第六條訂定的奴隸休假規定（星期日與天主教例假）等文字。而且，聖多明戈殖民者會議與種植園主非常害怕法國大革命的消息傳到奴隸耳裡。海地革命爆發之後的一七九一年九月，殖民者會議表決暫定法案，禁止印刷、販賣與發派關於法國大革命、法國情勢等所有訊息。

從另一個角度來看，資訊管制也證明了在那個時間點，聖多明戈的奴隸已掌握了一定程度與法國大革命的訊息，而且殖民者會議也察知這一點。聖多明戈的奴隸們幾乎全是文盲，而且在資訊管制之下，是如何得到法國的訊息呢？關鍵掌握在自由黑人手中。他們至少有半數人口識字，也就是說他們至少可以簽名。而且，他們當中有人在港灣工作，透過與到港的船員交流，就能獲得世界情勢的最新資訊。他們將得到的資訊分享給奴隸們，然後在奴隸圈中口耳相傳。例如，用法國革命政府的紅白藍三色點綴的帽章，甚至有人將它解釋爲白人奴隸殺死主人得到解放的證明。所以與其說他們想熟知法國大革命的實情，倒不如是想把模糊的傳聞引用到自己身上，奴隸們擁有法國發生的某些大事件會爲自己帶來週休三天的想法也不奇怪。此外，尤其是革命初期的階段，還流傳著禁止鞭打等傳聞，資訊極爲混亂。

但是，不論傳聞的內容是什麼，它都與法國革命的理念沒有任何關連。對許多奴隸來說，至少在發動起義的時候，法國大革命對他們來說，與其帶來崇高，但是並不能馬上擁有的「自由」，反倒是增加休假日，或不受鞭打等結果更爲實際。

三個王的臣子——流散的海地革命㊳

一七九三年六月，聖多明戈北部的法蘭西角（Cap-Français，現稱爲海地角）發生奴隸群起屠殺白人的事件後，法國政府派遣代表委員艾蒂安·波瓦雷爾（Etienne Polverel），企圖向首領之一的馬卡雅採取攏絡策略。海地革命的過程，經過重重波折，前一年三月終於表決通過訂定自由黑人法律平等的法令。波瓦雷爾即是爲了實施該法令的任務，才被派遣到聖多明戈去。這個時期在歐洲，法國革命戰爭愈演愈烈，他在聖多明戈停留的期間，法國突然與西班牙波旁王朝爆發戰爭。聖多明戈的伊斯帕尼奧拉島東側三分之二，屬於西班牙波旁王朝所有，稱爲聖多明哥（Santo Domingo）。而且，這一年的三月，海地革命領導者杜桑·盧維杜爾（Toussaint-Louverture）渡海到聖多明哥，被拔擢爲「西班牙國王的將軍」。攏絡策略成了當務之急。在這種狀況下，馬卡雅向波瓦雷爾遞送了一份書信。「我是三位國王的臣子。剛果王——所有黑人的主人；法蘭西王——代表我的父親；以及西班牙王——代表我的母親。這三位國王是靠星星引領的子孫，並且崇拜基督㊴」。

這段話該怎麼解讀才好？其他的革命首領也再三說過類似的內容。參加海地革命的奴隸不管是爲了週休三日，還是不再受到鞭打而戰，只要是爲了從黑奴法典中的舊體制解放，而挑起戰爭的話，這段言論都非常耐人尋味。因爲，法國大革命，尤其是人權宣言，應該是宣判舊體制的死亡才對。站在頂點的不是別人，正是「法蘭西王」。路易十六在馬卡雅發言的五個月前，在巴黎走上了斷頭臺，結束了一生。也就是說，在馬卡雅發言的時候，「法蘭西王」已經不在世上了。當然，後來還有波旁復辟，但是如果認爲他能預知，顯然不合常理。此外，領導友會的布里索，也在雅各賓黨獨裁之下，被告發了約二千個項目，一七九三年十月三十一日與「法蘭西王」同樣走上斷頭臺。這裡可以證實法國大革命與海地革命的差距。

至於他自稱爲西班牙王的臣子，乃因爲這個時期，法國革命政府與西班牙波旁王朝正在歐洲交戰，而且根據杜桑在聖多明哥獲得拔擢的事實，可以解讀爲他的政治策略。那麼，剛果王臣民的說法又可以怎麼解讀呢？根據VD的推測值，在革命爆發前的半世紀間，被運往聖多明戈的所有非洲黑奴中，包含剛果王國在內，出身「中非西部與聖赫勒拿」者所占的比例達到四八%。此外，精查過海地革命前後種植園主帳目的大衛・蓋葛斯（David Patrick Geggus）評述，聖多明戈全境出身的「剛果」奴隸爲多數派。但是，如果根據剛果王國同時期正處於內戰的事實，這裡所說的「剛果王」指的並不是現實中哪一個剛果王國的王，而應將它解讀爲某種流散群體的認同表現。

這裡我想再從桑頓的研究著手，再稍加探討海地革命中武力衝突的主體實況。因爲從中可以得到線索，理解海地革命的複雜性，以及這次革命與法國廢奴的關係。依據他的見解，革命爆發時，聖多明戈三分之二的奴隸都是非洲土生土長的人。其中許多是在較近期的剛果內戰中成爲俘虜，而被販賣爲奴隸。他們散布在各種各樣的種植園中，但同時也形成了同鄉，或同一民族語言群體組織的非正式「國家」。「國家」擁戴經選舉選出的「王」或「女王」，也展現組織成員的互助。這個「國家」，正是海地革命中實質主導武裝鬥爭的集團單位。「國家」的組成者在被帶來聖多明戈之前，大多打過剛果內戰，擁有自由黑人和誕生於此島的奴隸所沒有的實戰經驗。他們使用的戰術，也見於同時代的剛果。運用鼓聲或法螺遠距的交換訊息。前面提到的馬卡雅，他率領的武裝集團也是以其中一個「國家」爲基礎。無數的這種武裝集團，會視需要與比杜桑規模更大的軍力合作，未必永遠都接受他們的統御。

聖多明戈或海地境內的幾個廢奴行動㊵

波爾瓦雷等人面對的就是這麼錯綜複雜的狀況。而且，在這個時間點，雖然英軍已從部分地區撤退，但卻去進攻法屬馬丁尼克島，也把目標瞄準了聖多明戈。代表團的自救方案，就是將奴隸編入法軍，死守殖民地。然而這需要交換條件，代表團先斬後奏的公告奴隸解放宣言，後來到一七九四年二月，獲得國民公會的承認，通過廢除奴隸制。

至少從某種角度來看，這一廢止奴隸制的決策是由殖民地當局放棄鎮壓、選擇保全殖民地的舉措所導致的不是嗎？因爲奴隸社會已經以武裝力量的形式呈現在他們面前。如果確是如此，促成環大西洋規模下形成的廢奴行動，其倫理性、宗教性的理念到哪裡去了呢？這一點與本書後章論述的發展息息相關，所以在現在的階段就不先深入議題了。此處想關注的是反抗主體的多樣。也可以說它引導了奴隸制的廢除，但是同時，我們必須確認，他們的抵抗，總體來說並沒有導向奴隸制的廢除。也許杜桑正是一個很好的範例。一八〇〇年七月底，他平定聖多明戈全境，翌年二月獲拿破崙任命爲將軍，同一時期，他開始草擬《法國殖民地聖多明戈憲法》。憲法中將莫大的權力集中在總督手中，而且，讓自己終身擔任總督一職，同時也文明廢除奴隸制。但是，憲法規定了以下的事項。即訂定種植園的收益以一定的比例分配給耕作者與勞工，相對的，禁止土地分割成六十公頃以下，也禁止耕作者變更居所。另外，設置憲兵隊以監督、取締耕作者或勞工。這裡所說的耕作者與勞工全都由前奴隸擔當，所以，這麼一來，前奴隸的生活幾乎沒有任何改變。他們和以前一樣，幹活受到監視，搬遷被限制。而且，廢除奴隸制意味著，以後奴隸們不能依靠主人，必須自己想辦法謀生。

杜桑把這份憲法送交給拿破崙，但是拿破崙卻將它視爲獨立宣言，派遣征服軍。一八〇二年，拿破崙重啓奴隸制度，拿破崙軍登島使得聖多明戈再度陷入混亂。杜桑被俘，死於獄中。但是軍隊卻因爲黃熱病的傳染而瓦解，最後只能撤退。一八〇四年一月一日，獨立國家海地誕生。第二年五月制定的憲法中永久廢除了黑奴制。

革命時代的複雜歸結㊶

如果問法國大革命到海地革命連續的脈絡，對廢奴作爲世界史式的共同體驗帶來什麼助益，可能無法給出簡單的答案。一連串的潮流的確有部分對廢除奴隸有貢獻，不僅是海地或法蘭西帝國，許多中南美洲的西班牙屬地受到海地革命的激勵也都完成了獨立，許多新興國家也同步廢除了奴隸制。但是，不能單純將這個過程歸因於海地革命的影響，而且走向廢除的速度也不快。

舉例來說，衆所周知西蒙・玻利瓦（Simón Bolívar，譯注：拉丁美洲的革命家，為南美洲向西班牙爭取獨立時，發揮了關鍵性的角色，也是中南美洲公認的英雄）爲了完成獨立運動，接受了海地政府的支援。這項支援雖然是建立在他對廢奴的承諾上，但是看不出他拿出積極的態度履行承諾。玻利瓦在連續的獨立戰爭中推動解放奴隸，但是只限於加入自己軍隊的奴隸。但克里奧人（譯注：在加勒比海殖民地出生的白人後裔）和自由黑人等聯手，也不敢與他這個白人的領袖反目。此外，一八一九年，以他爲核心建立的大哥倫比亞制定了憲法（一八二一年），只承認奴隸身分的母親所生的新生兒，得以免除奴隸身分。從那時以後，開始施行所謂「子宮自由」，即給予奴隸生下的子弟自由身分的政策，其實這方法早在十八世紀末就已在北美洲實踐。但是，大哥倫比亞和其他例子一樣，在解放奴隸的同時引進學徒制，要求奴隸子弟在母親的主人處工作十八年。此外，必須繳納特別的稅金才能解除奴隸身分。不久大哥倫比亞瓦解，但是學徒制卻在各地延長。許多地區將期間延長到二十年，更長的延到二十六年。

中南美洲便是靠著「子宮自由」與自由身分買賣兩大支柱，逐步廢除奴隸制。但是多數狀況因爲學徒制的並行，廢除的腳步極爲緩慢，或是奴隸在解放時，需向主人支付補償金。唯一的例外是智利，他們在一八二三年實施無條件的解放所有奴隸。當時，智利國內的奴隸只有四千名左右[42]。直到一八五〇年代，中南美各國才逐漸統一了奴隸廢除的步伐。

如上所述，本章介紹的一連串革命，別說是世界的共同通驗，連中南美規模的廢奴都沒有直接關係。從全球的視野來看，這一連串的革命在短期上，甚至可以說把社會拉向背離廢奴的方向。由於海地

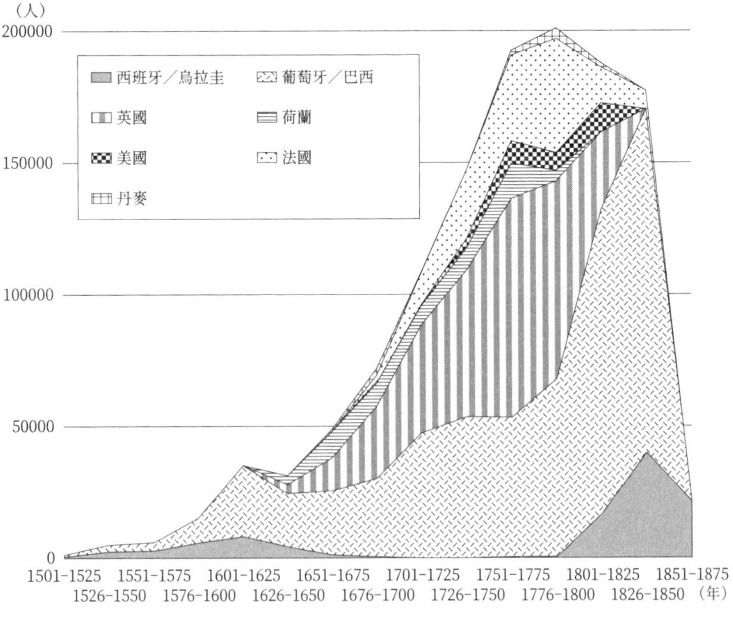

圖 9 —— 大西洋奴隸交易中，各國的輸送規模（1500 — 1875 年）

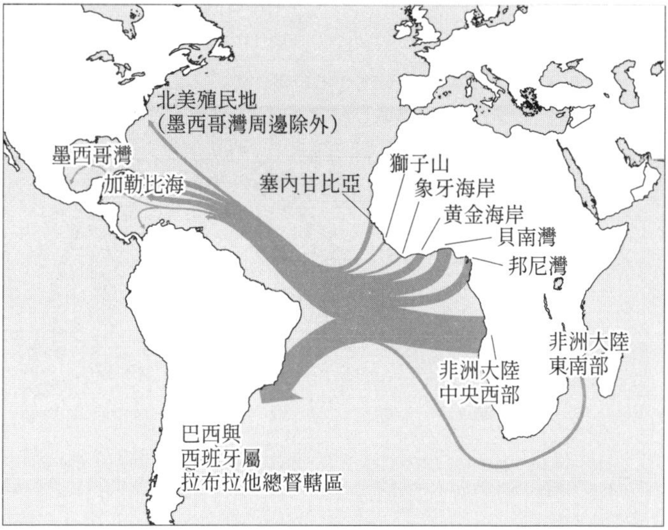

圖 10 —— 非洲大陸送往大西洋各地的奴隸貿易規模（1500—1900 年）

圖 11 —— 從海岸角要塞遠眺大西洋，此地為黃金海岸的主要奴隸出口地之一。

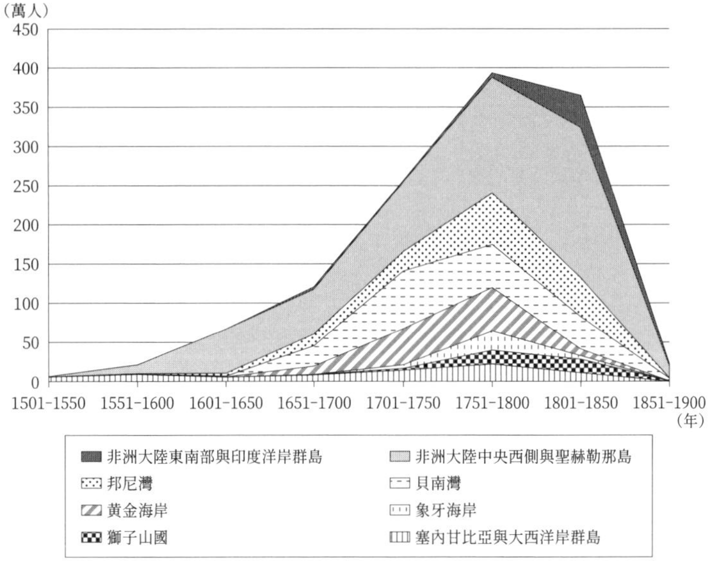

圖 12 ——— 奴隸出口數推算（1500 ～ 1900 年）

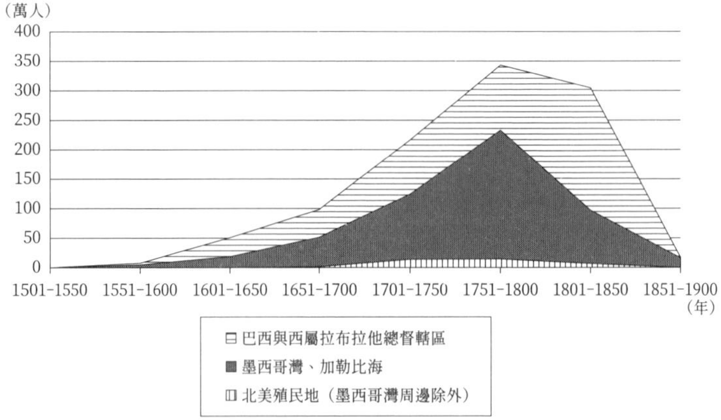

圖 13 ——— 奴隸下船數推算（1500 ～ 1900 年）

革命，聖多明戈的技術和資本流向了古巴島或巴西，產生了新的奴隸需求，爲了因應這股需求，十九世紀前半進入大西洋奴隸貿易的最盛期（圖9—圖13）。另外，海地革命後，在加勒比海發生的幾起奴隸造反，其原因似乎也不能單純的指向海地革命或法國大革命。事實上，前面提到與海地革命有關的週休三日傳聞並非只出現在聖多明戈。蓋葛斯分析，從一七八九年到一八一五年間，加勒比海群島與北美大陸南岸、南美大陸北岸發生的奴隸造反，或顚覆奴隸制的陰謀案共有六十二件，至少其中三分之一的案例中，有關官方解放的傳聞是一大動機。但是，傳聞未必能立刻引發造反，而且海地革命也不是這一連串叛亂的開端。舉例來說，解放的傳聞在一七八九年底傳到聖多明戈，但是一年半後才開始叛變。而在海地革命以前，委內瑞拉和古巴島、瓜地洛普島等都發生了造反，據測應該是受到解放奴隸受阻的傳聞影響㊸。從這裡列舉的地名可以了解，解放的傳聞不只限於法屬殖民地。與法國大革命相關連的事件，也只占總體的四成到五成。這些叛亂或陰謀最後都沒有成功。

從另一個角度，英美本國目睹這一連串叛亂和陰謀，或是拉丁美洲國家的獨立，至少在短期內都在廢奴一事上踩了緊急煞車。奴隸問題帶來了緊張情勢，因爲有可能聯繫到殖民地的喪失。海地附近的英國或西班牙殖民地，也警惕海地革命的波及，即使善意收容從海地逃出的白人種植園主，但是最後仍命令隨行而來的奴隸離去。在合衆國，南部各州禁止聖多明戈的黑人移民，限制自由黑人的移動，更禁止自由黑人與奴隸接觸。

第3章

巨大的矛盾——十九世紀前半的大西洋與印度洋西海域

十九世紀前半，廢除奴隸從大西洋規模的行動，擴大成全球規模的運動。在思考其演進時，不能忽視英國的動向。本章的前半先追蹤英國廢奴的過程，之後再探索國際社會中，英國成爲廢奴領袖的面貌。另一方面，這個時期也是史上奴隸貿易最興盛的時代。本章後半則把焦點放在印度洋西海域奴隸需求的增加，和奴隸貿易的鎮壓行動。在這一連串的潮流中，前一章提到的法國廢奴行動中隱約可見的新潮流逐漸明顯。即廢奴運動的動力漸漸脫離宗教、哲學、道德、倫理等議題的影響。這也連動到激發廢奴想像力的向量變化。

1　從廢除奴隸貿易到廢除奴隸制的迢迢長路

從反廢除奴隸貿易論的熱潮到廢除奴隸貿易的決議①

英國國內的廢奴運動從一七八〇年代末到九〇年代初突然興盛一陣子後，熱度逐漸冷卻。這段期間，例如，一七八〇年代後期，女性開始積極的參與運動，她們在抵制砂糖運動等有卓越的貢獻，令人印象深刻，然而並沒有維持太久（圖14）。相反的，反對廢奴的議題驀地湧現出來。當然，一七八〇年代，當廢除奴隸貿易的討論風起雲湧，同時也有反對的聲浪出現，兩陣營從經濟、軍事、歷史的正當性、法律、科學（人種）、道德、宗教等多面向主題，展開辯論。例如，法國革命戰爭時，反廢奴論者就主張奴隸貿易給了英國皇家海軍的水手絕佳的訓練機會。實際上，海軍會在奴隸船旁隨航護衛，也曾展開緝捕敵船的作業。再者，廢除奴隸制會使英屬殖民地喪失對法屬殖民地的優勢地位，這也是反廢除奴隸論者的一大主張。進而他們還指稱保護大憲章頌揚的權利，指責廢奴侵害持有奴隸的權利。

　改變議題風向消長的原因，在於拿破崙戰爭。拿破崙重啓了奴隸制度，所以對與拿破崙作戰的英國而言，廢除奴隸帶有愛國的

圖 14 ——— 為普及抵制砂糖運動而製作的砂糖罐

罐子上寫著「自由勞動的生產物」

象徵意義。在這樣的背景下，一八〇六年，英國訂定了《對外奴隸貿易法》（46 Geo. III c 52），禁止將奴隸運到新占領的殖民地，和法國等其他國家及其殖民地，即限制對敵國有利之虞的奴隸貿易。這個法案在下議院通過，反廢奴派的曼徹斯特四百三十九名商人提出反對請願，試圖阻止審議。但是支持法案的人們立即蒐集了五倍多的連署，從曼徹斯特送進國會，最終促使上議院通過該法案。

這一年，威伯福斯的好友首相彼得逝世，他一向支持威伯福斯活動。然而，之後以托利黨、輝格黨兩個不同黨派組成了——「賢能內閣」。就任首相一職的是第一代格倫維爾男爵，威廉·溫德姆·格倫維爾，查

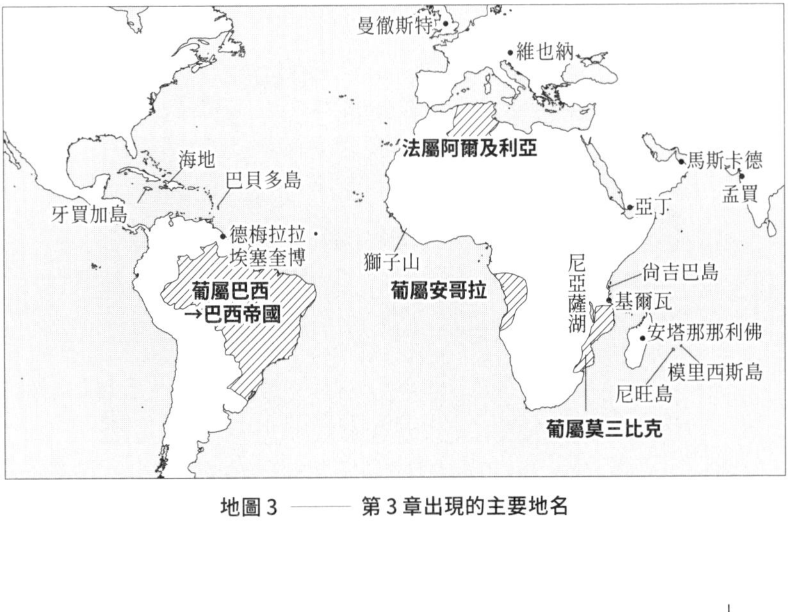

地圖3——第3章出現的主要地名

爾斯·詹姆斯·福克斯入閣成爲外務大臣。在他們的演說和在國會強硬的運作下，積極的推動廢奴。而且，同年的總選舉中，反廢奴的核心團體——支持西印度群島種植園主的西印度派，國會席次大量減少。史蒂芬·法雷爾(Stephen Farrell)仔細調查過一八〇七年英國國會討論廢除奴隸貿易議案的過程，重視決議的相關狀況，他認爲就結果而言，占國會大多數的中間選票倒向廢奴派，所以《廢除奴隸貿易法》(47 Geo III Sess, 1 c 36)才能通過決議。

此法於一八〇七年三月二十五日通過後，廢除貿易協會宣告解散。但相同成員之後再設立「非洲協會」。這個協會設立的目的，是接手後述的獅子山公司業務，不過很快的，他們也開始關注其他國家的奴隸貿易。即使大英帝國內禁止了奴隸貿易，但是大西洋的奴隸貿易並未停止。不只如此，受到海地革命的影響，古巴島和巴西的奴隸需求激增，奴隸貿易活躍程度更勝以往。他們和過去一樣，試圖與費城的廢奴協會取得聯絡，利用國際合作圍堵奴隸貿易，但是嘗試失敗。很大的因素是一八〇七年之後，英國艦隊強徵美國籍水手的問題，造成英美關係惡化。但是，在一八一四年召開的維也納會議上，廢奴運動掌握到向全世界發展的契機。

史上最大的宣傳與維也納會議的失敗②

以「會議在跳舞，但是原地打轉」廣爲人知的維也納會議，一般而言，舉行會議的目的是恢復拿破崙戰爭後歐洲的秩序和重新劃分領土，但是從全球的格局來思考這場會議的話，其意義不僅於此。雖然只限歐洲國家參加，可是在這場會議中，廢奴問題第一次成爲國際會議的議題。事實上，這也是本次會議中唯一涉及歐洲之外事務的議題。

提出議題的是英國。其實，在維也納會議之前，英法之間就針對戰後協商簽訂了《巴黎條約》，英國對法國追加了五年內廢除奴隸貿易的條款。乍看之下好像取得了外交的成功。但是威伯福斯並不滿足。因爲，他的著眼點是英國藉由追加條款（儘管有訂期限）正式承認奴隸貿易的持續。依據英國下議院的議事錄，簽訂條約的外務大臣卡斯爾雷子爵羅伯特·史都華在議場受到熱烈的喝采。但是不久後，威伯福斯強烈抨擊，追加條款等於將自己救出的無數無辜男女老幼下達了死刑執行令。

於是，非洲協會立刻展開新的請願宣傳，成爲廢奴運動史上規模最大的一次活動。據近年的研究，推測蒐集到的連署接近一百四十萬筆，參與連署的人數相當於當時英國本國人口的一成左右。國內再次向大衆呼籲廢奴運動的同時，協會也在會議召開之前，有別於英國政府，獨自與預備參加的各國首腦，如俄羅斯的亞歷山大一世和普魯斯的威廉三世等會面，進行事前溝通。

維也納會議開幕後，英國代表依照計畫提出廢除奴隸貿易的議題，大會採納，組織專門委員會。該提案整理爲以下五點。(1)立即廢除奴隸貿易，(2)如果無法立即廢除，法國須在三年內、西班牙、葡萄牙須在五年到八年內廢除奴隸貿易，(3)但是，在北半球方面不容許寬限期，必須即時廢除奴隸貿易，(4)設置廢除奴隸貿易的常態委員會，(5)對可能從事奴隸貿易的船隻進行相互臨檢（異國船隻在大海上相遇時，可視需要相互登船，檢查是否在運輸奴隸）。各國的反應與奴隸貿易的參與度成正比。總之，未直接參與大西洋奴隸貿易的俄羅斯和普魯士，都舉手贊同。但是關鍵的法國、西班牙和葡萄牙則強烈表示異議。這些擁有無數種植園的國家主張，如果在殖民地確保足夠的奴隸供應前，不給予寬限期的話，就不在廢除奴隸貿易條約上簽名。

前述的史都華爲英國首席的全權代表，他內心對於反對的主張表示理解。事實上，一八〇七年，國會通過廢除奴隸貿易法案時，他就是內閣中堅決反對法案通過的成員。但是英國國內的趨勢不容許他重演當時的抗爭。近一百四十萬份連署，重重壓在他身上。例如，史都華在維也納會議前的一八一四年八月，請求駐西班牙大使就廢除奴隸貿易，向西班牙政府採取懷柔手段的書信中，寫道「英國本土幾乎不存在對奴隸貿易漠不關心或未曾發起請願的村莊」③另外，閱讀他在維也納會議前後的書信，不時會提及克拉克森或威伯福斯，可以表現史都華無法忽視他們和支持群衆的影響。英國代表不只考量其他國家，也必須充分顧及協會和本國的許多支持者，謹慎行事才行。因此他們提出了三年內廢止奴隸貿易和實行相互檢查制度的折衷方案。即便如此，法國等國仍然不予接受。

若是稍微停下來思索，不難理解這些國家對英國提案的反對。畢竟生產世界商品的勞動力供給，關乎國家財富的來源，突然被要求終止，任何國家都無法接受。問題不只是如此，事實上，在拿破崙戰爭時，巡邏非洲大陸西岸外海的英國皇家海軍艦隊，阻礙了非英國船隻的貿易。並對捕獲載有奴隸的船隻提供了獎金，甚至有私掠船參與其中。即便如此，實際上很多時候這些被捕獲的船隻上並無奴隸，這種行爲的合法性也常遭質疑，外交抗議不斷。對於曾在此過程中吃過苦頭的各國而言，英國在維也納會議上的提案顯得虛僞。最後，在維也納會議上，始終停留在發表宣言，認同奴隸貿易與人道和普遍性道德的諸原則相互矛盾的層次。

反奴隸制度競賽與大西洋的統治④

面對維也納會議上的失敗，英國嘗試透過雙邊談判，與相關國家個別簽訂有關奴隸貿易的條約。條約的核心是相互臨檢，此外，如果臨檢的結果，查出有運送奴隸的狀況，會由「混合委員會」即由運輸奴隸與緝捕兩方代表組成的委員會，作爲討論處置的單位。西班牙、葡萄牙和拉丁美洲的新興國，甚至未在大西洋從事奴隸貿易事實的俄羅斯、兩西西里王國等，都在一八四〇年代初陸續與英國簽訂了條約。與俄羅斯等國簽訂條約，是爲了阻止掛該國旗幟僞裝的交易。在這段期間，英外交部於一八二四年成立了專門處理奴隸貿易事務的部門。

如蘇珊・麥亞斯所指出，一連串的談判都帶著「反奴隸制度競賽」的色彩。例如，西班牙政府同意漸漸廢除奴隸貿易，接受臨檢相對可獲得四十萬英鎊的補償金。另一方面，在此過程中，英國政府則利用其他手段威逼利誘，例如，提出與西班牙簽訂新的條約、建立與拉丁美洲獨立國家的外交關係，或在倫敦金融市場上提供協助等。

簽訂條約換取高額的補償金，看起來西班牙政府似乎是這場「反奴隸制度競賽」的勝利者。但是，勝負還在未定之天。雙邊條約不只限於西班牙，雖然明文規定互相具有同等權利，但是要具備強大意志與海軍，隨時監視奴隸運輸，只有英國才做得到。也就是說，藉由條約形成監控環大西洋奴隸貿易的體制，與英國海軍在大西洋上強化統治力的工作，是一體兩面。而主力軍便是皇家海軍西非洲艦隊。其實，西非艦隊分配到的船艦主要都是又老又舊的船隻，並不是最新銳的船艦，但即使如此，它的戰力還是遠勝其他國家。

舉例來說，十九世紀前半在非洲大陸西岸外海，唯一可以對抗英艦的是法國海軍，在法國於一八四二年大幅增強軍力以應對英國艦隊對其商船的通航阻撓之前，法國海軍的實力從未超過英國的皇家海軍西非艦隊。再者，爲了抗議英軍阻礙通航，法國拒絕了前一年才達成協議的互相臨檢。由此可知，廢除奴隸貿易的條約，與大西洋上的霸權爭奪緊密相連。

英國的廢除奴隸制與加勒比海的叛亂⑤

正當英國以廢除奴隸貿易的掌舵人身分在國際舞臺各地奔走，國內針對廢除奴隸制的討論也逐漸展開。英國國會從廢除奴隸貿易發展到廢除奴隸制，所耗費的時間比廢除貿易協會的成立到廢除奴隸貿易爲止更久。廢止派一開始並未計畫在廢止奴隸貿易之後立即廢除奴隸制度，反而認爲應該逐步使奴隸成爲值得享有自由的人。另外，他們還普遍樂觀的以爲，奴隸貿易的終結，自然會連結到奴隸制的終結吧。這個想法也體現在一八二三年非洲協會的成員另外設立的「英領地緩和與逐步廢除奴隸制協會（以下稱反奴隸制協會）」名稱。話雖如此，逐步廢除有著很高的障壁。這個協會成立時，擁有廢除派五位上議院議員和十四名下議院議員。但是在下議院，西印度派的對抗勢力，即支持西印度群島種植園的議員有五十六名。

向廢除奴隸貿易法反將一軍的《對外奴隸貿易法》，在成立之初，廢奴運動家靠著廢除奴隸貿易與國家利益結合爭取到支持，但是反之，如果以國家利益優先時，最好避開廢除奴隸制的論點也能成立。也就是說，在海地革命還記憶猶新的當時，如果解放了殖民地占壓倒性多數、未開化的野蠻黑人，他們將會任意屠殺占絕對少數的白人種植園主，最後甚至可能失去殖民地，這樣的理論是充分有說服力的。西印度派宣傳這種可怕，而廢奴論者因這種擔憂而舉步不前，所以暫時先測試緩和奴隸制。奴隸制的緩和，也就是逐步改善奴隸的待遇，改變奴隸成爲有能力享受自由的人，這個過程也符合殖民地的利益。

但是，這些畢竟都只是奴隸主、經營殖民地者的理論，而奴隸們永遠被摒除在這些討論之外。一八一六年、一八二三年和一八三一年，分別在巴貝多島、德梅拉拉－埃塞奎博群島和牙買加島，發生了大規模的奴隸起義事件。這裡就以一八二三年的事例來說明吧。第一，英國本土的國會決定，奴隸制的緩和政策由本國政府指揮監督殖民地下實施，相對的，殖民地的種植園主反抗來自本土的強制政策。這些動向以不完整的形式傳進奴隸耳裡，於是奴隸之間以為本土施行的解放政策遭到種植園主的阻礙，因而發動起義。現在的研究認為，他們並不是一開始就嘗試暴力反抗，而是想申張自己權利時演變成叛亂。不如說，採取暴力行動的是種植園主，他們殺害了許多奴隸，倫敦傳教協會的牧師以教唆叛亂而被宣判死刑，最後死在獄中。

多種主體的參與和道德資本⑥

與加勒比海地區奴隸們反抗漸進廢除政策的行動相呼應的是英國本土的女性們。一八二四年發行的《即刻，而非逐步廢除》的小冊子中，作者伊莉莎白．海里克（Elizabeth Heyrick）不但呼籲不買西印度產砂糖，告發對奴隸實行的鞭刑，也用強烈的字眼譴責政府緩慢的政策與加勒比海英屬殖民地的奴隸制度。她強調只要倚賴奴隸勞動力的生產品市場不消失，奴隸制就會一直存在，又說必須抵制西印度產，而消費不依靠奴隸勞動的東印度產砂糖，暫時淨化英國的空氣。第二年，她與其他志士成立了「救濟黑奴的西布朗維克女性協會」。她並非特例，當時有幾個以女性爲主體的廢奴運動團體成立。在一八二五年到三三年之間誕生的女性廢奴協會高達七十三個。她們從自己的生活經驗中思考奴隸制，並呼籲立即廢除。儘管她們的活動偶爾會成爲嘲笑的對象，或是蹙眉不恥。但是漸漸的，英國國會也無法忽視了。在某位男運動家寫給婦人運動家的書信中，稱讚婦女的活動「成爲反奴隸這棟建築的水泥⑦」。事實上，一八三三年要求立即廢除的請願上，連署的女性有四十萬筆，約占全體的三成。

藉著她們主導的抵制砂糖運動等，廢奴運動也走進了家庭。另一方面，以宗教爲主體的廢奴運動團體也成立了。當我們說明運動領導人的多樣化現象時，在與想像力的關係上，我們必須注意克里斯多福·布朗主張的道德資本。他解釋廢奴運動趨於大眾化的原因，認爲這項運動一旦與道德的正當性相結合，參加運動就會受到周圍親友的稱讚，連帶的證明自己道德的高尚。這種道德的展示之所以重要，是因爲它能爲參與者在其他政治活動中爭取正向的認可，從而使這些活動更易實現。擁有某種政治意見的人參與運動後，反對意見者也不願落後，於是被推動加入了運動。因此，企圖改革社會的人將道德視爲資本，而廢奴運動成爲資本的提供來源，於是它便成了吸引多種立場的人參與的一大運動。

布朗自己將研究的對象聚焦在廢除奴隸貿易的過程，不過在思考運動的走勢轉移到廢除奴隸制之後時，這個切入點也很有用。事實上，一八〇七年以後，廢奴運動的引領者更加多樣化。各種立場的人帶著各自的議題，將自身問題與奴隸制度問題結合，高喊廢除奴隸制。在這裡，想像力變得尤爲重要，它將個人的問題與奴隸制的問題重疊，並通過共享資訊和想像共同奮鬥的可能性，讓這場運動得以更高層次發展。廢奴運動深而廣的根植在民衆之間。

廢除的補償——英國的廢除奴隸制⑧

進入一八三〇年代，目睹此一局勢的反奴隸制協會把方向從逐步廢除轉向立即廢除。這個時期，立即廢奴論更是順水行舟。一八三二年選舉制度的修正，使更多民衆擁有投票權，許多贊成立即廢除的候選人當選，而一八三一年發生在牙買加島、又稱爲「浸信會戰爭」或「聖誕節起義」的大規模奴隸起義事件，在英國本土引起了廣泛關注。一八三三年春天發起的請願運動，蒐集到一百三十萬筆連署。國會和政府不得不認真考慮採用即刻執行制的廢除奴隸制。

此時，種植園主遭遇的損失成了浮上臺面的問題。對種植園主而言，解放奴隸本身意味著自己財產的喪失。而且，廢除奴隸制損失不只是他們而已，也牽涉到與他們有著直接或間接利益關係的許多人。一八三三年春季到夏季，相關的法案討論持續了三個多月。這是英國國會史上最長的會期之一。最後通過的《奴隸制廢除法》（3&4 Will c. 73）中決議，所有的奴隸都得到同等的自由，但是解放後的一定期間，需從事學徒制；同時，政府還從國庫中撥出總額二千萬英鎊補償奴隸主。這個金額是當時政府年平均收入的四成左右。

長久的痛⑨

當時的二千萬英鎊換算成現在的貨幣價值的話，相當於一百六十到一百七十億英鎊（約七千億臺幣）。那麼，究竟哪些人可以得到這筆補償呢？思考這個問題之前，我們必須理解爲什麼一八三三年與廢除奴隸制有關的會期，是英國國會史上最長的會期。可以從「英國持有奴隸遺產計畫」的成果中找到線索。這項以倫敦大學學院（university college

London）爲據點，在二〇〇九年到一二年間主導的計畫，旨在解開英國殖民地奴隸制廢止時奴隸所有權的眞相，並公布一個數據庫，揭露莊園所有權的變遷。對因廢除奴隸制而補償奴隸主的業務，由一八三三年組織的奴隸補償委員會負責。此委員會的紀錄詳細追蹤了提出申請的人，或領取的補助金額等相關資料。根據計畫領導人尼克．德萊帕（Nicholas Draper）的說法，補償金約半數流入英國國內。衆所周知，英國殖民地的多數種植園主並未實際住在殖民地，也就是說都是由「缺席地主」所持有。但是，實際情形並不單純，因爲種植園的持有極爲複雜。當種植園被繼承時，繼承者往往不只一人。此外，也有不少人將莊園作爲抵押。再者，即使一種植園屬於某人所有，有可能因爲種種原因而將部分收益給予另外的人當作利息，更有把利息領取的權利抵押出去的狀況。而且，別忘了原本補償的並不是種植園本身的損失，而是失去持有奴隸所帶來的損失。雖然，奴隸的持有權大多附屬在種植園的持有權上，但是另一方面，也有人只具有奴隸的持有權。這種狀況下也出現就一名奴隸而申請補償的事例。在如此錯綜複雜的奴隸持有狀態下，委員會接到了四萬六千餘筆的申請，並且對其中約四萬件申請同意支付補償金。申請者絕大多數是商人或律師，不過也包含貴族或英國教會相關人士。申請者在對英國社會、經濟具有影響力的群體中，占有五至一〇%。這些的比例是多是少，看法因人而異。不可忽視的是，其中也包含了國會議員。西印度派勢力大幅縮水的一八三二年舉行的選舉中，共有五十名當選議員其本人或直系親屬登記參與奴隸補償委員會。西印度派只有十九名當選議員，這表示不只是西印度派議員從奴隸制中得到利益，持有奴隸者也分布在贊成廢除奴隸制的議員中。要他們投下贊成票自然必須有所回報。從奴隸制獲取利益的複雜關係，正是大大拖延一八三三年會期的原因。

所以，隨著廢除奴隸而來的補償金，大多落入社會或經濟上最頂端的極少數人口袋裡。而我們也不能忘了，英國本土政府的財源，是這些人繳納的稅金來維持的事實。況且，英國政府自一八一〇年代初期開始，每年都要編列廢除奴隸貿易的預算。雖然廢除奴隸貿易所需要的軍備、外交相關費用，在整體預算中平均只占〇．〇五%的程度，但某些年度也會超過一%。而皇家海軍的動員規模也不能輕忽。經年把接近一三%的軍力投入在非洲大陸西海岸，進行奴隸貿易監視活動，從一八一一年到七〇年之間，光是皇家海軍西非艦隊就失去了五千名軍官與船員。

依循同時代奴隸貿易走入最盛期，依賴奴隸勞動力的種植園經濟來到史上空前規模的狀況，我們不能忽視廢奴對英國本土社會普遍的影響。把奴隸貿易非法化，使得英國少了從中得到的關稅收入，奴隸制的廢除，也削弱了英屬殖民地農作物的國際競爭力。亞當．斯密的說法並沒有成真。對整體環境綜合考察的E．菲利普．李文推估，監視活動導致大英帝國的經濟損失達約三千三百三十萬英鎊（約十三億臺幣），然而經濟獲益只有約五百一十萬英鎊（約二億臺幣）。此外，依據柴姆．考夫曼（Chaim D. Kaufmann）與羅伯．佩普（Robert A. Pape）進行的類似估算，綜合廢除奴隸貿易在英國本土產生的成本，從一八〇八年到六八年，奴隸貿易的廢止每年對英國國內生產總值的影響相當於一．八%。將此一比例應用於現代日本的話，按內閣府發表的國民經濟計算，二〇一八年度的國民所得約四百〇四兆二千六百二十二億日圓（約八十五兆二千七百億臺幣），一．八%相當於約七兆二七六七億日圓（約一千五百億臺幣）。持續花費這麼大規模的成本，難道不值得驚愕嗎？爲何英國要忍受如此嚴重的「痛苦」長達近半世紀，還繼續干涉他國的廢除奴隸貿易呢？前面陳述的種種事由，即便考量到非洲黑人或奴隸帶來深具現實感的想像力，或呼喊廢除奴隸所得到的道德成本，尚不足以說明其理由。

因此，我們不妨聽聽琳達．柯利（Linda Colley）的見解。有關英國的廢除奴隸方面，她強調美國獨立戰爭的失敗所帶來的影響。在柯利的看法中，篤信上帝的英國人，認為這次戰敗是上帝的懲罰，也就是說由於國人腐敗，與新教徒兄弟鬩牆，失去過去對新教徒國家站在指導地位，因而不再受到上帝恩寵，不僅輸掉了戰爭，還喪失了廣大的殖民地。為了再次獲得神的恩寵，必須約束自己。因而，改善社會成了民眾關心的事。廢除奴隸也如國會改革、宗教上的寬容，或是監獄與精神病院的改革等，都是這時期推動的一連串改革運動之一。

但是，她繼續論述道，廢奴運動與其他改革運動仍有一線之隔，也就是她主張合眾國是經由獨立、從宗主國英國的暴政得到自由。在這個脈絡中，英國壓抑了合眾國的自由，那麼，完成獨立的合眾國，才是實現「自由」的地方嗎？答案是否定的。因為合眾國仍繼續的利用奴隸的勞動力。此時，廢奴運動出現。英國藉著領導廢奴運動，便可以將自己與奪走奴隸自由、奴役他們，構築財富的美國對比，成為更優越的「自由國度」。柯利認為，這一觀念成為了當時逐漸形成的「英國人」國民意識的一部分。井野瀨久美惠和斯里維迪亞．斯瓦米納坦（Srividya Swaminathan）的論述也大致相符。

與之相關而耐人尋味的現象是，一八三〇年代以後，英美民間的層級的聯繫再次復甦。英國女性運動家們製作手工藝品，幫助美國籌措反奴隸團體的資金⑪。另外，運動家們也透過募款，爲一八四五年到第二年赴英的費列迪里．道格拉斯贖得自由身分，資助它成立發表反奴隸制言論的報社。《湯姆叔叔的小屋》作者哈利葉．史托在一八五三年訪英時，也舉行了大規模的募款活動。這個運動還動員了小孩。例如，一八三八年，爲祝賀學徒制結束，而在伯明罕舉行的慶祝會上，動員了三千名兒童在市政府前廣場合唱讚美歌。可見英國的廢奴與此時開始形成的國民意識有著不可分割的關係，也與失去北美殖民地後，道德觀的重塑深深的綁在一起。如此一來，廢除奴隸在英國社會中確立了其正當性。

但是爲了讓這項工作開花結果，廢奴運動不能只侷限在國內就好，也不能止步於合衆國就夠了，必須將這正確的作爲實踐到更廣泛的世界才行。一八三九年，英國的廢奴運動家們爲了將這項活動傳播到全世界，組成了「英國與外國的反奴隸制協會」。次年六月，在倫敦召開的世界反奴隸制代表會議中，英國主要廢奴運動家不僅召集了本國各地，還有來自殖民地、合衆國的五十三名代表，以及法國、西班牙、海地等國的代表。在約五千名聽衆面前，老將托瑪斯．克拉克森演說了開幕宣言（圖15）。

為開化而廢除奴隸⑫

這種趨勢早在奴隸制廢止運動成爲焦點之前便已開始萌芽。前一章敍述托馬斯．沃克等在刊登的新聞廣告中頻繁使用「國家」與「國民」的用詞並不是偶然。此外，一七九〇年代廢除貿易協會活動一度停滯，但在十九世紀初期重新活躍時，卻添加了帝國主義的色彩。此時加入的新成員，都是曾在殖民地擔任行政官，或是會把廢奴與振興基督教和統治殖民地聯繫起來的人。

如果要探討英國廢奴運動的演變，就會

圖15 ——— 在第一屆世界反奴隸制代表會上演說的克拉克森

遇到「文明開化」。這個問題才是英法廢除奴隸，以及連結到其他國家廢奴的關鍵。「開化」這個詞也是本書後續的關鍵字，會以各種形式表現。這裡就透過英法的事例來思考「開化」的問題。

「文明開化（civiliser，譯注：日文用的是「文明化」）」這個法語動詞，源自於拉丁語的市民（civis）或都市（civitas），首次出現在一五六八年，是繼承古希臘都市國家和羅馬帝國世界觀的詞彙。最初指的是將文明帶入野蠻地區，並常與基督教的傳播聯繫在一起，甚至用來爲奴隸制辯護。但是，到了啓蒙主義時代，在「文明開化＝進步」的概念下，也含有從絕對主義體制解放的意識形態。到了殖民地主義時代，人們懷著以「開化」之名「解放他者」的印象，將它轉化成殖民地主義的意識形態。

平野千野子評析，重要的轉機始於一八三〇年侵略阿爾及利亞。侵略阿爾及利亞產生了將阿拉伯人從土耳其控制下解放的主張。而且，解救當時遭到地中海海盜拘役的白人奴隸，也擴增了侵略的正當性。也就是說，這些「解放」，在促進「開化」的善行之下，讓侵略阿爾及利亞變得合理。在這個邏輯中，廣泛使用了「開化的使命」這種表現。事實上，這個時期，法國本土的廢除奴隸論方興未艾，而贊同者大多支持侵略阿爾及利亞。他們不只支持侵略，更連接到統治。知名的浪漫派詩人，同時也是成功的政治家阿方斯・德・拉馬丁（Alphonse de Lamartine）雖然是廢奴論者，但是他認爲法國示範的是，在占領的阿爾及利亞廢除奴隸制，即讓他們「開化」，使地中海成爲法國的內陸湖，將能接近「開化與人類進步」的崇高目的。於是，「開化」與「廢除奴隸」，以及「殖民地化」逐漸被連繫在一起。但是，這裡有個明顯的矛盾點。侵略阿爾及利亞的時候，帝國內還殘存著拿破崙體制下重啓的奴隸制度。這一方面，法國在一八四八年七月王朝下，才實現第二次廢除奴隸。所以「文明開化」、「廢除奴隸」、「殖民地化」的關係被綁得更緊了。

我們也可以在英國建設獅子山殖民地上看到類似法國的「文明開化」、「廢除奴隸」、「殖民地化」關係。一七七一年，在獅子山周邊從事博物學調查的亨利・史密斯曼（Henry Smeathman）向英國提交計畫，建議在英國政府的監督下，將獅子山建設爲黑人和有色人種自由勞工的定居地。廢除貿易協會的成員，與包含他們在內的克拉彭教派都樂見其成。此外，整個一七八〇年代，一些企業家和政治家也顯著表現出在非洲大陸開發殖民地動向，以塡補失去北美殖民地的損失。克拉克森和夏普、威伯福斯等人於一七九一年設立獅子山公司，提供支援，讓定居計畫推動得更順利。至於克拉克森，更表明期待這個公司的設立能促進「奴隸貿易的廢除、非洲的文明開化，以及福音的傳入」⑬。事實上，回顧這家公司成立的過程，最初是以支援定居者爲主旨向國會提案，遭到退回，後來把重點轉向商業發展，重新提議才獲准設立。從這個過程中，該公司董事會在一七九五年向股東總會提出的報告書，主旨文的最後是這麼寫的：

董事們於大英帝國的名譽，於博愛，以及於獅子山公司的利益上，都不能不在報告書中一再說明：我們已漸漸接近奴隸貿易走向終結的時代。而為了面對正當商業的推進，於非洲條件最好的地點維持據點，輔助文明的自然發達，同時今後，不只是獅子山公司的股東們，在國家政策上也能同樣的開花結果。他們（董事）都對此表示滿意⑭。

進入十九世紀，英國皇家海軍在非洲大陸西岸外海展開監視奴隸貿易行動，同時，也與沿岸地帶的首長陸續簽訂條約，承認英軍可以鎮壓奴隸貿易之名，在他們的領地內活動。於是，廢除奴隸便以開化爲媒介，突然靠向殖民地主義。值得注意的是，這裡提到殖民地化的主要對象，是長年向新大陸殖民地提供奴隸的非洲大陸。

2　印度洋西海域

世界商品生產需求與非洲大陸東部的人口動態⑮

以大西洋的格局來看，奴隸貿易在十九世紀的擴大，主要原因在於過去奴隸需求沒有那麼興盛的地區，突然產生的奴隸需求。因海地革命的戰禍，聖多明戈資本和技術流出到古巴島，以及後述十八世紀末以後，掀起棉花熱潮的合眾國最南部就是典型的例子。在這些地方生產的砂糖或棉花都是世界商品，它們的生產需求，正是奴隸需求急速增加的原動力。奴隸需求的激增與之相關的一系列現象，深深關係著近代世界體系的經濟擴張，也與所謂的「長十九世紀」論有著緊密的聯繫，這些理論自二十世紀後期開始漸漸受到討論。人們也漸漸習慣以「二次奴隸制」稱呼這個時期的奴隸制度和奴隸貿易的發展。近年來，研究更加精細化，不只考量經濟的面向，還加入了政治動態，包含奴隸制度的廢除問題以及勞動管理等社會史的面向展開論述。

目前，二次奴隸制的議論主要集中在大西洋，但是世界商品的生產需求衍生奴隸需求增加的現象，並不只限於大西洋。尙吉巴島的丁香和模里西斯島的砂糖等，就是印度洋西海域的絕佳範例。世界商品生產需求的升高，和奴隸需求增加的並行現象早已是全球規模的現象。

另外，印度洋西海域通往大西洋的奴隸貿易，同時期也開始興盛。而說到當時重要的供給源——葡萄牙的非洲殖民地方面，過去運往大西洋的奴隸，都是在葡萄牙王室官方認可下，從盧安達等安哥拉殖民地的港口輸出。可是，到了十八世紀末期以後，王室也允許莫三比克殖民地向巴西輸出奴隸。原因就出在巴西殖民地的奴隸需求增高，同時也必須考慮到英國皇家海軍的監視行動。大西洋奴隸貿易成爲高風險的事業。依據最新的研究，一八〇〇年到六七年之間，英國海軍從橫越大西洋的奴隸船救出十八萬六千三百九十三名奴隸。再加上他國的救援人數，共計達到二十萬五千餘人。這讓交易者體認到大西洋航線的風險，因此他們把目光轉向較安全的供給地——非洲大陸東部沿岸。監視行動集中在非洲大陸西岸外海，並未防範繞過好望角的航線。因此，在十九世紀的非洲大陸中，莫三比克輸往新大陸的奴隸人數高居第三名。

奴隸貿易的活絡，對非洲大陸東部的人口動態產生什麼影響呢？依據一八〇四年的觀察，莫三比克殖民地的中心——莫三比克島上，居住在離沿岸一千公里以上的亞歐人，比住在離沿岸較近的馬庫阿人多。這應該理解由於所謂的獵捕奴隸，使得沿岸腹地的人口變得稀少，出現供給地轉移到更內陸的現象。再加上十八世紀末到一八三〇年代間非洲大陸東南部的乾旱、祖魯王國發動的姆非卡尼（Mfcane，譯注：密集發生在一八三〇年代，祖魯族因環境等因素而發動了大規模戰爭與遷徙行為）遠征和帶來的戰亂，諸如此類的現象導致出現大量適合作爲奴隸拿來買賣的人口增加。

除了莫三比克島之外，現在莫三比克與坦尚尼亞國境附近的基爾瓦，從十八世紀後期也因成爲新的奴隸集運港而嶄露頭角。這個地區曾盛極一時，連伊本・巴杜達（Ibn Battuta）都曾經到訪過，此時靠著奴隸貿易又起死回生。開拓此地的主要是法國人。基爾瓦的奴隸，大多是從尼亞薩湖（Lake Nyasa，譯注：現稱馬拉威湖）運來。非洲大陸東部歷史中，曾出現一個歷史上罕見的大規模王國——姆韋尼・馬塔帕王國（Mwene we Mutapa），當它滅亡後，許多族群移居到尼亞薩湖附近，到了十八世紀以後，這一帶成爲人口稠密的地區。湖的西南岸是少數逃過嗤嗤蠅威脅的地區，直到十九世紀，這種蠅都還是家畜罹患昏睡症的媒介，這也是造成人口移居的重要原因。

送往種植園的奴隸都用於農作，所以以狩獵、採集或牧畜爲生的族群不適合成爲奴隸，因而更偏好尼亞薩湖附近的農耕民。如同一八六〇年尚吉巴島的英國領事報告所述：「馬賽、格拉（奧羅莫）和索馬利人好戰，過於凶猛，不適合成爲奴隸⑯」由此可見，狩獵採集民族和畜牧民族因爲這些特徵也被排除在外。新的奴隸供應地，全都是擁有較多農耕人口的地區。族群之間一旦起紛爭，就會將抓到的俘虜送到沿岸地帶去。

南部貿易⑰

不只是大西洋，印度洋西海域內部對奴隸的需求也大幅增加。這個海域的奴隸貿易多分成南北來說明。南部貿易是指馬達加斯加島與馬斯克林群島、莫三比克爲中心的貿易。供應大西洋的奴隸可以視爲此地貿易的延伸。南部貿易的起源不詳，不過也是在十八世紀後期到十九世紀前期到達巔峰。尤其是馬達加斯加島，一七八〇年代末，版圖遍及中央高地安塔那那利佛周邊的伊默里納王國意圖統一全島。一八二〇年代末完成大致統一。在這場征服戰爭中產生的俘虜都被當成奴隸，尤其是賣到馬斯克林群島。

馬斯克林群島是在各國東印度公司時代之後，才確實有人類的足跡登島。雖然它是往印度航線上重要的停泊港，但是各島的開發都不太順利。最早占領模里西斯島的荷蘭東印度公司開發失敗，撤離了該島。而占領旁邊的留尼旺島的法國東印度公司，於一七一五年宣布占領模里西斯島，並且改名為法蘭西島。但不久後法國東印度公司面臨破產的困境，公司解散，領地由波旁王朝接手。諷刺的是，此後開發逐漸步上軌道。開發的人力就是從南部貿易中獲得的奴隸。這裡也是一樣，在海地革命毀滅了聖多明戈的製糖業後，自十八世紀末開始，奴隸需求急速增加。

隨著拿破崙戰爭爆發，戰火蔓延至馬斯克林群島。英軍占領了模里西斯島和留尼旺島。一八一四年簽訂《巴黎條約》，前者仍然由英國統治，後者歸還法國。留尼旺島是個火山峰形成的島嶼，與平原廣闊的模里西斯島相比，何者擁有較多可耕地可說一目瞭然。確定由英國統治後，模里西斯島逐漸步上生產砂糖的道路。事實上，在法國統治時期，模里西斯島作為自由貿易港口，甘蔗種植的重點並非世界商品的生產，而是為過往的船隻提供用於生產阿拉格酒（現在叫做蘭姆酒）。一開始，這種酒根本無法生飲，必須用辛香料或果乾浸漬，調味後才能飲用。這種喝法在今日的該島或鄰近也都還看得到，叫做阿朗節（rhum Arrangé）。不論如何，成為英屬地後，這個島也適用《航海法》，依據《航海法》

規定，除了英國船之外限制他國船入港，所以模里西斯島不再享有昔日自由貿易港的繁榮。模里西斯的總督羅伯特·法夸爾（Robert Farquhar）把此島的經濟穩定押在自由貿易，他特地回到本國四處周旋，希望重新開港。一八二〇年，他帶著開港的許可回到島上，但是已經太遲了，貿易再也沒有昔日的盛況。不過，他也發現此島自從英國管轄後，砂糖的生產量激增十倍以上，新流入的奴隸支撐了砂糖的增產。照理說，英國屬地適用廢除奴隸貿易法，但是爲了島的發展，總督不予理會。一八二五年，此島的砂糖與西印度群島產砂糖採取同比率關稅輸入英國本土，大幅轉型爲農業生產地。

北部貿易⑱

北部貿易的歷史可回溯到西元前。歷史上，奴隸的供應地不只在非洲，東歐、中亞、印度次大陸等各個地區，都在北部貿易中供應或接收奴隸。但是，十九世紀買賣的奴隸大多數出自非洲大陸東部。就拿伊朗卡扎爾王朝轄內爲例，原本喬治亞是它重要的奴隸供應地，然而一八二八年，它與羅曼諾夫王朝簽訂了《土庫曼恰伊條約》，從此無法再獲取來自東歐的奴隸。因此，王朝境內更加依賴經海路獲得的非洲大陸奴隸。而聖城麥加在買賣奴隸上，也具有一定的重要性。麥加接近衣索比亞和非洲之角等北部貿易的奴隸重要供應地，不少朝聖者來此會買下奴隸，作爲朝聖的紀念禮。隨著十九世紀麥加朝聖者數量的增加，麥加作爲奴隸交易起點的地位亦愈加重要。

北部貿易中交易的非洲黑人大略分成「哈比西」（habshis）和「西迪」（Siddi）。前者是出身「哈比沙」地方的人，在阿拉伯語中是指衣索比亞一帶也包含非洲之角的地區在內。而後者是指非洲大陸東部的班圖族人。在市場上，兩者的價格有明顯差距。一般來說，在相同性別和年齡條件下，前者能獲得更高的價格與地位。不論哪一種，都不做體力活，一般都當作照顧主人或其家屬的家庭奴隸。年幼的孩子比成人更受青睞，因爲他們更容易掌握語言和習俗⑲。

現代研究者對北部貿易規模的估算，如果從同時代的歐語紀錄中列出的數字來看，非洲大陸輸往外部地區的數量相對保守。即使是十八世紀後期到十九世紀前期的高峰期，一年大約是六千人到一萬人的程度。此外，鑑於奴隸的用途與南北美洲大陸或加勒比海域並不相同，很難想像十八世紀後期以前的某段時期，需求有明顯的增減。但是有關交易量的討論，由於欠缺可信的同時代紀錄，終究只能算是推測。

而且，這種推估通常不包含非洲大陸內部的，或是大陸到鄰近島嶼的輸送。因此這裡想要提醒的是，一八二〇年代起尚吉巴島開始量產的丁香（圖16）栽培。島的中部到北部有適宜的土壤，所以栽培很成功。一八三〇年代到六〇年代，丁香產量激增，「丁香熱潮」席捲全島，奴隸需求也隨之增加。然而，大陸沿岸到鄰近腹地這些傳統的奴隸供應地，人口已嚴重減少。即使如此，島上的奴隸人口不減反增，多是受到奴隸供應地擴大到更內陸的影響，而不是島內自發性的增加。十九世紀中期，每年運到這個島上幹活的奴隸約一萬名上下。結果，到了一八六〇年，該島的奴隸人口至少存在八十四個民族集團。

丁香熱潮經過一段時間後，輪到椰棗的生產激增，主要分布在阿拉伯半島阿曼及周邊的波斯灣沿岸。椰棗是此地民眾的日常食物，歷史悠久，也出口到印度洋各地。而且一八五〇年代開始，北美成爲波斯灣產椰棗的一大消費地。波斯灣沿岸缺乏穩定的農業用水，因此需要穩定的勞動力來修建水道和防治蟲害，奴隸需求增高。在椰棗之後，北美和西北歐等地的珍珠需求擴大。波斯灣正是眾所皆知的天然珍珠代

圖16 ——— 尚吉巴島的丁香

依據20世紀前期英殖民地官員的說法，每100棵丁香樹需要10人的勞力。

圖17 —— 尚吉巴島的蘇里亞

1840年代法國海軍進行商業調查時拍下的照片。根據銀板照片描畫的版畫。

表性產地，也因而受惠。當然，採集珍珠的工作，主要還是交給奴隸。

於是，在北部貿易圈，傳統型奴隸需求隨著朝聖者的增加而提高，另一方面，由於與世界經濟接軌，也擴大了新的奴隸需求。但是世界商品的行情並不是一路順遂。例如，一八五〇年代以後，丁香就因爲生產過剩，價格屢屢崩盤。而加州椰棗培植成功後，波斯灣產的出口量驟減。當然，生在後世的我們才能知道這些事實，當時的人無從知曉。奴隸主夢想著將獲得的財富再投入生產，買下農地、船隻和幹活用的奴隸，同時也不惜巨資炫耀自己的成功。這種時候，奴隸都是有價值的財產。沉浸在丁香熱潮的尚吉巴島上，人們縱情享受，大吃大喝，而且奴隸主與新買的女奴隸間生下的混血兒日益增多，「有些人物的財富與地位往往以他宣稱自己所擁有的非洲奴隸數量來衡量」⑳。奴隸持有奴隸更不是新聞。當時拍攝的銀板照片中，可以找到當地的妾奴隸（史瓦希里語稱爲「蘇里亞」）全身穿戴著金光閃耀的裝飾品，象徵著奴隸主對她的寵愛與財力（圖17）。

3 想像與現實的距離

溫和的奴隸制度㉑

在印度洋西海域的各社會中，奴隸不只是單純的勞動力，也用於展現奴隸主的財富、權力與地位，也就是威望財。例如，統治者的遊行隊伍中，由強壯的奴隸組成隊列並不罕見（圖18），各地也都有後宮存在。一名奴隸有時也兼具兩種功能。作爲威望財使用奴隸並不限於這個海域。例如，英國的富人階層之間，接近十六世紀末時，奴僕中有黑人成爲一種流行。另外，十八世紀後期，根據獲得高度評價的巴黎生活雜誌 *Tableaux De Paris* 一七八三年的報導，就提及當時婦女喜愛以黑人小孩取代之前流行的猴子、小鳥、狗和貓等玩賞寵物。但是，環顧整個歐美社會，奴隸未必是日常可見的存在。十九世紀往來於這個海域的歐美人士，即使在家鄉社會遇過非洲黑人，卻鮮有與奴隸接觸的經驗。因此，我們不能小覷廢奴運動家在建構奴隸形象時的影響。奴隸被視爲能夠忍耐苛刻對待的對象，因此自己應該給予幫助，使之進步。

但是，在印度洋西海域實際看到的奴隸，卻與他們既有印象中的奴隸大不相同。十九世紀初，從英國來到馬斯喀特的約翰·強森敍述，在那裡聽聞到伊斯蘭教徒家會將財產分予奴隸，身分如同養子。與葡萄牙人或荷蘭人家（這裡指的是殖民地）動輒毆打、侮辱奴隸完全不同㉒。另外，到鄂圖曼王朝域內旅行的美國旅行者這麼說：

> 仔細想想，在美國時並沒有確實了解土耳其的奴隸制度（中略），就算退一百步想，奴隸制度乃十分罪惡是不爭的事實。但是

圖 18 —— 印度古吉拉特邦西北部刻赤藩王國，國王遊行隊伍中的奴隸士兵

土耳其擁有的奴隸，與種植園主的奴隸完全不可同日而語。在這裡，被買下的人會成為奴隸主的養子或養女㉓。

當然，印度洋西海域各社會的奴隸制度，不應該只憑這些報告來概括。因爲，旅行者的體驗只是各地奴隸制一個短暫接觸到的面向。倒不如說，這裡耐人尋味的是含糊不清的觀察本身。究竟他們觀察的對象是奴隸，或不是奴隸？該怎麼理解歐美旅行者看到這股亂象。話雖如此，這些旅行者在印度洋西海域各社會的旅途中，一再遇到某些場面證實印象中的那種奴隸確實存在。到訪尚吉巴島的旅行者在旅行記中一定會記錄奴隸市場的景象。例如「個人數度目睹到可恥景象」的大衛．李文斯頓，在一八六六年一封書信中記述，買家像英國的馬商一樣，檢查著每天將成爲他們貨物的奴隸的牙齒、四肢和步態。㉔。這種見聞正好與他們的認知和感覺相符（即在他們家鄉社會中，當時已深化的文明化觀念中潛藏的未開化與文明開化二元對立世界觀，以及愛德華．薩伊德（Edward Wadie Said）提出的東方主義感，也就是說文明程度低的社會的確存在著可憐的奴隸）。但是，隨著旅途的持續，他們不只在奴隸市場遇見奴隸，奴隸充斥在社會各個角落。每當看到人們對奴隸的態度，原本與想像相符的奴隸制度，與現實的差異愈發強烈。那些身上穿著比自由人更好的衣裳，吃穿不愁的奴隸多不勝數（尤其是歐美旅行客在當地富人階層家中遇到的）。而且旅行客雖然參觀過城鎮，卻絕少到過種植園。踏入印度洋西海域的歐美人士（不只是旅行客，也包含接下來會提到的英皇家海軍人士）在某些場合中確認了他們心中描繪的奴隸或奴隸制度存在，卻在其他場合被推翻。

誰讓誰「面對魔鬼」㉕？

英國不僅在大西洋推動廢奴，也把廢除奴隸貿易的矛頭對準印度洋西海域，不過並沒有擴及奴隸制。因爲干涉奴隸制等於干涉他國內政，他們擔心也許會對外交和商業帶來不良的影響。因此，英國首先簽訂趨向廢除奴隸貿易的條約，最初是一八二〇年與波斯灣主要首長簽訂的《一般和平協約》中，首次明文禁止奴隸貿易。四〇年代末以前初步實踐此一目標。但是，海上巡邏和奴隸船的追捕，還得等到皇家海軍完成大西洋的行動，正式介入印度洋西部海域才有實際的成效。

皇家海軍加入前，在這個海域進行奴隸貿易監視活動的主角，是英東印度公司直屬的印度海軍。但是，他們在緝捕奴隸船和拯救奴隸的成果乏善可陳。相對的，皇家海軍在一八六五年到六九年間，將救出的三千名奴隸送到亞丁。必須注意的是，亞丁只是他們運送救出奴隸的基地之一。其他的基地如模里西斯島，在一八五六年到六九年間，有二千三百六十五名奴隸登岸。由於資料上的問題，皇家海軍救出的奴隸人數不詳，不過與印度海軍的成果相比，肯定是難以比擬的豐碩。

但是，探究同時代民眾對皇家海軍活動的反應，不時會看到令人驚訝的記述。麻薩諸塞州塞勒姆的皮博迪埃塞克斯博物館（Peabody Essex Museum）附屬菲立浦斯圖書館，收集了大量在印度洋各地活動的商人書信。其中，一位名爲韋伯的商人於一八六九年停留在尙吉巴島時，在書信中提到了皇家海軍的行動：「就像是讓沿岸貿易的三角帆船面對魔鬼，再這樣下去，貿易會全都告吹吧㉖。」

「面對魔鬼」是怎麼回事呢？韋伯繼續說。「去年他們破壞了超過七〇艘船，其中大多數毫無疑問都是除了船員之外、並沒有運載奴隸的無辜商船」。爲什麼皇家海軍要破壞「無辜的商船」呢？其實，政府爲他們追捕奴隸船預備了高額的獎勵金，獎勵金制度也適用在印度海軍，但是雙方有幾個很大的差異。其一是獎勵金支付前的流程。支付獎勵金必須經過海事法庭的審查，兩軍皆然。但是一八五〇年代的印度海軍，看遍整個印度洋西海域，只有孟買有海事法庭，往往拖延到審查時程，到結案爲止有時需要耗費兩年的時間。相反的，皇家海軍的海事法庭有好幾處，審查也比孟買寬鬆。而且印度海軍遇到有運輸奴隸嫌疑的船隻，必須連同船員一起帶回孟買。但是皇家海軍可以根據現場狀況，緝拿不適航的船隻，並當場將船摧毀。那麼，皇家海軍是根據什麼來認定「奴隸船」呢？首先會交給在印度洋上連左右都分不清的剛上任艦長一本《鎭壓奴隸貿易指南》。這本十六頁的書，書後列舉英國與各國廢除大西洋奴隸貿易的條約，明顯是以大西洋爲規範製作的手冊。依據手冊內容，只要船內有大水桶和大量糧食，就是認定「奴隸船」的充分證據。

其實，在印度洋西海域並沒有專門從事運輸奴隸的「奴隸船」。奴隸只是貨品的一部分，與其他貨品混載。而且並非只有白人能隨意在大海上來去自如，船上有乘客也不值得驚訝。認定乘客能不吃不喝度過長達數日的航程，完全不合理。此外，從外表上也無法區別載運奴隸的船和其他的船。因此，無論是實際載有奴隸的船、曾經載過奴隸的船，還是從未載過奴隸的船，都可能被認定爲「奴隸船」。

依據以上情事，只要船上載送的都不是白人，而且有大鍋和水桶，就當成奴隸船，進而破壞船隻，即使有人檢舉這種監視活動是一種「讓船面對魔鬼」的行爲，也無可奈何。事實上，以尙吉巴島的海軍法庭爲例，一八六七年到六九年的七七件案件中，緝捕時船內並無奴隸的事例占整體六成以上。而且，幾乎都還是撥給獎勵金。依據這個結果，我們也就能明白韋伯所說「無辜商船」中隱含的意義了。皇家海軍把自己的經驗值套用在印度洋西海域遭遇的狀態，跳過了他們想像的奴隸貿易與印度洋西海域實況的分歧。雖然這給予奴隸貿易重重一擊，但同時也打擊到與之密不可分的其他貿易㉗。

不只是當地執政者和商人對皇家海軍的活動怨聲載道，一八六三年在尙吉巴設立據點的歐美商家聯名寫信送交尙吉巴英國領事館批評海軍活動，連本應是廢奴先鋒的傳教士也加入了行列。在把獎勵金當成懸吊在眼前的胡蘿蔔，在報酬的刺激下，皇家海軍硬生生把大西洋「奴隸船」的形象加諸在印度洋西海域，進而獲得了豐碩亮麗的成果。此時已沒有旅行者觀察奴隸時的純眞，「魔鬼」正是在這樣的背景下現身。

第4章

全球／地方的政治性廢奴——或者是作為手段的廢奴

非洲大陸東部沿岸是印度洋西海域奴隸貿易的中心，十九世紀前期，源自於阿曼的賽義德王朝（Bu Said Dynasty）統治了這片土地。一八五六年爆發王位爭奪戰，王朝分裂成阿曼和非洲東部沿岸。面臨爭奪時，英國在尚吉巴領事大力支持繼承後者的人選，於是在分裂後，包含奴隸貿易相關問題，英國加強了對這位新蘇丹的影響力①。而且，在一八七三年，要求下一任蘇丹宣布廢除奴隸貿易，換取英國解決他的財政問題。由此可知，即使把焦點放在廢奴運動問題上，它未必會有什麼進展，不如說廢除奴隸並非源自根植於哲學、宗教、倫理的王念，而是藉由現實感（尤其是政治上的）來促成。總之，廢除奴隸因其他的目的而達成，換個說法就是，它成爲一種手段。這種傾向從法國第一次廢奴就可見端倪，也能在英國的事例中找到，但是在廢除奴隸成爲世界性共同體驗中變得更爲顯著。本章將以美利堅合衆國、泰國、日本，以及衣索比亞和法屬西非、波斯灣爲事例，觀察它的廢除奴隸的實態。

1 合眾國的維持與廢除奴隸

在需要奴隸的社會，如何能夠廢除②？

湯瑪斯·傑佛遜在美國獨立宣言的草稿上有寫入廢除奴隸的內容，但是受到周圍的反對，最後刪除，這段歷史廣爲人知。儘管北美民衆深度參與橫跨大西洋的廢除奴隸網，但是廢除奴隸在北美卻不容易實現。在英屬北美殖民地，也就是後來的美利堅合衆國，奴隸一直是經濟上極爲重要的存在，這一點與英法本國不同。當然，地區不同也有差異。以工商業爲主的北部經濟，奴隸並非直接的重要角色。前面介紹的北美廢奴動向，在地理上集中在北部並非偶然。反之，以農業爲根基的南部，奴隸勞動力在經濟上的重要性可想而知。如果聯想到南北戰爭，從這裡很容易形成一種圖式：推動廢除奴隸的北部，與擁護奴隸制度的南部。但是，南部也存在著廢除奴隸的討論，反之北方也有擁奴的討論。別忘了北部的工商業十分依賴南部產的農作物。那麼，合衆國究竟是如何實現廢除奴隸呢？在此之前，我想先看看英屬北美殖民地時代的奴隸制度。

英屬北美殖民地的非洲黑奴制——安東尼・強生與他的奴隸③

一六一九年，在「清教徒前輩」（Pilgrim Fathers）到達的前一年，第一批非洲黑人在維吉尼亞殖民地登陸。我們很難定義這些人的身分。他們是搭乘葡萄牙船從盧安達移送到維拉克魯茲（Veracruz）的奴隸，但是被持有弗利辛恩私掠執照的英國船捕獲，於是送到這個殖民地來。從這層意義上，也許可以稱他們爲奴隸。但是，他們在維吉尼亞殖民地的身分並不是奴隸，而是雇佣契約工。這種雇佣契約工，原則上他們都與雇主達成協議，從事一定期間的勞動，換取前往維吉尼亞的交通費和工作期間的衣食住。多數都在支持該殖民地經濟的菸田裡從事勞作。契約期滿之後，他們會拿著解放津貼，取得自由身分。解放津貼是指雇者當下所給的糧食和保證金，是契約期滿後生活的基礎，有些人甚至可以得到土地。値得注意的是，這並不是非洲黑人專屬的制度，不如說是經營殖民地的維吉尼亞公司，爲英國移民所嘗試的制度設計。有人試算④過，除了一六三〇年代的清教徒移民外，合衆國獨立之前，前往新大陸英屬殖民地的歐洲移民，半數到三分之二的人口都是雇佣契約工。而且，至少在一六三二年到六一年維吉尼亞郡的法院紀錄中，非洲黑人和白人的身分同樣登記爲「雇工」或「尼格羅・雇工」，沒有記錄爲「奴隸」的事例。

一六二一年，來自安格拉的「黑人安東尼奧」踏上維吉尼亞殖民地的詹姆斯敦，他也是雇佣契約工的一員。已知載運他的船叫做「詹姆斯號」，但是他上船的緣由不得而知。不管怎麼樣，據考證他在巴奈特家的種植園幹活，一六三五年獲得自由之身。後來，他獲允從巴奈特家獨立耕作，與非洲黑人女子瑪麗結婚，一六四〇年以前生了兩個孩子。一六四〇年代買下了一些土地，經營畜牧業。後來不斷擴大持有土地，最後擁有超過二百公頃的土地。同時，他在一六五一年以前爲自己取了個英國式的名字，安東尼·強生。一六五三年遇到火災，他的土地化爲灰燼，但強生向郡法院請求救濟，成功獲得稅金減免。

翌年，強生又前往法院。因爲在他農場工作的非洲黑人約翰·卡索爾向隔壁的白人種植園主求救，聲稱他

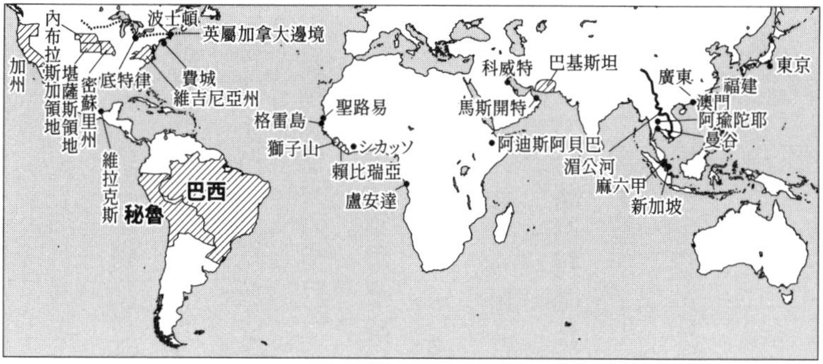

地圖 4 ——— 第 4 章出現的主要地名

被當成奴隸對待。強生要求歸還，但鄰居不予理會，於是強生向鄰居與卡索爾提出控告，指稱卡索爾一生都爲他所擁有。這場非洲黑人要求擁有非洲黑人的認定官司，最後由強生獲得全面勝訴。最後，卡索爾回到強生的農園，在那裡度過一生。在這場判決之前的一六四〇年，還有一件在契約期間逃亡的白人與非洲黑人組成雇佣契約工團體遭到逮捕的案子。當時的判決是追加白人逃亡者四年工作，而黑人逃亡者則被判一生爲逃亡時的雇主效勞。在對非洲黑人歧視性判決這一點，兩者的判決類似，但有個重大的相異之處，一六四〇年那件案中，非洲黑人在契約期間逃亡，犯了違約的罪。但是卡索爾沒有犯任何罪。在卡索爾的審判中，保護他的白人園主聲明他的契約已經期滿。但是這項證詞並未影響到判決。經過這次判決，司法將非洲黑人和終身奴役的命運牢牢的綁在一起了。

不過，在英屬北美殖民地，非洲黑人並非一開始就是奴隸。那麼，非洲黑奴制在這塊殖民地是如何產生的呢？關於這一點有幾種說法。例如，有一說認爲不滿待遇的白人雇佣契約工納撒尼爾·培根（Nathaniel Bacon）起義作亂（一六七六—七七年），雇主不再信任雇佣契約制，開始偏愛奴隸制，使用非洲黑人。但也有另一派說法指出，一六六〇年代開始，白人雇佣契約工逐漸短缺。不論如何，奴隸制度在英屬北美殖民地嶄露頭角時，便與非洲黑人緊密結合。同樣都是雇佣契約工，但白人不會成爲奴隸，非洲黑人卻成爲奴隸制度的對象。事實上，英屬北美殖民地自強生與卡索爾一案後，就陸續訂定了人種相關法令。例如，馬里蘭殖民地於一六六四年制定第一部奴隸法，給了此殖民地所有黑人終身爲奴的主張，提供了法律依據。後來，一六九二年的奴隸法中規定，與白人之間生下私生子的自由黑人，也將轉爲奴隸身分⑤。

於是，英屬北美殖民地新產生的奴隸制，只與非洲黑人牢牢綁住，但是原因何在？原住民之所以未被規範在內，是因爲對舊世界來的傳染病適應力不佳、不適合農作業和叛亂的可能性。關於奴隸制與非洲黑人的結合，下面的評論算是有力的線索，即伊拉．柏林（Ira Berlin）指出十七世紀末前，菸草和稻米種植園快速擴大時，來到北美殖民地的非洲黑人都是「大西洋克里奧人」。北美殖民地的非洲黑人多屬於「大西洋克里奧爾人」，他們來自非洲的歐洲貿易港口周邊，或經加勒比海抵達北美，對大西洋世界已有一定適應能力，能夠快速融入殖民地社會。但是，隨著非洲大陸的奴隸供應地向內陸延伸，新送到維吉尼亞的許多非洲黑人，其故鄉與大西洋海域世界全然不同，依據這個學說，英屬北美殖民地的非洲黑奴制誕生，本書一開頭談到的「他者性」問題應該起到重要的作用。在英屬北美殖民地，非洲黑人的容身之地就被推進奴隸制中。

獨立戰爭與北部、大西洋岸中部的廢除奴隸⑥

終於，英屬北美殖民地被推入奴隸制中的非洲黑人，等來了逃離的機會。趁著獨立戰爭的混亂，不少奴隸從種植園中逃出，躲藏在混亂局勢的交戰區。有些奴隸在這種忙亂中不知不覺的獲得自由身分。戰亂與廢奴論者持續的運動，以及在獨立戰爭吶喊的自由大義，自一七七〇年代以後，讓北部各地轉向了廢奴。自由這個大義，正是湯瑪斯．傑佛遜在《維吉尼亞備忘錄》和獨立宣言中反覆訴求、在精神上支持獨立精神的理念。伊拉．柏林指出，夢想英屬北美殖民地獨立、付諸實現者，開始萌生奴隸制是與該理念衝突、令人不愉快地的制度。佛蒙特州在一七七七年，對英國宣布獨立時制定的憲法中，所有年滿二十一歲的男性和十八歲的女性，除了經本人同意或因犯罪等法律規定的情況外，不得賦予任何人束縛性的身分。而在賓夕法尼亞州，比南美洲更早根據「子宮的自由」採取逐步解放奴隸，並著手廢除奴隸制。該州規定，一七八〇年三月一日以後，奴隸父母生下的新生兒，到了二十八歲自動享受自由身分。而麻薩諸塞州雖未能通過類似的法律，但一七八〇年代也以一連串的判例逐步廢除奴隸制。

這些事件並不是廢奴的致命一擊，應該只能算是爲這個走向提前做好的法條準備。反之，如果沒有自由的大義，這些州內對擁有參政權的多數人來說，此法並沒有太大的吸引力。大義與社會的眞實想法離得一點也不近。例如，如果換個角度看前述維吉尼亞的法令，對奴隸主而言，法律施行後保障了奴隸父母生下的新生兒，在二十八歲以前都可以如同其父母一樣使喚。而且，這條法令早在通過那一年，就有人呼籲應深入檢討，試圖視之形同虛設。但是費城的自由黑人請願阻擋了這一波浪潮。這項請願是合衆國自由黑人最早期團體政治活動的事例，成功的否決了修正法案。也就是說，只要有一點疏漏，廢奴的步伐就會向後退。即使到一八一〇年，北部等不承認奴隸制的各州，還是存在著約二萬七千名奴隸。

棉花與奴隸⑦

北部與中部大西洋岸的廢奴腳步，如履薄冰般緩慢且艱難的前進，但南部則朝著完全相反的方向走。奠基於農業的南部，奴隸勞動力是重中之重。種植園栽培菸草、木藍和稻米等。尤其是稻米，根據近年來的研究，已知栽培法是源自於非洲大陸西部，也就是非洲黑人所帶進來的。

在英屬時代，這些重要的作物主要在上南部生產，相對的，十八世紀末開始蓬勃發展的棉花栽培，則是以下南部爲中心。因爲栽培地帶有限等條件，棉花栽培一直無法在經濟上維持長久的重要性，但獨立戰爭之後出現了改變的契機。一七九三年，伊萊．惠特尼發明了軋棉機，棉花分成長纖維種與短纖維種，而在南部廣泛栽培的是後者。其實，先前已有長纖維種用的軋棉機，是蒙兀兒王朝的印度所開發，引進美國也加以改良，但是無法用在短纖維種上。因此，短纖維種的棉花必須經過手工作業，將種子與纖維分開。在惠特尼發明軋棉機之前，每個人一天使盡力氣，也只能挑出五百公克的棉花。但是，經由他的發明，每人每天可以揀選超過二十二．五公斤，也就是四十五倍的量。而且，軋棉機構造簡單，容易仿製。結果十分明顯，就是到處都是仿製品。

作業效率獲得戲劇性增長的種植園主，擴大了棉花栽培。這麼一來就需要勞動力，也就是奴隸。一八〇八年，合衆國全面性禁止進口奴隸，不過這並沒有對他們勞動力的調度造成太大的問題。北美的奴隸人口在新大陸中屬於少數出現自然增長的族群，而由於國際競爭及環境惡化，菸草與木藍的種植園逐漸衰退，這些地區便有大量的剩餘奴隸勞動力。例如，早期以種植園爲主的維吉尼亞和馬里蘭州，早在一七二〇年代，奴隸人口便已開始自然增長。總之，即使海的另一側不再運送奴隸過來，只要合衆國中調遣奴隸勞動力得宜，就能應付新的需求。結論也顯而易見，於是奴隸開始被迫向南部大規模遷徙。這個大遷移極爲殘忍，應稱爲「第二條中間通道」（譯注：中間通道指的是非洲奴隸運往新大陸的中段旅行，也就是橫渡大西洋），對奴隸們帶來深遠的影響。藉此，南部棉花得以增產，從北部港口出口到英國等地。它的規模與十八世紀末和南北戰爭前夕比較，重量增加了二萬倍，南北戰爭前夕，約占英國純棉總進口的八成左右。它自然成爲英國工業革命的重要原料。一八二〇年到六〇年間，從上南部移送到下南部的奴隸數量，估計超過八十七萬五千人。

在棉花熱潮席捲之前，南部對奴隸制的看法相對自由，但是一旦熱潮興起後，就全都倒向奴隸擁護論了。

北部的廢奴運動——繪本與歌曲、激進的廢奴運動⑧

一八三二年，當南部爲棉花熱潮瘋狂，奴隸擁護論風起雲湧之時，波士頓的美北浸信會在教堂地下室組成「新英格蘭反奴隸制協會」。第二年更名爲「美國反奴隸制協會」重新出發。這個活動的核心人物是威廉·洛伊·加里森（William Lloyd Garrison，一八〇五—一七九年），一八二〇年當他開始關注這個議題時，採取的是一般性的逐步廢奴論立場，然而一八二九年的夏季開始，他轉向呼籲立即廢奴。從報社實習生起家，在新聞界站穩腳跟的他，在一八三一年成立了激進的反奴隸制報紙《解放者》。

這份報紙的特點是著重關注女性和兒童讀者。版面設有「青少年部門」，刊登女性廢奴運動家寫給兒童看的詩或故事。有研究者解釋，當時的美國社會把兒童的道德、愛國心、公共意識的形成，交給母親來教育，以這種形式積極的任用婦女。婦女不只在報紙上發揮所長，也擴大到各種出版物。其中，漢娜·湯森（Hannah Townsend，？—一八六五年）爲一八四六年與隔年費城反奴隸制度展覽編寫的《反奴隸制字母》最引人注目。這本教授英文字母的繪本中，A不是「Apple」的A，而是「Abolitionist」（廢奴主義者）。B則是「Brother」（兄弟）的B。每個字母都附上簡單的辭彙說明。如「Brother」的說明是「即使皮膚黝黑，但在天父的眼中都一樣愛你們」。另外Y是「Youth」（年輕人）的Y，鼓勵幼小的讀者勇敢與罪惡（奴隸制度）對抗（圖19）。

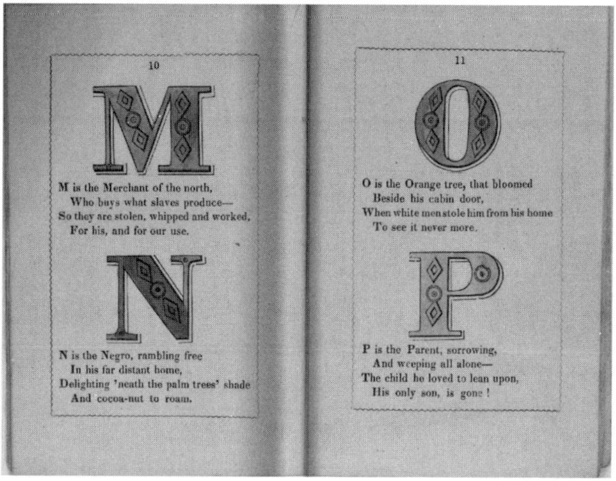

圖 19 ——— 《反奴隸制字母》

M 是經營奴隸生產品的北部商人（Merchant），奴隸們被鞭打和做工，只爲了讓他或我們有利可圖。P 是父母（Parent），父母被迫離開心愛的孩子，心中的悲傷永無止息。

音樂也在吸引大眾上貢獻良多。這裡特別值得一提的是哈丁森家庭歌手（Hutchinson Family Singers，以下簡稱歌手）。這個四人組的合唱團出生於新罕布夏州愛好音樂的大家庭，一八四一年首次開始巡迴演唱，漸漸打響了名號。最大的轉機是在反奴隸制集會上的公演。新罕布夏州反奴隸制運動的領導者是皮博迪·羅傑斯（Nathaniel Peabody Rogers），他在反奴隸制集會上注意到這個團體。據說他們與當時席捲全美的宗教復興運動（第二次大覺醒運動）和社會改革運動產生了共鳴。羅傑斯說服他們參加一八四三年初在故鄉舉辦的集會上登臺。之後，加里森在他主持的反奴報紙上讀到他們的報導，因而招待歌手參加麻薩諸塞州的反奴隸制集會。與廢奴運動關係深厚的貴格會運動家，一開始反對這種振興手法。但是，到了一八四〇年代後，從美國反奴隸制協會分支出來的自由黨擴張勢力，貴格會過去以出版和演講爲主體的活動手法也逐漸遇到瓶頸。爲了打破僵局，歌手在紐約舉行的美國反奴隸制協會大會上出場。在大會的開閉幕表演歌唱的他們成了會中的亮點。在那裡找到了立足點後，他們成爲廢奴運動的標誌，也步上明星之路，成爲藝人。他們也演唱以反奴爲主題的〈跳脫軌道〉（Get off the Track），後來也創作〈林肯與自由〉（Lincoln and Liberty）等政黨的宣傳曲。他們的歌曲被譽爲廢奴運動的聖歌，現在在網路上可以找得到他們作品的複製版。〈跳脫軌道〉從現代的角度來看，弦律悅耳抒情。於是，北部等地的廢奴運動與娛樂在相輔相成中展開。

奔向黎明的地下鐵路⑨

但是，世界各地都看得到奴隸逃亡的現象。逃亡從短期的幾天，到長期的幾個月爲單位，也看過永遠在逃亡的模式。世界各地都出現逃亡奴隸的社群（maroon community）。美國南部的奴隸們也都嘗試逃亡，前往不承認奴隸制的自由州自由黑人社群、一八二二年廢除奴隸制的墨西哥，或是英屬加拿大。

然而，合衆國憲法卻擋住了他們的去路。依據第四條第二節第三項，在某州法律下有勞動義務的人，若逃亡到其他州時，必須依照奴役該逃亡者的權利人要求，將他引渡回去。這條法律的缺點是，並未說明由誰來判斷逃亡者引渡的適當性，並且監督引渡的過程。爲了彌補法條的不完全，一七九三年和一八五〇年成立《逃亡奴隸法》。即使如此，還是缺乏自由黑人被指名爲逃亡奴隸時的處理方法。多個自由州又訂立了《個人自由保護法》和《人身保護法》，維護自由黑人的法律地位。

但是，對逃亡者來說，最幸運的莫過於有人援助逃亡。這些援助者既有白人，也有黑人，佛雷德里·道格拉斯就是其中之一。他正確的出生日期不詳，只知道生於馬里蘭州的奴隸家庭，靠自學掌握知識，後來逃亡成功，以紐約爲據點帶領廢奴運動。從他寄給其他援助者的短信，確知他在援助其他逃亡者。「親愛的閣下 現在我家裡有三個人，狀況很糟。我的身體也不好。給我建議。請過來一趟。D．F⑩」。這封信寫於一八五一年九月，是在筆記本的一頁快筆寫下。逃亡與援助必須在絕對保密的狀況下進行。逃亡失敗不僅剝奪逃亡者的自由，也會讓援助者身處險境。

逃亡者依靠援助者，輾轉在各個隱蔽處躲藏，試著擺脫自己的奴隸身分。這一整個援助者網絡，不知何時被稱爲「地下鐵路」。逃亡者從一個隱蔽處到另一個隱蔽處，就像火車從一個站開往下一個站。而且它必須祕密行動，不能見光，而是在地底下進行。地下鐵路的終點站雖然依狀況而有別，但鐵路一直延伸到英屬加拿大。原因是英屬加拿大爲英國法律所統治，不同於合衆國，那裡並不適用一八三四年的《廢除奴隸法》。總而言之，只要踏進英屬加拿大，逃亡者就能完全脫離奴隸身分。在地下鐵路的密語中，底特律叫做「午夜」，位於底特律湖另一側的英屬加拿大，稱爲「黎明」。逃亡者避人耳目，從漆黑的底特律奔向自由的黎明。在這個意義上，自由土地不在合衆國，而是英屬加拿大。另外，已經廢除奴隸制的墨西哥，應該也是他們的目標。想起今日的「川普之牆」，眞有恍如隔世之感。至今尚無法確定有多少奴隸透過地下鐵路成功脫逃，不過不論人數多寡，奴隸逃亡這件事本身，都激怒了每個奴隸主。

美國殖民協會——拒絕回「故鄉」的人們⑪

雖然廢奴論者與擁奴論者的對立趨於尖銳，但是雙方之間有個緩衝地帶——美國殖民協會（以下簡稱殖民協會）。一八一六年二月，維吉尼亞州議會議員查爾斯．瑪瑟與一眾政客朋友喝得爛醉，爭論起《維吉尼亞備忘錄》，這便是殖民協會的創立源起。他們爭論的是《維吉尼亞備忘錄》中記述了奴隸接受一定程度的教育，到達一定年齡，就將他們送到合適地區居住的計畫，但是現實中並未實踐。瑪瑟調查實況後，同年與支持者設立了殖民協會。之後，在托馬斯．克拉克森的建議下，決定殖民地點在獅子山附近的歇爾布羅島（Sherbro Island）。一八二〇年送出了第一批移民團，但很多人不適應當地嚴酷的環境而殞命。詹姆斯．門羅總統得知後，試著尋找替代地點，建立了賴比瑞亞殖民地的基礎。這個協會並不是將合衆國內非洲黑奴殖民到別處計畫的始作甬者，但是，值得一提的是，殖民協會不像以前的計畫者，他們將計畫付諸實行。

計畫之所以在這個時間點實現，無法忽視的背景是迅速增長的自由黑人群體一七八〇年代以後，合衆國內尤其在西南部和南部，黑奴人口翻倍增加，而北部、中西部的自由黑人人口更增加了四倍，北部大都市本已是自由黑人集中之處，又湧入了南部釋放的前奴隸⑫。在一七八〇年的階段，費城的黑人只占總人口的三．六%，十年後，激增到九．五%。成爲都市新居民的前奴隸，因爲種種因素社會地位無法提升，反而還下降。在這種狀況下，形成了多個黑人社群。他們設立教會和互助組織，積極的投入出版事業。透過出版譴責白人主導的政治、經濟統治，宛如後來公民權運動的先鋒部隊。

至於殖民協會的支持者，在地理分布上也不限於北部。根據竹本友子統計，在協會活動最盛期的一八二〇年代後期到三〇年代，支持該行動的分會主要集中在中部、西北部、中西部，尤其是上南部。下南部因棉花熱潮盛行，以及奴隸制度廢除立場強硬的東北部，殖民協會的影響相對較弱。

自由黑人對移居賴比瑞亞的看法（雖然依時代和地區而有所差異）大致說來極爲冷淡⑬。他們大多已經不是「非洲人」，而把「美國」當成自己的故鄉了。尤其是一八〇八年禁止輸入奴隸之後，合衆國的黑人當中愈來愈多世代回憶起現實的故鄉時，已經不是「非洲」。考慮到從非洲被當成奴隸帶來，到獲得自由身分（往往）需要橫跨數世代的時間，自由黑人之間，即使會把「非洲」想像爲祖先的故鄉，但是就與自己的關係上，卻也是難以萌生現實感的地方。他們反而超越身分的不同，對同在合衆國出生、被賦予奴隸身分的黑人寄予同情。依據這種狀況，也許在這個時間點已經不適合稱呼他們爲非洲黑人了。一八一七年，超過三千人集合在費城聖彼得教會，討論移居賴比瑞亞的妥適性時，黑人們表決的決議最能展現這種心情。「我們的祖先是在蠻荒時代的美國，開墾成功的第一批耕作者。我們認爲，身爲子孫，我們有權利得到祖先用血汗灌溉的這片肥沃土地的祝福⑭」。

最後，殖民事業到六〇年爲止，只殖民了一萬多名自由黑人和奴隸。

從妥協到流血

如同賴比瑞亞殖民失敗所顯示的，作爲緩衝帶的殖民協會並沒有發揮功能，廢奴派與擁護派的對立浮上臺面。而且，南部容許奴隸制的蓄奴州主張自由關稅，但是北部不認同奴隸制的自由州倡議保護關稅，在經濟的看法上出現分歧。兩陣營還在新加盟合衆國的州應屬於蓄奴州或自由州的問題上，展開激烈對立。因爲這直接影響到各州在聯邦議會上的勢力，各州在參議院中都有兩名代表。但是合衆國分裂是許多人極力想避免的結果。因此雙方也準備妥協議案。一八一九年到二一年間，密蘇里州加盟合衆國時，依北緯三十六度三〇分爲界，以北禁止奴隸制（換言之，以南承認奴隸制）。從這次密蘇里妥協開始，一八五〇年的妥協法也是案例之一，其中最大的焦點是加州以自由州加入聯邦，與新《逃亡奴隸法》的制定。儘管總是十分謹愼的尋找妥協的落點，但是一八五四年制定《內布拉斯加堪薩斯法》時，無疑是個錯誤的決策。

這部法在內布拉斯加與堪薩斯州成立之前就制定完成，內容是讓兩準州居民選擇成爲自由州或蓄奴州。方針確定之後，廢奴派與擁奴派雙方大舉進入兩州，發展成直接的武力衝突，即所謂的「血濺堪薩斯」（Bleeding Kansas），這事件讓雙方的對立到達沒有轉寰的地步⑮。一八六一年，南北戰爭爆發。

南北戰爭與解放奴隸宣言⑯

話雖如此，將南北戰爭理解爲奴隸制存廢之戰，卻也未必正確。多個蓄奴州脫離合衆國，組成美利堅邦聯（以下簡稱邦聯），但還是有蓄奴州（邊境州）與北部的自由州留在聯邦內。同時，率領聯邦的林肯本身，對廢奴並不積極。北部的廢奴運動與林肯的政治判斷未必密不可分。即然如此，他爲什麼要發表《解放奴隸宣言》呢？

首先我想確認一點，林肯個人雖然對奴隸制十分厭惡，但是他認爲總統沒有廢除奴隸制的權限。他依據憲法，也注意到南部奴隸主們的權利。因此，他多年構思的廢除奴隸制，包含了對奴隸主的補償。那麼，他又是用什麼眼光來看待黑人呢？關於這一點，我想提一下一八六二年八月十四日，他與華盛頓特區的黑人領導者會面時的發言。林肯譴責奴隸制度的同時，卻直言眼前的黑人領導者與白人並不平等。而且還說「我們」如果沒有黑奴制，就不必戰爭。因而他聲稱「各自分開，對你我雙方都好⑰」。而且雖然沒有具體明示，但此時政府正在推動將被解放的奴隸遷移到中美洲奇里基（Chiriquí，現爲巴拿馬的一省）的計畫。他所說的「我們」並沒有黑人的位置。

再進一步觀察林肯的言行。一八六二年八月二十二日他在《紐約論壇報》公開的書信，經常引用作爲他對奴隸制度的立場。其中一節寫道：「這場戰爭我的最高目的是拯救聯邦，既不是拯救奴隸制，也不是破壞。如果不讓任何一名奴隸自由，也能解救聯邦的話，我應該會這麼做吧。我對奴隸制，以及對有色人種所做的事，是因爲我相信它有助於聯邦」。身爲總統的他，最重要的使命並不是奴隸制的存廢，而是聯邦的維護，與戰爭的勝利。事實上，隔月他就宣布《解放奴隸預備宣言》。內容預告針對反叛聯邦的州，其擁有的奴隸將從隔年一月一日起獲得自由。這一宣言明確表達了聯邦對奴隸制度的態度，並有效阻止了與聯盟國有棉花貿易關係的英國公開支持聯盟國。另一方面，林肯發表《解放奴隸宣言》，最擔心邊境州倒戈到邦聯，所以，公布預備宣言的時機評估得十分謹愼。最後在確定安提頓戰役獲勝時才付諸實行。

從開戰之初，就看得到邦聯內的黑奴逃向聯邦軍的現象，在預備宣言時，逃亡奴隸已有數萬人的規模，在北軍後方支援。一八六三年一月一日按照預告，簽署了《解放奴隸宣言》後，他們就也站上前線，爲北軍作戰。聯邦政府在同年五月創立黑人部隊局。南北戰爭最後由聯邦軍勝利告終。

値得注意的是，《解放奴隸宣言》，只針對叛離聯邦各州的奴隸。也就是說，隸屬聯邦的蓄奴州，也就是邊境州和聯邦軍占領地區的奴隸約八十萬人，不在解放的範圍。另外，宣言中隻字未提林肯原本主張對奴隸主的補償，和解放奴隸的海外移民計畫。他後來記述：「我不會說我掌控了事件。倒不如老實講，是事件掌控了我⑱」。解放宣言在林肯被暗殺的一八六五年，納入合衆國憲法，成爲修正案第十三條。總的來說，正如把焦點放在廢奴，爲林肯寫評傳的艾利克・方納（Eric Foner）所言，林肯的解放宣言，「並不是爲了尊重人權，而是『軍事需要』而發布的宣言⑲」。

2 廢奴促成了國民誕生，成為走向輝煌近代化的一頁
——拉達那哥欣王朝的例子

寶靈條約⑳

發生「血濺堪薩斯」之後的一八五五年，英國與暹羅在曼谷簽訂友好通商條約——通稱《寶靈條約》。拉達那哥欣王朝拉瑪四世蒙固（在位期間一八五一—一八六八年）與香港英國領事約翰·寶靈之間簽署的這份條約，開啓了泰國史上的近代外交。依據這個條約，拉達那哥欣王朝放棄了過去王室壟斷的貿易體制，開放自由貿易的門戶，承認領事裁判權。這份條約成爲一種雛形，之後，法國、合衆國、普魯士也陸續與王室簽訂不平等條約。

只要記得王朝周遭國際關係的急劇變化，應該就能夠理解蒙固治世時期的外交政策。鄰近各地區殖民地化的進展不容樂觀，現實中，在條約簽訂的三年後，拿破崙三世派遣的軍隊進駐阮朝統治下的越南南部，爲之後法屬交趾支那奠定原型。此外，在馬來半島，英國控制了新加坡，也獲得馬六甲的統治權，逐步鞏固其在當地的勢力。蒙固即位的隔年，爆發第二次英緬戰爭，成了英國併吞下緬甸的導火線。而且王朝本身也正面對英國的

槍口。砂勞越王國的「白人拉惹」詹姆士．布魯克也嘗試與蒙固的前一代拉瑪三世簽訂條約，但是在談判遲無進展的過程中，他暗示要使用武力來解決。殖民地化的腳步聲不再是曼谷王宮可以不予理會的雜音。尤其，蒙固在出家期間向傳教士學習英語，能閱讀香港或新加坡的英文報紙，對同時代的局勢變化相當敏銳。

蒙固與過去國王極力避免與歐美國家接觸的態度不同，被譽爲開明派的他一即位，就在給法國領事的書信中表露心情：「如今我國四面八方都被強大的外國包圍，身爲小國的我們未來該如何應對？」[21]既然簽訂了條約，原則上簽約國之間彼此都承認對方的主權，所以條約的簽訂可以暫時成爲急遽殖民地化的抑制力。國王就是在這種情勢下簽訂了一連串的不平等條約[22]。

關於條約的簽署，也必須附帶說明王室的財政狀況。由於鴉片戰爭和太平天國之亂等造成的混亂，泰國與清朝之間的朝貢貿易不再像以前那麼有利可圖，相反的，與新貿易對象簽訂貿易條約，潛藏著新收益的可能性。蒙圖利用一連串條約的締結，引進新技術和知識，讓資金流入帶動國內經濟，得到極爲肯定的評價。

利用不平等條約暫時阻止被殖民地化的機會，也抑制了財政的惡化，王室開始累積國力，嘗試「開化」謀求更進一步的抵制殖民地化。例如，即位之初，蒙固以英文親筆寫信，向歐美各國的首長和要人介紹本國的特色。另外，後來繼位的朱拉隆功王執政初期，也參加了巴黎萬國博覽會（一八六九年）。他認爲國家成爲殖民地的原因在於「未開化」，已經開化的「文明國」就能阻止成爲殖民的對象。將暹羅定位爲國際社會「文明國」的嘗試，可視爲泰國力圖近代化的「卻克里改革」一環。廢奴在這次改革中也占有一席之地。但是，卻克里改革的意義並不只限於此。例如，對拉達那哥欣王朝作社會史分析的尼迪·堯西翁（Nidhi Eoseewong）提到，改革是爲了「給予國王絕對的權力，削減了中央和地方貴族、朝貢國統治者，以及佛僧組織等固有習俗中的各種權力」㉓。那麼這種多面向的改革理念與目標，與廢奴有什麼關係呢？爲了論及這一點，我們必須先探究泰國史脈絡中奴隸的面貌。

塔德、普萊、那特㉔

一八三〇年，讓—巴蒂斯特·帕萊戈（Jean-Baptiste Pallegoix）由巴黎外方傳教會派遣到曼谷，與蒙固建立了親近的關係。後來更成爲東暹羅的使徒助理牧師。在他一八五八年發行的自傳中記述，拉達那哥欣王朝治下的總人口，估計有五百至六百萬人，其中至少三分之一是奴隸。前述的寶靈也有相同見解。他們當然沒有精確的人口普查爲根據，但是，此處可知道的是，奴隸在泰國到處可見的事實，尤其容易出現在這種到訪曼谷的歐美人視野裡。

歐美訪客記錄的「奴隸」對應到泰語中的是「塔德」（Thāt）㉕。塔德是依據《三印法典》中《塔德法》規定的身分㉖。《三印法典》是拉達那哥欣王朝第一代拉瑪一世下令編纂，以阿瑜陀耶王朝時代的法律體系爲基礎，在一八〇五年完成的法典。塔德法中將奴隸分成「可以使役的奴隸七種」與「不得使役的奴隸六種」，歸納起來，就是依法認定債務、贈與、出生、刑罰、捕獲爲成爲奴隸的原因。但是，進入十九世紀後，奴隸化的主要原因逐漸集中到債務問題上。債務奴隸的交易，賣方接受錢財，被賣掉的人（賣方自己或其家人）就成爲奴隸。不過，據亞金．拉比巴達那（Akin Rabibha- dana）的說法，在這個脈絡中，買方並不使用「買」這個動詞，而是「幫助」，其中包含著「借錢幫助貧苦人」的意涵。債務奴隸大略分成兩種，賣方的權利依買賣價格而有異。第一種是完全賣身的奴隸，根據法定身價（根據年齡和性別決定，年齡愈高，身價愈高），奴隸無法贖回自由身分；第二種是訂金賣身奴隸，其價格低於法定身價，奴隸可以贖回自由身分。《塔德法》頒布的十九世紀初期，是以後者爲大宗。訂金買賣奴隸的形式爲主要契約，換個說法，就是用奴隸抵押借金的狀態。奴隸的勞動就等於借款的利息。

如果要在十九世紀的泰國整體社會爲奴隸定位，將它視爲獨立的社會階層並不適當。必須將它定位在複雜的保護與非保護、支配與被支配的動態矩陣中。至少在十九世紀中，泰國社會可以大至區分爲支配層與被支配層，國王、王族和有爵位者屬於前者（那特），後者的範圍一般來說，分成相當於「隸屬民」、「平民」、「自由民」等譯詞的普萊（Phrai）與奴隸。連接支配層與被支配層的紐帶，基本上是靠個人的保護與非保護關係來維持。

對勞動力的角力㉗

王室藉著把自己定位在總體支配層與被支配層個人關係的上位，嘗試直接或間接的運用被支配層的勞力。河川淤積出廣大而肥沃的土地，人口卻相對稀少，因此保有勞動力一直是獲取和維持財富上極重要的課題。在這種狀況下，王室要求被支配層的百姓服徭役，只有女子或兒童、滿足特定條件的男子除外。該勞動力用於王宮警衛、寺廟建設，或是開鑿王國內主要的交通途徑——河川或運河。徭役制起源不明，不過在十六世紀初的文獻上已可確定它的存在。十七世紀末的阿瑜陀耶王朝時代，造訪泰國的歐洲旅行者也記錄了這個制度。一年當中的徭役期長達六個月，不過新王登基時為了攏絡人心，會將時間縮短。到了後代也有縮短的傾向。另外距離王都較遠的地區，設立統治單位「勐」，該區的被支配層以繳納物品充抵徭役。這種「勐」多被譯為「地方國」，不過並沒有領域的意義，不如說，它是由統治昭勐（主君）的主要官吏與被支配層之間的人情關係組成。繳納物品的話，雖然不能像王室直接運用勞動力，但是訂定被支配層一人的物品納額，將他們的勞動力轉為物資繳納的架構。例如，北部或東北部繳納的柚木、漆木和蘇木等，在《寶靈條約》以前的王室壟斷貿易體制下，在輸往清朝的朝貢和海外出口品中占有重要的位置。直接或間接利用被支配層的勞動力，對王室而言極為重要。王都和勐的被支配層，會在手腕、手臂上刻上刺青作為證明，登記在恭（krom）或穆（mu）等更小的統治單位。中央會設立登記局負責管理。

但是，王室立於個人的紐帶之上，從這種關係剝削勞動力或財物的嘗試，經常受到為逃避徭役或納稅而流行的假刺青挑戰㉘。從這裡可以領略到王室與其他階層之間有關勞動力上的緊張關係。這種關係可以分成兩種。第一種是王室與其他支配層的關係。依據小泉順子的研究，有關勞動力管理的法令並不是發給被支配層，而是實質管轄前述統治單位的中間支配層。從另一個角度，中間支配層則顯現出對此的抗拒。低報支配人口數就是個好例子。爲什麼要低報人口？昭勐不向王室領取收入，但是掌握了勐內財政和司法的所有權力，從中得到的利益會先到他們手裡，剩餘的部分才繳納給王室，只要記住「食邑制度」就很容易明白了。總之，被支配層的徵稅對象以多報少的話，向王室納貢額也會減少。同時，也給中間支配層管轄的被支配層帶來減輕負擔的好處。

第二種是王室與被支配者的關係。王室與中間支配者保持關係，最大的目的是王室希望通過中間支配層獲取勞動力，但往往被支配層巧妙地逃避。就像前述的假刺青是一例，此外還有一種方法，就是成爲昭勐等掌權者的私民。小泉認爲，在王室與地方掌權者的談判中，十九世紀中期，除了屬於後者的特定條件下獲得免除者之外，三分之一的被支配者會得到王室承認，成爲後者的私民。私民可免除向王室繳納物品。再者，私民的用途，就是家人和自己成爲某支配者的奴隸。前面提到過徭役和繳納物品的免除條件，奴隸也在此範疇之中。考慮到難以脫離奴隸身分的可能性，會覺得這個選項風險太高。但是，不管是哪一種，同樣都是遭到剝削。成爲奴隸的話，至少不是王室剝削的對象，同時，也會受到奴隸主的保護。總之，不論是哪一種形式，對許多只能以被支配者的身分活著的人，奴隸身分可以說保障了負擔較少的人生。

被支配者拒絕與王室形成關係，當然是王室不能容許的行爲，不單單跟稅收有關，被支配層與王室割離，僅服從於昭勐，在王朝的安定上無異形成重大的不安因素。有的勐日漸壯大，也有臣屬於它的勐。臣屬的勐當中，也有不直接向王室納貢，而是透過上層的勐中介的事例。強大的勐對王室來說，會是潛在的對抗勢力。

白米、開拓、貨幣納、新的勞動力㉙

《寶靈條約》與之後和歐美各國簽訂的條約，打開了拉達那歌欣王朝和其統治領域的自由貿易風口，而且逐步擴大。在這個過程中，米的出口扮演了重要的角色。在《寶靈條約》之前，米應該也是出口商品的主角之一，但是自由貿易的風潮下，稻米大量湧入國際市場。產量從一八七〇年前期開始激增，白米在整體出口品的比例，在一八九〇年達到約七成。產量的增加並非仰賴技術改良，主要是擴大了耕地面積。

耕地面積的擴大，也是靠著新三角洲地帶的開發才得以實現。昭披耶三角洲分成新舊兩塊，以阿瑜陀耶城爲分界，向北擴展的古三角洲地帶，形成於數萬年前，海拔五到二〇公尺的程度向南北傾斜。阿瑜陀耶城以南是過去數千年暹羅灣堆積形成的新三角洲，海拔在五公尺以下。歷史上人類利用的是有阿瑜陀耶和素攀武里府等古城的古三角洲地帶。低窪的新三角洲因爲雨季洪水和乾季乾旱，再加上海水倒灌，成爲難以開發的地區，直到十九世紀都沒有開發。新三角洲地帶的開發關鍵在於運河的開鑿。運河的流通擴大了耕地面積，加強了流通網絡。阿瑜陀耶王朝與接續的王朝都曾挖鑿過運河，不過依田邊繁治的看法，直到蒙固的前一代拉瑪三世（則沙達博丁，在位期間一八二四—五一年）治世，才走向新的時代。這個時期徭役的貨幣納發達，不再能保有過去徭役的勞動力，於是王室逐步公定這些工程的工資，改以薪資勞動者補充不足的勞動力，而這些勞動力來自中國。

一八二〇年代初，造訪曼谷的英國外交官記述，這個時期「中國乘客已經是中國到暹羅最有價值的進口品㉚」。到了蒙固治世，他們也承擔運河的開挖。雖然並非所有人都落地生根，不過在一八二二年的階段，王朝內的華僑、華人人口有四十四萬上下，經過十九世紀前期急速的流入，一八五四年達到約一百五十萬人，相當於總人口的約四分之一。

一八五〇年代的文獻曾預測，每年有一萬五千名中國人移民進來。

推動移民的主要原因，有鴉片戰爭和太平天國等導致政情不穩和饑荒、人口壓力。多數移民都是由受害較大的廣東和福建等華南沿海居民。而吸引移民的主因，則有前述徭役勞動力不足，和泰國人普遍偏好從事農業，農業之外的業種經常處於勞力枯竭等。王朝域內南部的錫礦或白米要出口，一方面必須鋪設鐵路，而碾米設備和港灣人力調度都是刻不容緩的任務。有人研究㉛在這種背景下，同時期曼谷的新手勞工薪資，比東亞任何港口都高。一八八〇年代，往來南中國沿海各港和曼谷的定期蒸汽船通航之後，更增快了移民的流入。威廉·史金納（William Skinner）試算過，從一八九三年到一九〇五年間，中國移民到暹羅一年入超了十四萬五千人。

這些移民勞動力的勞動品質大抵上都比徭役勞動力高，貨幣納的發展對王室而言可謂是及時雨。王室偏好貨幣納，不僅因爲勞動品質與經濟效率的關係，同時被支配層向王室貨幣納，王室也有意藉此阻止中間支配層對被支配層勞動力的干預。

王室與其他支配層之間，進行著對被支配層勞動力的角力。應該注意的是，奴隸被排除在這場角力之外。這種狀況到了朱拉隆功治世的時代，有了巨大的變化。

君主專制、貨幣經濟、廢除奴隸[32]

朱拉隆功於一八六八年即位時年僅十五歲，執政之初，由權貴汶納家族執行攝政政治，副王依據他們的意旨，代行施政。直到一八八〇年代中期，朱拉隆功長大成人，汶納家家主和副王相繼去世才掌握到實權。他將過去貴族占據的大臣職位，授予蒙古的兒子與孫子，即「蒙固家族」，用家人鞏固周邊，同時也雇用外國籍顧問，正式著手進行一系列的改革。

除了近代法的修纂、義務教育的引進等教育改革，並且階段性的廢止徭役制。徭役制的終點站是一八九九年引進的人頭稅與一九〇五年實施徵兵制。奠定被支配層不服徭疫，而是通過貨幣納和徵兵制向王朝貢獻的體制。這意味著王室與被支配層直接連結，不再有中間支配層介入。

奴隸制也在這樣的脈絡中，走上廢除之路。國王即位之前便已有奴隸制改革的軌跡[33]，而一八七四年的公告宣布，從國王即位當年以後出生的奴隸，法定身價在八歲到達最高後，逐年遞減，直至二十一歲時解除[34]。在先行研究中說明，之所以採取這種漸進式的方法，是因爲王室方面了解急劇的廢奴會帶來負面影響（對奴隸主的補償和解放的奴隸生活變得不穩定）。同時，這裡也想著眼於朱拉隆功的即位與奴隸制度的廢除是密切相關的。到了一九〇五年，施行徵兵制的四個月前，他向國土多個地方發布《拉達那哥欣曆一二四年塔德法》，宣布非一八七四年公告之對象的奴隸，法定身價以每月四泰銖的比例削減，並且禁止重新買賣。一九一二年，這項法律全國統一施行，完成了廢除奴隸。

與此同時，之前作爲奴隸使喚的戰俘待遇也須隨之修改。因爲，鄰近各國的國民雖被帶到泰國國內，但母國的宗主國——西歐國家可主張他們的司法權，甚至有可能導致領土的侵略。一八九〇年代，奪取湄公河東岸的法國，就對此地區的戰俘主張司法權，王朝爲牽制他們的動作，在官方記錄中不再稱這些人爲寮族、潘族、暹羅、越南奴隸。

於是，在拉達那哥欣王朝統治下，伴隨著全球經濟的發展、區域內的殖民擴張和跨海人員流動，泰國通過確立絕對王政並保持獨立，逐漸廢除了奴隸制度，並積極參與國際社會，成爲一個成熟的國際參與者。

3 隱性奴隸的「發現」

——《藝娼妓解放令》與東亞奴隸概念的傳播

瑪麗亞・露絲號事件㉟

在拉達那哥欣王朝大張旗鼓推動廢奴的一八七〇年代，明治政府正在面對一個國際問題。事情的開端是一八七二年七月九日，駛入橫濱港的一艘秘魯船「瑪麗亞・露絲號」。這艘船從澳門開往秘魯的途中遇到颱風襲擊，不得不駛入橫濱港修理。當時，秘魯政府與明治政府之間並未簽訂條約，但是在這個時間點，這問題並不大。幾天後，船客中的清國男子向停泊在附近的英皇家海軍艦船求助，由此揭發了這艘船以「奴隸狀態」載運二百三十名清國雇佣契約工。這名清國男子被引渡到神奈川縣，最後還是送回瑪麗亞・露絲號的船長手中。後來，據逃出這艘船的其他清國乘客的證詞，得知第一名逃亡者回船後，遭到船長毒打。經此事件，對清國船客進行偵問，他們陳述了船長苛刻的對待。英國領事館透過外務卿副島種臣，指使明治政府開庭審理，儘管有人反對，認爲應專注於內政，不過太政官還是作出裁定，交由副島全權處理。而副島委由神奈川縣縣令大江卓設置特別法庭，有模有樣的從八月七日開始審理。英代理公使在勸說副島時，承諾會全力協助，同時也勸告明治政府不只要主導這場審判，還應藉由這場審判對逐漸形成國際動向的奴隸貿易表態。

在英領事館的支持之下，該審判於一八七二年八月三十日終結，船長無罪釋放，同時，清國船客由明治政府保護。對此，船長向神奈川縣提出了訴狀，依據與清國船客立下的字據，要求交還這些人以便前往秘魯。縣府受理後，同年九月十八日開始第二次開庭。在庭上，船長的代言人查爾斯．迪更斯爲這次執行移民契約的合理性辯論時，也批評了日本的類似事例。其中他提到日本強制送出開拓民到蝦夷地，還有遊女雇佣契約。日本方的辯護人則反駁，強調遊女是憑著自由意志簽下契約等。這場審判的判決，首先確定了明治政府已全面禁止奴隸移民到國外，以此立場駁回船長的訴求。之後，明治政府與秘魯政府又爲了這個案子再次告上仲裁法庭，挑選了俄羅斯皇帝擔任仲裁者。最後明治政府勝訴。

瑪麗亞．露絲號審判與隱性「奴隸」㊱

經常有人以居留地規定爲根據，評論明治政府裁決瑪麗亞．露絲號一案的法源根據很危險。此外，副島種臣在這場審判中儘管態度積極，但也有人指出他前後不一。即使如此，經過曲折的過程之後，明治政府還是完成了這場審判。而它的原動力，應該是盤算著透過這次機會縮短與國際社會的距離吧。曾任第一代上海高等法院法官的愛德蒙．霍恩比（Edmund Hornby）在明治政府參與瑪麗亞．露絲號事件上扮演了重要的角色。不過，他在自傳中記述，爲這案子與副島第一次會面時便「暗示對方，日本得到了成爲國際禮讓新成員的機會㊲」另外，依據外籍顧問的記述，第二次審判的判決文，開宗明義的陳述了審判的理念：以遵從全世界都接受的正義與公正原則爲目標。接著，判決書記述日本接受獨立主權國家構成的「國際法體制」，表示它已成爲國際社會的一員。這項判決無疑是做給國際社會看的。事實上，有關瑪麗亞．露絲號相關的後續審判，都報導在合衆國和英國的報紙，以及「英國與外國反奴隸制協會」的會刊《反奴隸報》上。英國下議院議會也提到這個話題等，國際社會友好的接納了明治政府。政府方面至少發行了三本英文小冊，看得出想廣爲宣傳審判的結果。另外，擔任審判長的大江卓，命令司法省的外國顧問喬治．W．希爾，將來龍去脈整理好，譯成日文發行。從序文便看得出日本十分在意「外在的眼光」。

受盡苦難求告無門的二百三十餘難民互相扶持之下，即刻解除束縛，得自主自由之權，回歸故國。蓋買奴之事我國律本即嚴禁，於歐美文明之國也積極主張之，視為開明之先務也。今此一案之生於本邦，乃為無虞之良機，以內開開明文化之一大基礎，以外傳布萬國，作為公法之一斑足矣[38]。

有關瑪麗亞．露絲號事件的一系列審判，接納國際社會之「偏好」的國際法，對國際社會視為「惡」的人口買賣，採取毅然對應的態度，正是宣傳明治政府的絕佳舞臺。如果真是如此，我們就不能低估在世界各地接連完成廢奴大業的這個時期，且在這個舞臺上，當藝娼妓這種「隱性『奴隸』」的存在被揭發時，明治政府是如何的忐忑不安了。

《藝娼妓解放令》[39]

在瑪麗亞．露絲號相關審判終結約一個月後，明治政府公布了《藝娼妓解放令》（以下簡稱解放令）。解放令通常指的是（A）一八七二年（明治五年）十一月二日太政官布告第二九五號（布），以及（C）同年十一月九日司法省達（譯注：達乃布達，傳令給官衙、官府之告示）第二二號，和（B）關於太政官布告第二九五號之東京府番外之達（十一月七日）在一連串過程中具有重要的意義，三者相互關連。各項之概略如下，（A）令的第一項指出人口買賣違背人倫，乃不容許之行爲，儘管古來禁止，但實質性的人口買賣，如契約雇佣等一直存在的現況，並且主張今後嚴禁。而第四項具體的提出藝娼妓，聲明解除他們的契約雇佣，與其相關之金錢借貸訴訟概不受理。相對的，（B）令提到關於藝娼妓的解放，命當事者之間儘快協商贖金，在一周之內提出。也就是說又從（A）中聲明的金錢問題訴訟概不受理，退回一步。不過（B）令發布的第二天，傳達到東京府，之後又公告（C）令，以下列的理由重申（A）宣告的金錢訴訟的不受理規定：藝娼妓失去了人身的權利，與牛馬無異，人無法向牛馬要求償還貨款，因此，不得向藝娼妓要求贖金或借貸金之償還，且這種金錢關係到自古以來不被承認的人口買賣，視爲非法。

橫山百合子認爲，東京府的傳達（B）鑑於遊女屋和遊女之間的現實關係，實效性比司法省的告示（A）更高。相比之下，（B）傳達後，司法省閃電公告了（C）作爲牽制，其試圖儘快執行解放的應對和其告示內容，再再透露出急迫性。不論如何，經由（C）

令，消除了藝娼妓背負的債務。（C）發布後，有報告顯示，如山梨縣甲府市的遊廓新柳町，就有約七三%的遊女離開了遊廓。東京的新吉原自解放的一個月後，回到遊廓的遊女不到十分之一。

並無證據指出瑪麗亞・露絲號審判與解放令之間有直接關連，此外，近年的研究明確顯示，在審判開始前，司法省和大藏省有解放藝娼妓的動作。探討這些動向時可知，位於這些機關中樞的人士，至少有一部分將藝娼妓定位為「隱性『奴隸』」，並非全然不在意全球廢除奴隸制的潮流。舉例來說，瑪麗亞・露絲號事件首次曝光的一八七二年七月二十八日，司法省的會議中提到，假借契約雇佣之名的人口買賣在日本司空見慣，卻是各外國所沒有的陋習，不堪鄰憫之，擬定了禁止布告案。此外，瑪麗亞・露絲號審判開庭前，大藏大輔井上馨向正院（譯注：一八七一年明治政府時期，執行政務之最高機關，將過去的太政官分成正院、左院和右院，正院在左右二院之上）呈報有關解放藝娼妓的建議文中提到，藝娼妓與美國的奴隸「幾乎大同小異㊵」。大江卓在迪更斯的陳述之前，為了配合審判，也致函給大藏省，建議應儘早廢除橫濱的遊廓㊶。由此可知，解放的動向在審判之前就已存在，並不是有了瑪麗亞・露絲號審判案，才引導了解放令。如同丹尼爾・波茲曼（Daniel

Botsman）所指，應將審判的意義理解為加速解放進程的催化劑，如果此處想把話說得更清楚，就是這個動向必須有國際性關注的支持，才能具體實現。

舊支配與新支配㊷

於是，解放令間接的與全世界的廢奴走勢連動了。但是解放令的實現還有另一個脈絡值得注意。那就是和拉達那哥欣王朝一樣，與明治政府有志於實現國民直接統治有關。它與藝娼妓解放有什麼關係呢？以下介紹橫山百合子以新吉原為例所作的論述。

江戶幕府採取了將遊女活動限制在一定區域的政策，這種區域稱為遊女町或遊廓。新吉原也是這種遊女町，設置於一六一二年。在江戶幕府統治下，遊女町有壟斷性交易的特權。另一方面，江戶幕府也要求遊女町擔任買賣春的管理工作。以新吉原町為例，這個町負責舉發町外賣春的非法娼妓與老鴇，維持江戶買賣春的秩序。舉發經常伴隨著暴力。例如，十七世紀的事件中動員了一百人去舉發，也記錄了火拼行為。所以，特權與責任乃表裡一體。

不只是新吉原，日本各地都有這種特權團體，與身分制緊密結合，也是江戶幕戶統治的重要基石。明治政府成立之初最重要的任務就是破除身分制，進而破除這些特權團體對其手下的管理組織，奠定政府本身直接統治國民的架構。從這層意義上，卸除新吉原等遊女町管理買賣春職責的解放令，在奠定明治政府直接統治國民的新統治結構中，扮演了重要的角色。

奴隸本性或是奴性論——東亞的「奴隸㊸」

在全球範圍內討論奴隸問題和解放令的同時，「奴隸」一詞也開始逐漸在日語中定型，並承載特定的含義。發行於一八七四年，兩年後停刊的《明六雜誌》，雖然短命卻以日本學術雜誌的先驅而聞名。在國立國語學研究所對這份雜誌製作的語料庫中，搜尋「奴」字使用的狀態，出現了八十例。論文有二十七篇。這些論文的主題各異，但不分國內外，都涉及國家或國民的討論，其中不乏有關奴隸心性，即奴隸本性等，或後來華語中的奴性、奴才的用法。此外，《讀賣新聞》一八七五年八月十日的版面，有位名叫笹町定則的人用了「奴隸本性」這個詞投書，同報一八八二年二月二十六日也有以〈獨立吧〉的標題，鼓勵殖民地獨立的文章。此文用了「奴隸心」一詞，來表現殖民地民眾的心性。

如果當時日本的言論界或政界，甚而市井小民投向歐美（即殖民地統治者）的眼光，交織著崇拜的心態，將之視爲效法的模範，那麼奴隸或奴隸本性等詞彙，應被固定在對立面的位置。從這個邏輯來看，奴隸是失敗者的下場。任何人都不想成爲奴隸。因而，即使實際上的奴隸（多數時候會聯想到合衆國的黑奴）令人憐憫，偶爾爲其處境感到義憤的對象，但如石川禎浩所述，它也是精神隸屬的象徵，自己絕對不想成爲的對象。在這層意義上，自認爲日本人的人述說日本人的奴隸心性——即奴隸本性，是極爲沉痛的自我集團批判，這種陳述經常伴隨現實中成爲奴隸或被支配者之潛在可能性的焦慮感和緊張感。

但是，經過甲午戰爭、日俄戰爭後，日本在國際社會地位逐漸提升，「奴隸」一詞卻也更常出現在日常生活中。《讀賣新聞》一九〇八年十二月二十四日的投稿欄登出了這樣的文章：「吾友宿舍有一女學生，聽說她聲稱『男人是女人的奴隸』。眞是令人氣惱。」另外，也有將百姓與奴隸相當（《朝日新聞》一八九八年十二月一日），或將女人比喻爲奴隸（《讀賣新聞》一九〇五年四月二十六日）的用例。

日語的「奴隸」一詞從國際社會中國家級的焦慮感和緊張感解放時，輪到中國也流行起奴性論。依據岸本美緒的見解，奴性論是這樣的：清朝末期以後，「奴性」或「奴才」

等詞，成爲表現中國人民族性的一種流行語。「奴」這個字從歷史上的意義來看，殘酷地蘊含著人類最懸殊的一面。因而，當獨立、自立、國民、愛國心、自由平等、權利等，成爲同時代世界共通且具有價值的詞彙所指的概念或觀念時，「奴性」或「奴才」便定置在與它們對立的位置。也就是說，使用「奴隸」、「奴性」和「奴才」等詞時，它們暗示著在中國兩千年的專制統治下，國民心中已經浸透了奴性與奴才的思想，若不進行內在的變革，中國必將滅亡。岸本將這種具有方向性的言論，定義爲奴性論。而這種奴性論一定程度上受到日本「奴隸」或「奴隸本性」概念的影響。奴性論的代表性提倡者梁啓超曾有逃亡到日本的經驗，絕非偶然。據岸本所述，一九〇三年以後，華文刊物中「奴隸」的用例急增，這些用例中「奴隸」一詞用於抽象、比喻，將中國人在世界局勢中附屬的狀況和態度視爲問題。此外，在朝鮮，申采浩（一八八〇—一九三六年）也從自己民族面對事大主義、殖民地統治的態度中，發現了奴性，因而提倡大檀君民族主義試圖克服。所以，在東亞，「奴隸」這個詞充溢著對自我集團在國際社會立場的焦灼感和緊張感。「奴隸」潛藏在國人心中，相反的，在自己嚮往的西洋各國則沒有。他們共同的想法是如果不克服內在的「奴隸」，就無法確立自己在國際社會的位置。

4 廢除的奴隸制、未廢除的奴隸制

——國際社會的情況

衣索比亞加入國際聯盟㊹

奴隸制度的廢除作爲「文明化」的象徵，成爲標榜「文明國」的重要標誌，尤其是在東亞，「奴隸」一詞成爲爲了實現「文明（現代）化」而必須訣別的象徵。在廢奴躍上維也納會議的議題之後，廢奴問題也不時在國際會議上成爲重要議題。一八八四年至一八八五年舉行的柏林會議上，宣布禁止奴隸貿易（柏林協議第二章），一八九〇年布魯塞爾會議也是一場將禁止奴隸貿易作爲重要議題的會議。柏林會議的主要成果是確認歐美列強瓜分非洲的原則，兩次會議上討論的廢奴與殖民地統治，自然是一體兩面的問題。研究學者之間一致的看法是，連結殖民地統治與廢奴的「文明化」概念影響甚鉅。這些協定的內容在一九一九年聖日耳曼昂萊會議上再次獲得確認。

國際聯盟就是在這樣的時代背景下成立。它是根據第一次世界大戰結束簽訂的凡爾賽條約，在一九二〇年組成，以維護世界和平爲己任。衆所周知，美利堅合衆國和蘇維埃聯邦並沒有加入，也就是說缺乏了世界兩大強國，因而這個組織的脆弱經常爲人詬病。但是，即使如此，國際聯盟因其立場也具有極重要的意義，像衣索比亞的案例就是個典範。

一九二三年，衣索比亞申請加入國際聯盟，目的是保持國家的獨立。聯盟規約第一〇條便宣言保障加盟國的領土和政治獨立。當時，衣索比亞的周圍有英法義等殖民地勢力互相角力。申請加盟的時節，衣索比亞已經擊退一次侵略。一八九六年，義大利主張將衣索比亞納入保護國成了導火線，兩國之間爆發第一次衣索比亞戰爭，衣國獲勝，迫使義大利承認他們的獨立。但是，一九〇六年英法義將衣索比亞摒除在外，祕密達成瓜分其利益的協議。第一次世界大戰，三國暫時把重心移開衣索比亞，但隨著戰爭結束，他們的眼光又再次回到這裡。

衣索比亞加盟時，奴隸制的有無成了一大焦點。國際聯盟成立之初即注意到廢奴問題。例如，聯盟規約第二十三條就提及勞動問題與人口買賣。奴隸問題具體排上議程，始於一九二二年第三屆大會上，紐西蘭代表提出的動議。當時，會員提議國際聯盟應蒐集非洲大陸，尤其是衣索比亞存在的奴隸制相關資訊，再據此作出適當的處置。提案通過後，設置了委員會，就非洲大陸奴隸制討論「與死戰鬥的最佳手段」。這便促成本書一開始介紹的一九二六年《奴隸條約》。

衣索比亞的奴隸制受到國際社會的關注，源自於第一次世界大戰結束後、衣國與英國共同爲劃訂國界所作的實地勘察。從阿迪斯阿貝巴到吉馬的區域發現，奴隸貿易的痕跡依然活躍，甚至影響到英屬東非。這個事實發布在一九二二年一月的《西敏寺公報》（*The Westminster Gazette*）。英國反奴隸制協會在一九〇九年與原住民保護協會合併組成的「反奴隸制與原住民保護協會」對這個報導表示關切。他們明白英國外交部不會有動作，於是在國際聯盟進行遊說，先前的動議可視爲活動的成果。

國際聯盟內外對衣索比亞是否會申請加盟見解分歧。有些人認爲，衣國拒絕外部對該國任何內政干涉，所以應該不會申請。而加盟時無法迴避的一大問題——奴隸制，對一九一六年掌握實權的海爾·塞拉西一世里·塔法里而言，奴隸制「深深根植在傳統中」，不容易輕言廢除㊺。即使如此，伊索比亞最終還是申請加盟，在第四次大會上獲得全體一致通過。但是，條件之一是衣索比亞需表明贊同柏林協定之後，國際社會有關廢奴的行動，並致力於廢除奴隸。

於是，衣索比亞告別了「深深根植在傳統中」的體制，接受「開化」而加盟國際聯盟。一九二四年，里・塔法里向國際聯盟報告，有國本國奴隸制和奴隸貿易的現況和處理方式，並且在同年三月公布廢除奴隸制。但是，用「開化」換來的國家獨立地位，卻在一九三六年破滅了。國際聯盟無法阻擋義大利對衣索比亞的侵略。義大利墨索里尼內閣聲稱衣索比亞的奴隸制未能完全廢除，便以對抗奴隸制之名，合理化這次侵略。海爾・塞拉西一世逃亡倫敦。

漏掉的人①——法國第三次廢除㊻

即使全球都對奴隸的存在或詞彙產生一定程度的共同理解，解放各地被稱爲奴隸的人們，但是這個時代中，奴隸制還是存續於地球的某個角落。它並不是在與國際社會隔絕的地方，而是國際社會主要成員的帝國內部。

法國曾三度廢除奴隸制，一八四八年法國的第二次廢除奴隸制，從整個帝國來看，並非最後一次廢除。之後，非洲大陸西部仍然保留了奴隸制。一八四八年時，法國的據點只限於格雷島（圖20）和聖路易，四周都被當地勢力所包圍。爲了避免近鄰的奴隸風聞廢除情事，湧入這兩個據點造成混亂，所以統領該地的塞內加爾總督警告近鄰的統治者，別讓奴隸們靠近他們的領域。此外，近鄰的統治者可能從出入法屬殖民地的商人聽到傳聞，得知即將廢除奴隸制，甚至有人在自己的奴隸即將被解放前，預告宣戰。

一八五四年就任塞內加爾總督的路易·費代爾布（Louis Faidherbe）是法屬西非基礎的創建者，在他統治領域的過程中，了解到如果依照本國的法律，強行在征服地廢除奴隸制，統治將窒礙難行。因此，他想出了一個解決辦法，就是一八四八年本國廢除奴隸的法源依據——俗稱《舍爾歇法》（譯注：Victor Schœlcher，一八〇四—一八九三，在法蘭西第二共和國時期，領議廢除奴隸制），不適用於同年之後征服的土地，而且非洲大陸征服

圖 20 —— 從海上遠眺格雷島

位於達喀爾外海的格雷島，島本身非常小，卻是法國統治非洲大陸西部的出發點，也以奴隸集散出口港聞名。

地的居民不是公民，而是臣民，因此，從而將他們排除在法國法律的保障範圍之外。之後，費代爾布一面拓展版圖，一方面巧立名目的在法屬地內建立實質性保留奴隸制的組織。這個架構不只存在於征服地，舉例來說，一八五七年法國規定，聖路易的居民可以在二十四小時內購買奴隸兒童，但條件是必須立即解放這些兒童，並成為他們的監護人。這個規定的功能在於讓聖路易居民（不論白人、黑人）家庭成為兒童勞動力的主要供給裝置。所以，十八世紀後期，非洲大陸西部的法國統治區，都保留著奴隸制。這也是落花生種植園栽培步上軌道的時期，勞動力需求恐急。

另一方面，雖然帶兵征服，但他的軍力不到四千人。因此到了前線也不是見人就打，可以成為戰友的勢力，就必須結為戰友。如果高喊廢除奴隸，恐怕沒有勢力願意合作。於是，在前線上不追究奴隸制的存續。讓武官指揮這種征服作戰的前線，但同時派遣文官管理情勢安定的後方。這時又衍生出新狀況。文官想要推動廢奴制。舉例來說，一八七五年，新任的檢察官對前述往來聖路易的奴隸貿易作出法定裁決時，卻遭到總督阻止。

法國擴張時期，在非洲大陸西部的統治領域，推動廢奴制的勢力和保留奴隸的勢力互相拮抗了許久，但某一天突然結束了。一八九八年，最頑強抵抗法國的薩摩里・杜爾（Samory Toure）被俘，蒂巴・特拉奧雷（Tieba Traoré）在錫卡索建立的堅固城堡也被攻陷。法屬西非已不存在明顯的軍事憂慮。所以統治的主體轉交給文官。這意味著在法蘭西帝國中，奴隸制廢除和保留的拮抗關係也結束了。一九〇五年，法屬西非發布公告，即日起廢除將別人當作奴隸（也就是奴隸化）和奴隸貿易。法屬西非的奴隸廢除進程與殖民地化的進展緊密相連，奴隸制度在必要時被保留，而隨著殖民統治的鞏固，最終得以徹底廢除。

漏掉的人②——波斯灣的非正式帝國㊼

波斯灣的奴隸制殘存到二十世紀中葉。一八二〇年的《一般和平協約》雖然是印度洋西海域廢除奴隸貿易的重要一步，但是簽署該協議的波斯灣，廢奴的動向卻非常緩慢。原因是印度洋西海域對奴隸貿易的監視活動，主力並不是放在波斯灣，而是奴隸主要供應源——非洲大陸東部沿岸。相對的，十九世紀後期開始，當椰棗和珍珠成爲世界商品的同時，波斯灣的勞動力需求增加。自非洲大陸東部沿岸輸送奴隸愈來愈不容易，需求只好在波斯灣內取得巴基斯坦這個新的奴隸供應地來滿足。巴基斯坦夾在卡扎爾王朝和英屬印度兩大政治強權的緩衝地帶，有以部落爲單位的小規模政治權力與之拮抗，因此就用奴隸換取武裝衝突需求的槍和彈藥。在這個遊牧民族占多數的地區，掠奪家畜是普遍的戰鬥手段，然後擴大到綁架對立勢力的成員，將他們當作奴隸交易。另外，奴隸的第二代、第三代也是珍貴的勞動力。

這個時期，一般把波斯灣定位爲英國的「非正式帝國」。非正式帝國，指的是非直接統治，但有一定政治經濟性統治的狀態。不過如果看到「帝國」二字，就以爲英國強權可以爲所欲爲，那就有些脫離現實了。

在波斯灣地區，尤其是阿拉伯半島一側，當地以血緣爲核心的小型集團依賴港口生存，而穩定的水資源和生存條件並不容易獲得，因此當地衝突不斷。秩序的安定靠集團間的資助者—客戶關係來維持。一八一九年，英國靠著以鎮壓海盜之名，擊敗荷姆斯海峽的一大勢力阿卡希米（Al Qasimi）集團，建立起非正式帝國。在這起事件和翌年的《一般和平協約》主導下，英國在當地勢力間形成的「資助者—客戶」關係中，奠定了更上層資助者立場。但是，這並不表示允許英國採取強權的行爲。法國和鄂圖曼王朝也有意把影響力伸展到波斯灣，俄羅斯也絕對不可輕視。對身爲「客戶」的各酋長國來說，英國隨時都可以被取代。

酋長國向資助者英國的要求，基本上是調停或回避酋長國之間的爭執，但不准插手內政。因而，即使接受英國要求，限制或禁止奴隸貿易，但干涉奴隸制又是另一個問題。英國方面也充分了解這一點。波斯灣的重要性在於連結英國與印度的帝國航路（Empire Route），在此地維持非正式帝國，對英帝國來說具有極重要的意義。二十世紀前期，奴隸以各種理由湧向英國領事館或當地代理者請求保護的狀況層出不窮，英國還編寫了教戰手冊，傳授應對方法。手冊指示先確認與各酋長國簽訂的條約範圍，然後評估各領導人的性格，謹慎應對。例如，手冊指示如果是賽義德王朝，需觀察蘇丹的臉色行事。手冊中也註記，一旦查明奴隸來自完全未與首長簽訂禁止奴隸貿易條約的科威特，便不需理會。英國政府理應是世界廢奴主義的領袖，但是在波斯灣還是祕密的以帝國權益爲優先。

第5章 不解放的人、不被解放的人，新加入的人

奴隸廢除究竟爲曾爲奴隸的人們帶來了哪些方面的改變呢？這是本章想探討的問題。先從結論來說，相對於高調提倡廢奴的人靠著廢奴得到各種利益，但曾爲奴者的生活世界卻鮮有變化。這一點在俄羅斯的農奴解放也有相同狀況。一八六一年發布的農奴解放令，解放了約一千二百萬名農奴。但是依據亞歷山德羅．史坦詹尼（Alessandro Stanziani）的評析①，一八世紀中葉投入市場經濟的農民，千方百計的脫離農奴身分，愈來愈多人到都市等地定居。所以，在農奴解放令發布時，受到該政策實質影響的人僅占整體農民的四分之一。本章中，一開始將從個別人物的經驗，追查廢奴之後前奴隸的動向。然後探討經歷過廢奴的社會，從混亂中重新站起的具體因應方式。然後，我們再著眼於廢奴帶來的新局面。

1　奴隸們的去留

離開的奴隸與不離開的奴隸②

在英國廢除奴隸後引進了學徒制，同時代宣傳它的基本理念是，當一個前奴隸還不習慣成爲一個社會個體，生活在文明社會時，讓前奴隸主教授最低限度的必要技能。如果將它對照屢次談到的開化概念，就能充分領會。關於它的實際狀態，就以模里西斯島爲例來介紹。這裡的學徒契約，通常是指除了星期天外，「學徒」爲「師父」無償的每天工作七個半小時。相對的，「師父」會提供三餐和耕作用的土地，也會傳授「學徒」技能。例如某學徒契約就承諾傳授縫紉技能。多數場合，前奴隸已經具備承諾傳授的技能。學徒制是對奴隸主有良心，而不是對前奴隸。學徒制說白了只是奴隸制的續命策略，而且，「學徒」沒有婚姻等自由，契約內容還向「師父」保證，若是工作態度不滿意，有權利施予鞭打等嚴刑。行動的自由也會按流浪漢取締法嚴格限制。依據該法，身上沒有一英鎊以上財產者就會被當成流浪漢逮捕。反之，如果拿得出一英鎊，必須證明其來源，否則也會受罰。

一旦發現這個制度與原本的奴隸制在實質上沒有區別後，逃亡的前奴隸不絕於途。舉例來說，一八三五年到三七年間，模里西斯島每年平均有七．七%的前奴隸從學徒制中失蹤。另外，用學徒期間儲蓄的錢贖回自由身分的奴隸也不在少數。學徒制結束後，留在奴隸主身邊的事例也不少。一八三九年三月三十一日，模里西斯島廢除學徒制時，約五萬三千人得到自由，一個月後，有二萬六千人以上離開長待的種植園。他們前往當時島內殘存的未開拓地，學會木匠工作和經營生意的人搬到島上最大港路易斯港。不管選擇哪條

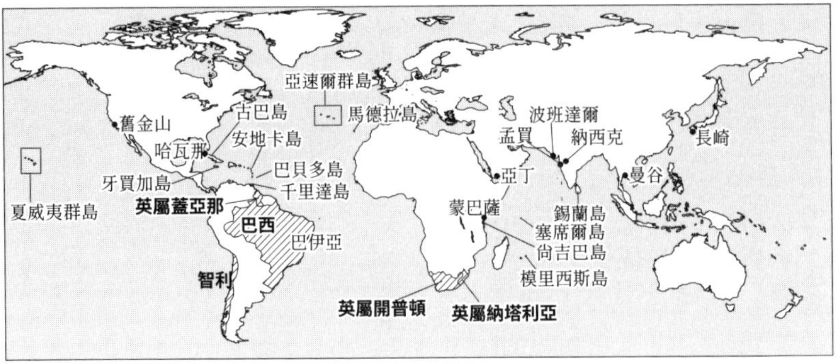

地圖 5 ——— 第 5 章出現的主要地名

路，前奴隸都遠離了過去生活的種植園。

相對的，在別的地方，也有在官方解放時，以自己的意願留在前奴隸主身邊的奴隸。舉例來說，尚吉巴島和鄰島奔巴島，藉著成爲英保護領地，於一八九七年法定廢除奴隸制。兩島並不是無條件同時解放，而是採取奴隸到個別法庭，取得解放證明書，藉由政治權力保障個人自由的方式。但是，領取證明書的話，前奴隸就和其他人一樣，需繳納稅金和承擔徭役，也必須爲自己的居住地和穩定的生計提供證明。此外，前奴隸如果繼續住在前奴隸主的土地，雙方必須在法庭上辦理手續，確認租借的條件，沒有履行這些義務的解放奴隸，會被視爲「流浪者」。

兩島上，領取這種條件下提供的證明書者，約占所有奴隸的約一〇到二〇%左右。費德里克・庫柏認爲，對奴隸而言，證明書的領取與否，不是奴隸制或自由的選擇，而是離開主人身邊，自主追求更好的生活，還是期待官方廢奴帶來的狀況改善，而留在主人身邊的選擇。尤其是在種植園生活多年的奴隸，不領取證明書的事例很多。這樣一來，就能繼續使用自己的耕地和家。讀者可以同意這樣的選擇吧？因爲，領到證明書的話，意味著必須放棄習慣熟悉的耕地、家屋和鄰居。領取證明書之後，爲了維持生活條件，必須與奴隸主折衝，也不能保證生活環境會比領取前更好。當然，放棄過去的環境，脫離此地是個好主意，不過那就得十分注意自己的行爲，以免被認定爲「流浪者」。尤其以女性來說，會被視爲娼妓，受到嚴密監視。反之，都市地區的奴隸對獲得解放身分較爲積極。因爲他們一定程度的已經從事工資勞動，在奴隸制度下，依照風俗要把一半收入交給主人，但是現在沒有必要了。儘管他們的數量比種植園的奴隸少很多，但在尙吉巴島上，城市的奴隸人數占官方解放的奴隸六四％。

這裡值得注意的是，奴隸們未必發現政治權力帶來的解放具有重大的意義。尙吉巴島的奴隸中，不少人認爲主人自發性的釋放，比起大英帝國這個局外者保障的解放，更能讓他們在解放後得到較高的社會地位③。

走不了的奴隸①——「總之，我們又再次成為奴隸④」

但是，可以自由選擇去留的前奴隸，從世界的規模來看還是極少見的。多數前奴隸因爲種種原因無法離開過去的住處。例如，在沒有山巒的巴貝多島，可耕地全都開墾成種植園了，沒有前奴隸可以獨立生活的地方。非洲大陸最南端的英屬開普頓殖民地西南部，狀況也類似。

如果學徒制這個續命策略告終，前奴隸主們完全能預期勞動力的維持將會成爲大麻煩。加勒比海的安地卡島提早一步開始動作。這個島的奴隸主拒絕引進學徒制，並在一八三四年，釋放所有奴隸。美國反奴隸制協會發行的月刊《反奴隸記錄》一八三五年十二月號中，讚許這個島的立即解放，並宣稱該社會在解放後「一切蒸蒸日上⑤」。但這一說法並未正視前奴隸的真實處境。「一切蒸蒸日上」到底指的是誰呢？事實上，解放年的年底，安地卡議會通過勞動契約的相關法令。根據該法令，今後島上的勞動合同將是強制性的，並且只要有兩名證人在場，口頭合同也被視爲有效。而且，犯下違反契約的勞動者（前奴隸），則有嚴刑伺候。例如，沒有適當理由的休假，如果未滿半天，罰金爲一天份的工資。如果休假在兩天以上，連續兩星期以內的話，將處以收監一星期和強制勞役。

醉酒或虐待家畜處以收監三月和強制勞役。另外引進「工資與房租系統」。依據該法，前奴隸如果繼續留在種植園的話，可憑園中的勞動領取工資，但同時必須租賃過去無償提供的住屋和田地。這個島上幾乎沒有未開墾的土地，多數前奴隸都選擇留在熟悉的土地。總之，他們成爲前主人的雇工兼房客（圖21）。

安地卡島實施的這些法令和制度很快擴大到附近其他對勞動力依賴極大的殖民地，每個地方都會微調後施行。其中，一八四二年，從英屬蓋亞那的某種植園向當地有薪法官送上請願書。其中一節如下。「在奴隸的時代，給我們衣

圖21 —— 已成廢墟的安地卡島小屋（過去奴隸的居處）

服，給我們糧食，不論什麼都有補助。現在我們成爲自由人，眞的自由了（照搬原文），卻是做白工。總之，我們再次成了奴隸⑥」。自稱「我等沃爾頓・霍爾種植園的自由勞工們」的請願人控訴，沒有得到約定的酬勞，相反的，以前免費提供的衣食住、醫療全部轉爲付費。最後本應是「自由勞工」的他們，用「再一次成爲奴隸」來形容自己的處境。

走不了的奴隸②——以其他名義施行的奴隸制⑦

林肯的《解放奴隸宣言》的確在法律上爲合衆國的奴隸制劃上休止符，但是這並不表示前奴隸得到了與前奴隸主對等的社會地位。

南北戰爭結束時，合衆國面對的是南部百廢待舉的大問題。南部經濟以農業爲主體，復興最需要的是勞動力，但是若是不把前奴隸算進去，便沒有任何勞力供給源。然而，前奴隸並未立刻接受這種工作，一方面對前奴隸主不信任，而且他們相信聯邦政府會把從南部「叛亂者」沒收的土地，在一八六五年的耶誕節前、最遲到隔年一月一日時分配給他們。結果，分配土地全是一場空。但是讓前奴隸回去工作也處處受阻。各州修訂了法條，種植園試圖從歐洲引進白人勞工，但是也失敗了。於是，勞力供給源焦點再次轉向前奴隸。這個問題依據辻內鏡人仔細研究的看法，南北戰爭後，南部各州陸續制定黑人法（也稱爲「吉姆．克勞法」），就是在這種迫切的狀況和對黑人的歧視思想交錯的結果。借他的話說，利用黑人法「暫時承認身分上的獨立，虛擬的喬裝成『市民』，但事實上卻宛如對待奴隸，企圖專制的統制黑人」⑧。從這道黑人法可以找出南北戰爭以前就存在的奴隸法之間的連續性，每個州雖然有些微不同，不過基本的核心是(1)取代奴隸與奴隸主的勞資關係、(2)強制勞役、(3)保障有效率而穩定的勞動力。具體來說，(1)有規定服務關係的服務條款，包含違反時罰則規定的勞動契約條款等，(2)有防止逃亡等的取締流浪條款、設定職種限制的職業管制條款等，而(3)則有承認法定婚姻、連結勞動力再生產的婚姻條款等。其中有些條款的效力一直持續到一九六〇年代的公民權運動時代。

必須注意(2)中舉出的取締流浪者條款，首先，這裡所說勞工的流浪行爲，也就是流浪漢，密西西比州定義如下：「怠惰而放蕩者、乞丐、詐騙犯，或者沉溺於非法賭博者、逃亡者、粗野的酒鬼、小偷（中略）、怠慢工作無所事事、不扶養家人者（中略）出入妓院、賭場者⑨」。符合這些定義者即認定爲流浪者，並規定了罰則。不少黑人法中的罰則是到公共事業強制勞役。

讀者可能會想，強制勞役與解放奴隸的理念不是正相反嗎？林肯的《解放奴隸宣言》不是已經併入第十三條修正案中嗎？確實沒錯。但是，正是第十三條承認了強制勞役。第十三條修正案第一項如下，「在合衆國境內或服從合衆國管轄的任何地方，奴隸制與違反本人意志的苦役都不得存在。但是經合法程序判決有罪者的刑罰除外。」（側邊線爲作者所畫）。換句話說，被判罪者不適用第一三條修正案。當然，這項法條並不只針對黑人。但是，就如取締流浪者的條款，黑人法有好幾個將黑人入罪的陷阱。二〇一二年普利茲獎獲獎作品《其他名義的奴隸制》（*Slavery By Another Name*）便生動的揭露它的眞相。這個著作的主題講的是，南北戰爭後的南部，在犯人出租制度（向州政府繳付一定金額就可以用犯人當作勞動力的制度）下，書中描述了黑人犯人從事的強制勞役，並以一八八〇年代出生、一名叫格林·柯特南的黑人一生爲例。柯特南的父母都是前奴隸，他在一九〇八年以違反流浪取締法被捕。關押他的阿拉巴馬州派他到US鋼鐵公司的煤礦工作，他在那裡失去性命。這種案例實際數字不詳，但作者認爲有十萬，甚至二十萬人。

南北戰爭後，尤其在南部，透過黑人法的施行，黑人生活與之前沒有太大的變化，或者處於更嚴苛的環境，也很容易與違背解放奴隸理念的強制勞役連結。到底在廢止前後，他們親身的感覺有什麼變化呢？最能解答這個疑問的，是美國公共事業促進局從一九三六年起，用三年時間對前奴隸生活史做的訪談調查。它蒐集了約四千名生活史的口述筆記。從中不難找到這樣的證言：

> 上帝知道，奴隸比自由黑人過得更好。我們冬天有羊毛衣穿，能升火，用不完的柴薪。天天吃得飽，也有遮風蔽雨的家。夏天有冰涼的牛奶，有麵包，甚至有肉或泉水。但是，現在我們什麼都沒有。連曾住過的木屋都維持不了⑩。

這是一九三七年六月八日，採集自南卡羅萊納州的居民約翰・派蒂所做的證詞。另外，生於一八六〇年的威廉・普拉特對林肯的評論如下：

> 亞伯拉罕・林肯做的事並不適當。因為他硬生生把所有黑人丟進連怎麼

生存都不知道的世界。黑人很無助啊。他應該緩步安排，給黑人自力謀生的機會⑪。

當然，也有不少人給予廢奴肯定的評價。但是即使如此，口述的前奴隸還是明確的區分「我（們）」，稱白人爲主體的訪問者爲「你（們）」。從全美各地採集的前奴隸說詞，反映出廢除奴隸制在他們生活上幾乎沒有帶來實質上的改變，字裡行間瀰漫著看破了種族間的巨大鴻溝。

走不了的奴隸③——可祝案⑫

接著介紹日本的案例。藝娼妓解放令之後，遊女屋改名爲「貸座敷」繼續營業。例如，長崎縣長崎市的寄合町位在丸山遊廓的一隅，一八七六（明治九）年的階段，營業中的貸座敷共九家，全都是過去的遊女屋。而丸山遊廓的另一隅丸山町，同年營業的十四家貸座敷其中有三分之一是新店，可見也有新加入的業者。貸座敷顧名思義就是只出租座位，遊女保留了「自願」待在那裡的尊嚴。

留在這種貸座敷的遊女，有些是決定不離開，有些是無法離開，比例不得而知。只是橫山百合子介紹的吉原遊女「可祝」（kashiku）的例子在思考後者時，會是很重要的線索。可祝生於越後蒲原郡卷野東汰上村，也就是現在新潟縣新潟市西蒲區東汰上⑬，早年失去雙親，七歲時在野州合戰場宿（現栃木縣栃木市）福田屋的應召遊女。之後，被轉賣到品川宿和千住宿的遊女屋，一八七一年來到新吉原。解放令頒布後，當時的店主將她留下，但是又把她轉賣給新吉原的遊女屋。過沒多久，可祝展開了第一次行動。她以欲和吉原町海老屋吉助的男僕結婚爲由，要求店主與擔任行政負責人的戶長「解放」她。當時的請願書總結如下：

> 關於可祝，不論未來如何，都不願再為遊女，請求大人發發慈悲，讓我從良

但是這個訴求輕易的被退回。第二年一月吉原發生火災，這一次她想去投靠深川的梳頭師傅菊次郎。菊次郎安撫可祝，於是她暫時回到店主身邊。但是過了一陣子，又再回去

找菊次郎。菊次郎的梳頭老板糟屋定吉看不下去，幫她還了十五兩並且當介紹人，兩人向東京府提出訴願。戶長介入調查，兩天後的一八七三年二月五日，東京府做出私下解決的指示。內容是可祝將引渡回店主一事，得到雙方的理解。也就是說，她爲解放做了各種嘗試，過程中還有數人伸出援手，但最後她還是被送回店主身邊。

若我們壓抑住同情心，從更宏觀的角度看，其實釋放她或不釋放她，對明治政府或東京府而言根本沒差。如前面所述，解放令對明治政府來說，是向外展示將隱形的「奴隸制」從自己體內排出的行爲，目的在於改變德川政權下建立的統治方式，讓政府更直接的管理統治下的民衆。至少，解放令並沒有把遊女的需求放在第一位。此外，我們不能忽略橫山指出的連續性，即最後依據戶長的判斷，可祝又被送回給店主的事實中，早應解散的遊女屋同業等地方土霸又被新設的地方行政組織吸收了⑭。

我們無法追查可祝後來的去向，也不知道她對解放到底抱著什麼夢想。但是，可以確知的一個事實，不論是「沃爾頓・霍爾種植園的自由勞工們」，還是南卡羅萊納州的約翰・派蒂，或是可祝，他們並沒有透過廢除奴隸，從而獲得想要的人生。甚至，以個人的感受而言，不只沒有改變，還比以前過得更糟。現實與他們各自對解放後懷抱的夢想和希望，其間距離之遠如實的浮現出來。當然，也許在別的角落也有人得到光明的人生吧。但是從得不到的事例在史料裡多得令人驚訝。在這個廢除奴隸制之後的地球上，不管距離多麼遙遠，但相似的命運驚人的不斷在各地反覆上演。不只如此，廢除奴隸制的社會，也出現了新的受害者。

「新形態的塔德」——曼谷的娼妓⑮

如序章所述，成爲奴隸有些時候會提高他生存的可能性，或是成爲淸償賭博所欠下債務的方法。總之而言，奴隸制或奴隸貿易在某些狀況下，發揮了保障生存或安全的安全網作用。如果按阿封蘇旺的說法，舉例來說，對泰國被支配層而言，廢除奴隸意味著男性家長喪失了「爲了拯救全家人脫離飢餓和貧困，而賣掉孩子或老婆的『自由』」⑯。總而言之，這表示過去發揮功能的安全網，失去作用了。這種狀況下會發生什麼樣的事？這裡舉幾個泰國的例子。

一八七四年以後，進入逐步廢除奴隸階段的同時，出現了收取訂金從事勞動的雇佣契約形態。它與訂金買賣奴隸幾乎沒有差別。研究相關訴訟事例的克雷格·雷蒙的見解，這種契約，可以稱爲「新形態的塔德」。從娼妓的案例可以頻繁的發現這種「新形態的塔德」。飯島明子和小泉順子指出，那是因爲隨著奴隸解放推進而發展出的工資勞動者創造方案，女性並未被充分納入。

尤其是曼谷有買春的需求，王朝廢除徭役制，全部仰仗工資勞動的過程中，大量從中國流入這座都市的勞工，大多數是男性，單身前來的他們是這些女人最主要的客戶。到了一九〇九年，曼谷有四分之三已登記的妓女在逐漸形成唐人街的三聘一帶經營生意。朱拉隆功治世中期，經由徵稅承包商以「道路開發稅」的名義，向賣春業所得的收入課稅，作爲修補道路等的財源。這個稅目，到實施人頭稅的前一年，即一八九八年，更直接的與賣春業結合，轉換爲《拉達那哥欣曆一一七年妓女設施法》。到了這期間，徵稅承包額減半，王朝試圖直接徵稅。當時曼谷的妓女與恩客之間爆發梅毒大流行，依據該法案，相關業務也從過去的財政部交由首都省衛生局接管，性病防治也包含在內。最後這項法案更名爲《性病防治法》，在一九〇八年公布。其中還包括妓院經營相關細則（如拉客的方法等）規則。

塔德制的廢除導致個人失去了保護的依靠，而且，新的工資勞動者創造方案中遺漏的被支配層婦女，有一部分不得不活在與塔德幾乎相同的現實中。而且，她們在修補道路、疾病預防等現代性理由下，被導引至國家直接管理的桎梏。

2 勞動力爭奪戰

種植園勞動力的爭奪[17]

對許多種植園而言，因廢除奴隸而必須面對的最大問題，自然是持續保有勞動力。加勒比海許多英屬殖民地上，在一八〇七年廢除奴隸貿後，無法從非洲獲取新的勞動力，便已產生嚴重的勞動力不足。在奴隸人口較缺乏地區，種植園採取從人力較充裕地區進口奴隸的措施。一八三〇年以前，有二萬二千多名奴隸遷移到加勒比海內部，不過只是杯水車薪。奴隸制被廢除後，種植園主靠著學徒制的實施，得到一定的緩衝時間，但是這個制度有時限，一旦終止，他們就沒有任何權力強制奴隸留在種植園。特別是一七九七年，從西班牙屬地變更為英國屬地的千里達，和一八一四年荷蘭割讓給英國的蓋亞那，都是新興的砂糖生產殖民地，它們面對最為嚴峻的狀況。缺工最嚴重的英屬蓋亞那，在一八三四年前後，有二萬零六百五十五名前奴隸住在當地，以人口密度來說，每平方公里只有〇．四人。相對而言，奴隸人口較充足的地區，如前述的安地卡島，可以想像他們積極的留住前奴隸。因而，在英屬蓋亞那等勞動力缺乏的地方，爲了繼續留住前奴隸，種植園主不得不面臨承諾給付高額薪資的局面。但是，距離完全解決問題還有很長一段路。高薪（或者是得到工資本身）並非絕對能吸引前奴隸的手段。舉例來說，當砂糖收穫期與他們自己種植的農作物收穫重疊時，他們會優先收穫自己的耕地。根本來說，只有在他們想要的東西，需要用錢才買得到時，他們才會選擇工資勞動。如果沒有那種需要，便會優先耕種自己的田。

千里達島和英屬蓋亞那的種植園主們預期到這一點，於是把目光放在巴貝多島，因爲在加勒比海一帶，這裡的前奴隸人口僅次於牙買加島。廢除奴隸制時，當地有八萬三千多名前奴隸，每平方公里一九三．四人，高密度的生活在島上。這表示巴貝多島的種植園主在學徒制廢除後，也能以較低成本保有勞動力。巴貝多島的統治者自然沒打算把這麼好的條件出讓或與他人共享。一八三六年，巴貝多島訂定《限制本島勞工移居外地條例》。但是，當時的巴貝多島與向風群島總督萊昂尼爾．史密斯向本國陸軍殖民地大臣訴稱，該條例並未得到嚴格遵守，他指出：

精妙的拐騙系統出動，導致本地大量勞工被拐騙帶走。在幾個事例中，承包人買下這些勞工的學徒制法定期限，讓勞工在提供三年勞役的條件下簽名後將其帶走。但是，勞工對報酬相關的所有條件，並沒有同意的跡象。

克林普（指仲介勞工的承包人）基本上來自德梅拉拉（英屬蓋亞那一區），那裡有名的商會開了仲介事務所，收買了法定的學徒期限，（把勞工們）提供給伯比斯（英屬蓋亞那另一區）⑱。

留住勞動力是攸關種植園主、行政官等殖民地統治者生死的問題。

獲救的奴隸後續⑲

監視奴隸貿易活動也會產生勞動力，他們是獲救的奴隸。如第三章所述，在英國皇家海軍正式投入印度洋西海域的一八六〇年以後，在海上救出的奴隸人數暴增。獲救的奴隸人數展現監視活動的成效，所以對海軍來說多多益善。考慮到獎勵金，在隊員們的角度也是值得高興的事。但是，人數的暴增顯然爲海軍造成了困難。原則上，海軍必須繼續提供衣食住給救出的奴隸，救出時倒還好，但是總不能一直留置下去。如後述的亞丁，他們的待遇成了緊急的問題。

一八三九年成爲英國保護地的亞丁，在歷史上是海上貿易的要衝，英國也設置了海軍基地。從檢疫的觀點，將獲救奴隸隔離在近郊的小島，但是奴隸數量激增，超過機構收容的限度。居住環境極爲惡劣，幾乎可以用「監獄」來形容。一旦找到勞役機會，就會把他們送去勞役地點以減少收容人數，可是亞丁和近郊都沒有雇用需求，即使有也在孟買。英國方面也必須負擔運送到勞役地點的所有費用。因此，印度政府五年內編列了一萬六千英鎊的預算。英國國會的非洲東岸奴隸貿易相關特別委員會在年度報告中記述「這成爲帝國國庫沉重的負擔[20]」英國人不能只仰賴孟買的雇用機會，開始幫獲救奴隸尋找其他勞役出口。

傳教團是有效的出口之一，可以把孩子交給他們。獲救奴隸中有很多兒童，處理上非常困難。即使是成人，爲他們斡旋勞役出口，都可能被捲入誘騙，婦女則會被強迫賣身。兒童的話，危險性可想而知。關於這一點，傳教團設立的教育機構，正好成爲孩子的去處。馬哈拉施特拉邦的納西克，有英國聖公會傳教協會設立的學校，不只招收當地改宗者的子弟，許多海軍或宣教活動中解救的孩子也在那裡上學。其中，該協會在現在肯亞南部港口蒙巴薩近郊的拉拜傳教活動，或一八七〇年代同樣在蒙巴薩近郊建設的解放奴隸共同生活社區弗雷爾城，培養了不少成功人物。大衛・李文斯頓（譯注：David Livingstone，英國的非洲探險家）的搬運工也有在這所學校受教育的人。

另一部分的獲救奴隸被安置在孟買的西迪人（譯注：Siddi，印度對黑人與非裔阿拉伯人的稱呼）社團。舉例來說，這個社團的團長阿卜杜勒・賓・納西卜是幫蒸氣船船員仲介爲生。透過這位人士，不少男子進入海軍工作。或者，將獲救奴隸送到勞動力不足的新興殖民地去。如塞席爾島在一八六一年到七二年之間，接納了二千五百三十二名這類勞工。這些人爲此島因廢除奴隸制而喪失的人力來源，提供了寶貴的勞動力。他們與種植園雇主之間簽下學徒制的契約，經過一定期限，就能獲得自由身。當學徒期間，國家則有雇主支付的分期帳款，抵充一連串的花費，而種植園也能保障勞動力。

官員們將這種處置合理化，防止送他們回到故鄉再度變成奴隸。而且也可以解釋爲對獲救奴隸安全上的考量。另外，爲了孩子們的安全和未來的自立，把他們交給傳教團，看起來也合情合理。但是，有幾點必須留意。納西克的教育機構經營的目的，是讓畢業生未來回到非洲大陸，從事傳教工作。在學校，鼓勵使用非洲各地語言，也講解非洲大陸和奴隸貿易的歷史，然後選出優秀的學生，訓練成傳教士或是老師。另外，弗雷爾城是英國國會非洲東岸奴隸貿易相關特別委員會的贊助下開始的企畫。總而言之，獲救奴隸依規定必須回到「非洲」，打著「開化」的旗幟，擔任殖民地化的先鋒。大家不妨回想一下，獅子山和賴比瑞亞也都在重複類似的手法。

官員們推薦將奴隸移送塞席爾島的根據，大多數極爲含糊，像是前奴隸在那裡「應該可以幸福的生活㉑」等。即使眞是如此，也不能否定前奴隸在維持種植園、殖民地建設上貢獻出勞動力的事實。在這個脈絡中，一八九七年，塞席爾島舉行的維多利亞女王加冕六十周年典禮值得注目。典禮上集合了二千名獲救奴隸，發表賀詞說，自己「是活在女王榮耀治世的證據，因爲我們大家都從奴隸制得到了自由㉒」。正如此處就可以體察到，「人道的」帝國施於他們的恩德一再被強調，但他們的貢獻卻遭到漠視。他們不只是勞動力，更是象徵自己人道之崇高和正確的媒體㉓。

3 雇傭契約勞動制

雇傭契約勞動制㉔

擴大的市場與、世界商品興盛的需求與貿易網的發達，不僅為現有的世界商品生產地帶來了商機，也惠及了其他地區。在加勒比海等領先的生產據點嘗試增產的同時，世界各地興起了茶葉、砂糖、咖啡等新的種植園。舉例來說，錫蘭島十九世紀中期嘗試大農園栽培的咖啡，在一八七〇年代受蔓延全島的銹菌病傷害，到了一八八〇年代中期幾乎全部死亡。後來替換成茶葉栽培獲得成功。而太平洋上的夏威夷群島在一八六〇年代砂糖生產量激增，一九〇三年以後，罐裝鳳梨的生產也步上軌道。要抓住這些在全球各地萌芽的新商機，就需要勞動力。任何人都看得出光是前奴隸已經無法滿足不斷膨脹的需求，那麼，勞動力潛藏在什麼地方呢？

不夠的部分，由新勞動力——簽下雇傭契約移民勞工來滿足。一八三四年到一九一六年之間，至少從印度次大陸運送一百三十多萬人到為人力不足的加勒比海或印度洋的種植園去（表1）。中國、葡萄牙也有雇傭契約勞工的投入。這裡所說的葡萄牙人，主要是亞速爾群島和馬德拉群島等離開本國、住在葡萄牙屬地的民衆。促使他們的遷居的原因，有人口壓力、內戰導致的政治、經濟困難，另外在馬德拉群島，一八四〇年代紅酒市場的蕭條、一八五二年和一八七〇年葡萄病蟲害的嚴重蔓延，也是推動人口外移的主因。而拉引的主因則有移居地保證宗教寬鬆和相對高的工資。中國雇佣契約勞工大多出自珠江三角洲的沿海地帶。那裡當時也承受著人口壓力和政局不穩。而且隨著時代演進，義大利或日本也開始提供勞動力。勞動力的送出或接收時，如果國家強力介入，在英語中會使用「年季契約勞工」這個詞，反之，如果民間安排，會便用「債務綑綁」這個用詞。例如，後面提到達模里西斯島的印度勞工，基本上都是前者。而利用賒票體系（Credit-ticket system）預借船

表 1 印度雇佣契約勞工的去處

	引進期間	人數
模里西斯島	1834-1900	435,063
英屬蓋亞那	1838-1916	238,909
千里達島	1845-1916	143,939
牙買加島	1845-1915	36,412
格列那達	1856-1885	3,200
聖路西亞島	1858-1895	4,350
納塔爾	1860-1911	152,184
聖基茨島	1860-1861	337
聖文森島	1860-1880	2,472
留尼旺島	1861-1883	26,507
蘇利南	1873-1916	34,304
斐濟群島	1879-1916	60,965
東非	1895-	32,000
塞席爾群島	？-1916	6,315

圖表出處：Brij V. Lal, Girmitiyas: *The Origins of the Fiji Indians*, Lautoka: Fiji Institute of Applied Studies, 2004 (1st. 1983), p. 40.

費，在必須先還淸費用的條件下，多往南北美洲大陸的中國勞工，則屬於後者。但是，兩者的共通點是同樣都要在記載勞動內容和條件的文件上簽名或蓋章，而且基本上有訂定契約年限。因此以下都簡稱爲雇佣契約勞工㉕。另外，他們也被稱爲「庫利」。這本來是坦米爾語或坎那達語中表示「雇用」或「報酬」的用詞，轉借來指稱他們。而中國則譯爲「苦力」。

依據契約遵守協議的內容與條件從事勞役，這種狀況在初期的英屬北美殖民地就已出現，並無新意。重要的是，這種勞動形態，成爲大英帝國廢除奴隸制和學徒制結束的轉機，以爆炸性的速度傳播到全世界。

模里西斯島的實驗㉖

一八〇七年，英國廢除奴隸貿易拍板定案時，不論贊同與否，都不能忽視今後如何維持勞動力這個問題。這時羅伯．法考爾（Robert Townsend Farquhar）迅速提出了解決方案。他曾擔任貝南等地領事，一八〇七年出版了《因應廢除非洲人奴隸貿易而產生之西印度群島農業勞工需求的諸項提議》小冊，主張引進中國勞工。他認爲，中國長年沒有因戰亂、瘟疫、殖民地化而人口減少的經驗，可茲利用的勞動力豐富。冊子發行三年後，他調任模里西斯的首任總督。該島的當務之急就是解除勞動力不足的問題。他有意地默許奴隸進口，應付所需，但是接到本國再三的警告。因此他再次提出前述小冊的建言，從印度次大陸引進勞工，結果失敗。印度人沒有在這島上生根。一八二三年，他從總督的地位卸任，離島而去。

但是，奴隸制逐步廢除，許多種植園主不得不面對勞動力問題時，法考爾的提議再次出現生機。一八三四年到三八年，短短期間從印度次大陸到模里西斯島的雇佣契約勞工，高達二萬四千人。一八四六年，印度裔居民占該島人口的三分之一，一八七一年更超過三分之二。原因在於移民中也有許多婦女存在。在一八三八年的時節，婦女比例未達二%，到了一八五五年到達三成，一八六〇年代超過半數。當然，砂糖產量也成正比的增加。

雇佣契約勞動制將該島作爲實驗場，成功之後推展到全世界，對苦惱人力不足的種植園主來說，不啻是救世主的出現。

較平順的過渡——巴西與古巴島的廢奴㉗

不只是英屬殖民地，雇佣契約勞動制行遍全世界。過程中連新大陸一直保留奴隸制到十九世紀後期的巴西和古巴島，都實現了奴隸制的廢除。海地革命引發的動亂，使得世界砂糖生產地轉移到巴西和古巴島，當地在一七九〇年以後的奴隸進口量，達到十六世紀以來運往兩地進口總數的五四・八%。例如，一七八九年二月底，西班牙國王開放奴隸貿易，轉眼間哈瓦那就成了一大奴隸貿易港。一七九一年時全年交易規模比開放前上升近六〇〇%。但是，一八四三年到隔年，經歷了通稱爲「梯型（La Escalera）密謀」的奴隸謀反，進而大規模掃蕩奴隸和自由有色人種，此外，宗主國西班牙與英國經由兩國間談判，在一八五六年廢除了奴隸貿易，但是奴隸制依然存在。而巴西在一八二二年獨立以後，巴西政府取代了葡萄牙政府，與英政府繼續談判，一八五〇年，巴西皇帝公告禁止奴隸貿易。當時，有一種觀點認爲，一八四九年以來巴伊亞地區接連爆發的黃熱病疫情是由新運來的奴隸所引起的，此外，頻繁的奴隸反叛和國際壓力也促使了禁令的推出。但是，該禁令公布後並未立即見效，ＶＤ中證實整個一八五〇年代，都有奴隸輸入。此外，國內的奴隸貿易與合眾國狀況類似，公布反而激發了貿易的活絡。一八五〇年到八一年間，有二十萬九千人被迫遷移。

至於奴隸制，兩地區也都採取逐步廢除。古巴島依據一八七〇年的《摩瑞特法》（*Moret Law*）解放了一八六八年以後出生的奴隸，和六十歲以上的奴隸。除此之外，也用另一種形式——以「patrocinado」（「簽約者」之意）身分勞役，用其勞動所得換取自己的解放，進而推動解放奴隸。按照計算，一八八八年，所有的patrocinado都能得到自由，不過一八八六年因國王頒布命令而提早實現。巴西一八七一年制定了《里歐·布蘭戈法》（*Rio Branco law*），規定此法施行後出生的孩子都能獲得自由身分，一八八五年開始，解放六十五歲以上的奴隸。最後依據一八八八年的黃金法，解放了剩餘所有的奴隸。

在奴隸制逐步廢止的時期，同時也推動雇佣契約勞工的引進。古巴島自一八四七年到七四年間，約有十二萬五千名中國雇佣契約勞工登島。另一邊的巴西早在一八〇七年，就開始討論中國雇佣契約勞工的引進。但是，多年來一再遭到排拒。學者指出其背景之一是巴西社會的精英層對「蒙古人化」的強烈疑慮。也就是說，他們擔心中國移民大舉壓境，會大幅改變巴西社會。最後巴西社會在一八二〇年代以後，引進了歐洲勞工。但是，它有個附帶條件，即必須是包含十二歲到四十五歲男子的家庭移民，特別留意社會主義者等有可能對社會秩序帶入不穩定因素的人物流入。移民勞工的人數在奴隸貿易廢止的一八五〇年之後激增。過去十年以數千人爲單位，但此時超過了十萬人。到了奴隸制逐步廢止的一八八〇年代，更高達五十萬人的規模。

雇佣契約勞動制與奴隸制㉘

同一時代的知識分子正視雇佣契約勞動制與奴隸制的連貫性與同質性。例如，莫罕達斯・甘地就引用英國統計學家的話，稱雇佣契約勞工是「半奴隸狀態」而廣爲人知。而在日本，一八六八年，有一百五十位名爲「元年者」的人，在橫濱的夏威夷駐日領事斡旋下，離開日本前往夏威夷的甘蔗種植園，從事雇佣契約勞工，引發了巨大的爭議。西洋學者柳川春三在發行的《中外新聞外篇》中，將此案判斷爲「買奴」，在日本以「雇夫」（用此一詞形容雇佣契約勞工）之名交換契約，雖然不同於「黑奴買賣」，但是到了國外會受到什麼待遇還未可知，即使契約有年限，但是卻不能保證能活著回來，字裡行間充滿了警示㉙。這段報導是「元年者」們還未到達夏威夷島，從事雇佣契約勞動工作之前時寫的，因而也有人批評報導是「沒有根據的中傷、傳聞」㉚。但是，值得關注的倒不如說，是在這個階段，連與非洲黑奴貿易有著歷史性距離的日本，都是在與奴隸制關連下，認識雇佣契約勞動制。

事實上，雇佣契約勞工與他們取代的奴隸，在身處的環境上多有類似。英國廢奴論者宣傳廢除奴隸貿易時，強調奴隸在運送過程中的高死亡率，而雇佣契約勞工遷移中（特別是初期）與其差異不大㉛。而且，以中國爲例，勞工的獲得經常伴隨著詐欺和暴力。不管在印度，還是中國，對文盲階層占多數的勞工而言，根本難以充分地理解詳細的契約文字。據點在澳門的知名企業家、思想家鄭觀應（一八四二—一九二二年）就關注中國人雇佣契約勞工的處境，直言「東誘西騙」㉜。

很難將雇佣契約勞工與暴力受害拉開距離，夏威夷群島種植園中的勞役，通常受到督官魯納監視。勞工們回想中頻頻出現他們手持皮鞭、暴力的手段，夏威夷的日本移民於民謠〈忽列忽列歌〉中唱出以下歌詞：「夏威夷，夏威夷，來到此如地獄，波士（即老闆的英語）是惡魔，魯納是妖怪」。而且，這些魯納雖然多數是來自葡萄牙的白人，但諷刺的是他們也是雇佣契約工。

國家介入[33]

縱觀十九世紀以後在世界各地發展的雇傭契約勞動制，可以找出許多與過去奴隸制的共通點，但是不是沒有相異之處。不同於奴隸制，它需要簽訂契約，而且契約有年限，最值得注意的是國家介入的程度。國家介入奴隸制或奴隸貿易的事例，雖然有零星如黑人法典等例子，但是，對雇傭契約勞動制的介入變得更加積極。例如，前述在模里西斯島引進雇傭契約勞工，到一八三三年爲止都承認私人的斡旋，然而詐欺等事件層出不窮，而且運輸中死亡率極高，因此，印度政府不得不暫停移民，數月後，在政府主導下重新開啓。又或者日本經過「元年者」風波後，藉著一八八五年與夏威夷簽訂的《日夏移民條約》，在政府主持下推動夏威夷移民。這項官方協議移民持續了一段時間，到了一八九四年，政府將移民仲介委託民間的移民公司，進入個人移民時代。但是移民公司追求利益，問題頻傳，兩年後移民保護法成立，從此之後，移民公司需按照政府的配額，召募移民。

國家介入也遍布在勞役現場。雇傭契約勞工們成爲國家管理或監視的對象。例如在模里西斯島，即使因病缺勤一日，即罰兩天份勞役。以至於雇傭契約本應五年結束，卻花了七年的例子並不罕見。反之，在夏威夷群島，日本領事館若聽聞本國雇傭契約勞工受到虐待，就會調查、抗議。一八六八年，秘魯中國移民向清朝的外交管轄機關，總理各國事務衙門遞送請願書，抱怨勞動環境苛刻和虐待、歧視，一八七四年，清朝政府便派遣調查團前往秘魯和古巴島㉞。

雇佣契約勞工也會依靠地緣或血緣建立團體，進而組成聯盟，不過也有國家介入其間的事例。塩出浩之關注的夏威夷中央日本人會就是個好例子。夏威夷群島的日本雇佣契約勞工們組成日本人會，追求「日本人的大同團結」，不過日本領事館介入，以領事館爲核心成立日本人會，嘗試對日本人統一管理。所以，國家不但參與勞工的輸出，也積極介入勞工的勞動管理或者是勞工的同盟。

4 雇佣契約勞動制的廢除

——再談自己與他者

雇佣契約勞工們的抵抗與聯盟㉟

話雖如此，當雇佣契約勞工就待遇和勞動環境提出抗議時，本國政府在第一時間幾乎都無能爲力。因此，勞工們有時會訴諸暴力，作爲抗議和解決問題的手段，或者暫時性或永久性的逃離種植園。另外，無故缺勤或故意拖延工作的抗議形態也很常見。這種抵抗對以最小投資追求最大利益的雇主們，是很大的刺激，而且也是奴隸們用過的抵抗手法。這種時候，雇主們會以扣減工資或暴力對抗，又或是依據契約訴諸法律手段。但是用暴力鎮壓，或是在法庭上獲勝，還是極少能達成雇主期望的高生產力。

無處依靠的雇佣契約勞工，只好自已建立依靠。他們靠著地緣或血緣關係，加強內部團結。例如，在舊金山，從十九世紀中期以後，中國移民基於地緣或血緣等組織「會館」、「公所」、「公會」等互助團體。夏威夷群島的日本勞工也組成了縣人會。互助的程度，像在東南亞，如果死在異鄉，甚至會「運棺」將遺體送回故鄉。在同一個種植園裡工作的伙伴，也會有超越同鄉或民族而結盟的事例，不過一般來說，都以地緣和血緣作爲心靈的依靠。

像這些仰賴地緣或血緣形成集團的勞工，在雇佣契約結束後，很多人會嘗試定居下來，從本國叫來親戚家人，讓集團壯大。在移民團體壯大的過程中，內部會透過報紙的發行、學校的設立，來強化凝聚力。同時，外界對這些群體則逐漸產生戒備，認爲這些團體難以理解且應保持警惕。在團體的成員與既有勞工（也就是從外部凝視他們的人）開始競爭時，便會放大外部的這種危機感。舊金山的中國勞工經由互助團體增加人口後，開始與原本提供廉價勞動力的愛爾蘭人互相競爭。

愛爾蘭勞工從一八六〇年代後期，將這個問題轉變成政治問題。一八七八年加州憲法中有「壓榨亞洲人苦力，是一種奴隸制，因此本州未來永久禁止」的條文。由此可知，當時明確把雇佣契約勞動制與奴隸制等同視之，這條文大大動搖了中國移民勞工在加州勞動市場的優勢。而且，這段期間，美國國會通過了《債務勞動禁止法》，最後到一八八二年，美國總統簽署《排華法案》。經此法案，十年內禁止中國的移民勞工入境，另外，已經在合衆國定居的華裔人民，爲不得歸化的外國人，關閉了他們成爲美國公民之路。如貴堂嘉之所提示，這意味著「創造出被剝奪成爲『美國人』權利的新歧視性非公民種類」，而這個新種類也將「華裔勞工定位在社會的底層」[36]。《排華法案》成立之初，是有時間性的立法，經過數度修正，一九〇四年決定無限期停止中國勞動移民。這一連串的過程導致日本移民增加，於是一九二四年又成立了《排日法案》。

進入二十世紀後，這些海外移民所受到的歧視性待遇在移民母國引發了強烈的反感情緒。中國發動大規模的反美抵制運動。《排日法案》施行的七月一日，德富蘇峰（譯注：作家德富蘆花之兄，日本著名的政治家、歷史學家）將之命名為「國恥日」。

半奴隸制與堅持真理、民族運動㊲

位於現在南非共和國東北部的英屬納塔爾殖民地，在一九一一年當時，約有十三萬三千名印度裔居民，他們多數是雇佣契約勞工，以達羅毗荼語系者（尤其是英屬印度馬德拉斯管區的民眾）為主，還有來自比哈爾邦和西孟加拉的人，他們的工作地點是鑽石礦山，同時，這塊殖民地還有另一批來自印度的居民，被稱為「旅客印度人」（Passenger Indians）。他們是在礦山工作的雇佣契約勞工，即所謂的「契約印度人」（indenture indians）的對比性分類。旅客印度人更有財力，接受過更高的教育，主要由說古吉拉特語、烏都語、馬拉地語者組成。「旅客印度人」本來就含有有能力自付旅費的意思，與預借旅費，到達目的地後再用工資返還的雇佣契約勞工有著明確的區別。

出生於卡提瓦亞半島波爾本達，在倫敦內殿律師學院就讀的莫罕達斯．卡拉姆昌德．甘地，於一八九三年，作為一位法律代理人參與親戚的法律糾紛，來到納塔爾殖民地。當然，他屬於「旅客印度人」的一方。後來以聖雄尊稱聞名的他，大家最耳熟能詳的就是，一抵達後就受到各種人種歧視的洗禮。火車一等車廂拒絕他上車，連行李都被丟出來，這些都只是他這些經驗中的最爲有名的例子而已。他事後回想那時發生的事，提到：「刺骨的寒風中，鐵路警察把我推下車，我不得不中斷了旅行，我坐在馬利茨巴克車站的候車室，找不到我的行李。我沒有勇氣問別人。萬一又被侮辱了？又被打了呢？在這種狀態下冷得發抖，如何能入睡！㊳」

他最初以爲這只是個人的經驗，打算吞忍下去。但是，沒過多久，甘地就明白同樣來自印度次大陸的人——不論是旅客也好、契約工也罷，都體驗過這種待遇。結束預定的工作後，他改變了原先暫留的計畫，決心在納塔爾殖民地住下來，並且加入了保護印度人權利、抵抗不當歧視的運動。在這段期間形成了後來印度獨立運動思想的基礎和實踐形態——堅持眞理。

甘地主義的民族運動，強烈影響英屬地雇佣契約勞動制的終結。當時在英本國和印度政府的一般見解裡，雇佣契約勞工是自由勞工，在英國會委員會（通稱爲桑德遜委員會）對英屬殖民地印度人雇佣契約勞工進行實況調查，做出的最終報告（一九一〇年）中，反覆的提到這點。而且這份報告也記述，準備給雇佣契約勞工個人的「居住、醫療、一般福利並不缺乏，獲得的工資也能在契約期間充分的儲蓄」[39]。相對於此，甘地和印度國民大會黨戈帕爾·克里什納·戈卡爾（Gopal Krishna Gokhale）等人投身民族運動，將雇佣契約勞動制視爲印度人受歧視的象徵。運動把雇佣契約勞動制與奴隸制等同視之，加深了主張的調性。舉例來說，印度國民大會派的報紙《普拉達普》刊登一齣戲劇《苦力制度是二〇世紀的奴隸》，開頭有這樣一首詩：

> 這苦力系統是奴隸貿易的一種
> 前所未見的事，現在出現在身處印度的我們眼前[40]

總督府一面阻止這齣戲的上演，同時漸漸修改了對雇佣契約勞動制的解釋。時任印度總督的查爾斯·哈丁，在一九一六年根據自己的調查提出的報告如下：「我鄭重要求本國政府完全廢除雇佣契約勞動制。這種強制勞動制度讓印度憤怒，帶來沉重的痛苦和敗壞，與奴隸制的形態毫無差別。承認這個體系，就要有決心去除影響英印兩政府的人種污名[41]」。總而言之，哈丁抓住了雇佣契約勞動制與奴隸制「毫無差別」的論調，直言廢除該勞動制。這對方興未艾的民族主義的確是一帖良方。一九一六年三月，印度政府即禁止了印度人雇佣契約的勞動移民。

前奴隸得到自由了嗎？雇佣契約勞工自由嗎？[42]

隨著奴隸制的終結，前奴隸們眞的如願以償的得到了自由嗎？說到底，自由是什麼？自由是可以經由某個人的宣布「你不再是奴隸了」或一張證書就能實現的東西嗎？高聲誦讀宣言的聲音立刻融入空中，紙則乾燥無味。吞下空氣，咀嚼紙張，也嘗不出「自由」的味道。廢除奴隸制之後，國家準備了繼續束縛他們的新法和架構。解放後的前奴隸大多活在與先前差異不大、奴隸制度改頭換面後的世界。而另一旁，又出現新一批與他們處境幾乎相同的人。

雇佣契約勞工指的是在自由意願下交換契約，接受成爲替代奴隸勞動力的人。但是，多數是文盲的他們如何理解充滿艱難法律用語的契約書呢？所以一定需要仲介者陪在他們身邊，把契約書的內容加以簡化說明。但是我們無法得知這裡「簡化」的說明，到底「簡化」成什麼樣子。不管怎麼樣，反正簽下了契約。事實上，現在到處都保存著他們簽名或蓋章的契約書，即便他們不識字，但由於簽訂了合同，現代社會可能會將這些人責備爲自作自受，認爲這是他們自己的責任。但是，並非只有他們被迫受制於契約，在英國，一八二三年的主從法，第一次出現「雇用契約」這個用詞。話雖如此，本章介紹的雇佣契約勞工，是身在異地、遠離故鄉的人們。難以向他者說明的、對待遇的憤怒，處在離開故鄉前描繪的理想與眼前現實的幽谷中產生的焦慮感，這種巨大的失落感促使他們在異鄉尋找同伴，並以共同的命運結合在一起。來到這裡，區隔自己與他者的想像力再次變得重要。時序已進入民族國家的時代，人們吶喊著民族自決。在這個脈絡中，能體會雇佣契約勞工的憤怒和焦燥感的人，不是身旁有相同境遇的「外國人」，而是「同胞」。即使在遙遠的母國，也與之共鳴。

同時，重壓在前奴隸或雇佣契約勞工個人的統治力，已不再像以往那樣可以在個人身上找到源頭，國家雖是個人的集合體，即便我們如何仔細地觀察分析，也很難具體地看見這些構成國家的個人，而國家就是由這樣的架構在掌控。在奴隸制下，透過奴隸與奴隸主之間溝通解決的事情，轉變成國家與個人的溝通。兩者之間橫亙了一重重法律和法律認可的契約，而「自由」這個具有絕對正確價值、但看不見的概念，在這些法律條文上投下了深深的暗影。在無形的支配下，前奴隸與雇佣契約勞工遵照法律和自己同意的契約提供勞動，然後，偶爾仰賴同樣無形的民族或同鄉等共同點帶來的聯盟，也就是仰賴想像力來與之對抗。

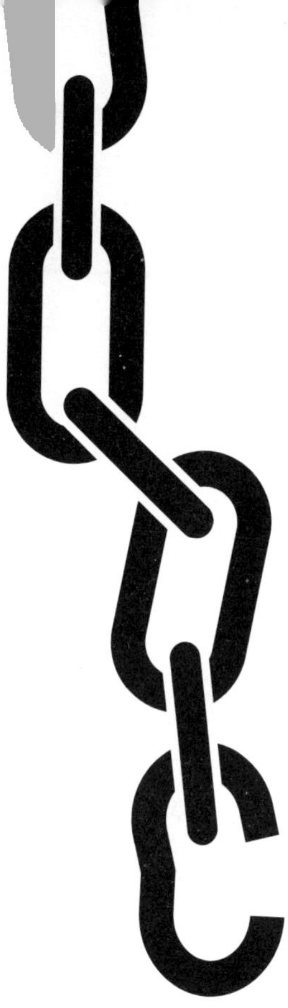

終章

廢除奴隸為人類帶來了什麼？

1　本書的論點

接續性與想像力

本書所說的世界性共同體驗，首先是各社會的廢奴同時並進的現象，也就是說，著眼於共時性而發現的現象。這種共時性並不是偶然發生，而是靠著接續性實現。生成接續性的媒體，在本書中發現了不只一個生成接續性的媒體，而其中貫穿這整個共同體驗的媒體，是想像力。想像力讓人們心中孕育出走向廢奴的想法，促成了實行力。但是，它並非一方巨岩，而是在一連串過程中，不同種類的想像力層層堆砌起來的成果。以下就將這過程按時間序整理。

歐洲人發現新大陸打造了第一層。發現這塊蘊藏莫大發展潛力的新大陸，是大西洋奴隸貿易發生的最重要因素。爲了探索新大陸的潛力，從聖經的世界觀與自他的認知，殖民者發現以非洲黑人作爲勞動力最爲恰當。而且從對環境適應力的觀點，或是從伊比利半島外海島嶼等培養的經驗，他們成了合理的選擇。但是，我們不要忘了新大陸的發現，對歐洲人來說，意味著眼前出現了一塊未知的、無從想像的土地。這大大震撼了支持他們的世界觀，而將非洲黑人當作奴隸的正當性也產生了裂痕。總之，以非洲黑人為對象的大西洋奴隸貿易，在歐洲人來看雖然具有整合性和合理性，但是也形成了對此產生疑義的想像力。

這個世界觀的震撼促進了啓蒙思想的出現，建立起廢奴的邏輯性、倫理性基礎。但是，啓蒙思想同時也對出現裂痕的非洲黑人奴隸化，施加了正當性的耐震工程。科學證明了人種的不同，站在優位的人種應領導低位人種的進化概念，也為正當化積蓄力量。在這種狀況下，一些直接接觸過非洲黑奴、透過有想像力同情黑奴遭遇的人，實現了廢除奴隸的想法。尤其在初期，信仰發揮了極大的功能。北美大陸的貴格會成員中，有人在自己的信條中發現了廢奴的必然性，以及自己境遇與奴隸之間的共同點。信仰與想像力的軌道合而為一，這正是奴隸制廢除過程中，想像力首次直接且積極地貢獻的起點。但是，在當時亟需奴隸勞動力的北美殖民地，廢奴卻也是一種不切實際的主張。另一方面，廢奴的訊息經由信仰的網絡，橫越大西洋到達英國。

話雖如此，信仰並沒有將廢奴提升為世界性共同體驗的力量。不只是大西洋範圍，連英國境內都無法實現廢奴。信仰的不同，讓他們拒絕與不同信仰的人分享根植於信仰的想像力。從這裡，想像力與信仰分道揚鑣。克拉克森與後來的廢奴運動家採用的邏輯不是信仰，而是把實證性擺到前頭。這個邏輯是在與北美交流中培養出來的。啓蒙主義成熟，英國國內的識字率上升，藉由美國獨立戰爭的機會，與黑人接觸的機會增加，以及工廠勞力的出現，這樣的環境才眞正讓他們的主張能夠與不特定多數產生共鳴。

而英國國內對廢奴產生共鳴之中，出現了新的想像力，那就是道德資本。廢奴推廣到不特定多數的過程中，高聲主張廢奴的人不再對奴隸將心比心，而是把奴隸問題與自己面對的社會問題重疊。促成廢奴的想像力不再指向奴隸本身，而是自己背負的問題。廢奴成爲實現其他目的的手段。關於這一點，爲阻止失去聖多明戈而實行廢奴的法國經驗、西蒙．玻利瓦意圖脫離殖民地統治走向獨立，而推動廢奴的種種作爲、林肯以保護合衆國爲優先的解放奴隸宣言，他們在把廢奴手段化的意義上，都與英國的經驗不相上下。將廢奴變成手段，意味著推動廢除的人並非出於倫理、道德或信仰的驅使，而是基於某些現實利益。總之，懷著廢奴與各自想獲取的事物連動的想像力，各地終於實現了廢除奴隸。

與手段化廢奴並進的幾種共時現象

在將廢奴從目的轉變成手段的這股潮流中，殖民地統治得到的稱爲得到「開化」的輔助線，拉近了與廢奴之間的距離。例如，法國侵略阿爾及利亞的經驗便能強有力的說明這一點。此外，英屬獅子山和美屬賴比瑞亞把本國過剩的自由黑人視爲無法共存的存在，把他們打扮成開化使者的姿態，再次送回非洲大陸，試圖藉此建設殖民地的經驗，也可與之匹敵。

透過開化而連想到的、廢奴與殖民地化的靠近，向周圍的人們引導出進步的必然性。隨著開化，奴隸制就會在進步的過程中自然的走向消滅一途。如果某個社會存在著奴隸制，那是因爲他們開化的程度太低，文明高的地方會引領著社會進步——在這樣的理由下，建構了他們統治正當性。這一連串的邏輯，成爲引導日本藝娼妓解放令或泰國廢除塔德制強大的引力。總之，在逐漸成形的國際社會中，確保自己地位成爲當務之急時，出現了廢奴的構想。廢奴提供了縮短國際社會與自己距離的絕佳機會。明治政府製作的幾本外語小冊，鮮明的體現了這一點。只是，藝娼妓、塔德與大西洋種植園奴隸，在社會性功能上眞的屬於同類嗎？這個問題直接連結到「奴隸的定義」這個難題。但是，這個問題在當時並沒有充分討論過的跡象。不如說，不論對明治政府，還是拉達那哥欣王朝而言，那些定義並不重要。藝娼妓或塔德的解放，對加入國際社會，站穩地位等眼前的課題，或解決其他政治問題有長足的貢獻，所以才付諸實行。例如，從過去間接統治人民過渡到直接統治的嘗試上，解放藝娼妓或塔德就被視爲具有重大意義。透過廢奴，民衆被直接且一致地與國家聯繫起來，這就是現代國民的誕生。現在我們稱爲泰國的國家，正式名稱叫做「泰王國」，在達成廢除塔德制的一九三九年，泰國才從過去的暹羅改名爲泰國。其中「泰」這個詞，不但是泰族的自稱，也可譯爲「自由」，在這層意義上非常具有深刻的意義。在這一連串過程中，嶄新的時代隨著崇高的理想一起到來，而給予奴隸制一個應被廢止的定位作爲交換。奴隸制象徵著已經超越的過去，或者必須超越的現實，成爲告別的對象。這也轉化爲東亞各地的一種論述，即規定了奴隸性的心態，並接受其存在於自我內部的事實，進而進行自我批判。同時，在失去北美殖民地後的英國，也規定自我爲更完整的自由國家，與脫離的合衆國分道揚鑣。在這些過程中不能承認本書開頭提到的、全球對奴隸或奴隸制的避諱或拒絕情緒的產生嗎？總之，奴隸或奴隸制，不得存在於打破古老秩序的自我內心，無論是心靈內部還是社會內部，承認它的存在，都等於對自我歷史的否定。

另一方面，衣索比亞的廢除奴隸與關乎國家存亡的悲劇結尾，法屬西非或波斯灣在廢奴上大幅的延遲等事例，在廢奴變為手段，成為世界性共同體驗的過程中，如實的說出廢奴如何的成為形式化。從這些經驗中，很難找到對奴隸將心比心、期望廢除的想像力。取而代之的是，奴隸廢止背後的理念逐漸消失，奴隸廢止成為達成其他目的的工具。這裡一併想指出，法屬西非和波斯灣殘留的奴隸制，從帝國政策的觀點故意加以忽略的事實。但是，前者在征服行動結束時廢除了奴隸制。這裡的廢奴可以認出高度政治化的事實。即使在這種廢奴當中找得到哲學、倫理、宗教、道德或人道的要素，也只是微不足道的因素。

世界經濟的空間、規模的擴大，則是另一個與一連串手段化過程同時進行的全球性共時現象。十九世紀初期以後，英法等殖民地實行廢奴，但古巴島和巴西等砂糖的世界性生產地又產生了新的奴隸需求，於是在大西洋，奴隸制依然存在，奴隸貿易也變得更熱絡。同時，我們也不能忘了印度洋西海域的幾個地方。世界商品生產的需求與奴隸廢止一樣在全球擴張。這裡可以發現一個明顯的矛盾。也就是維也納會議上討論廢除奴隸貿易的時候，印度洋西海域和古巴島、巴西正在努力獲取奴隸。

不論是大西洋，還是印度洋，奴隸運輸還在繼續，不過奴隸制也因為條約的簽署成為被監視的對象。在這個過程中英國鞏固了其海洋霸權的地位。尤其是從印度洋西海域監視程序中看到的想像力，是極具單向性的。英皇家海軍把他們在大西洋成功的手法和理論原封不動的帶進這個海域，貫徹實施。結果連未運輸奴隸的船隻都成了緝捕、臨檢或者破壞的對象。由於這個緣故，最晚在《愛利脫利亞海周航記》成書的一世紀中期開始發揮功能的海洋貿易，受到嚴重的打擊。這是一個無視奴隸貿易的多樣化現實，強行單一奴隸貿易的全球想像走向廢除的過程。這種霸道而傲慢的想像力，與走遍印度洋西海域各地，接觸奴隸制實象，對其理解感到困惑的歐美旅行者恰成對照。

重大的矛盾與廢除奴隸、雇佣契約勞動制

十九世紀曝露的重大矛盾，是經濟性全球化，與帶著政治色彩的廢奴全球化共同產生的現象。一方面需要奴隸，另一方面又想廢除奴隸兩股對立的力量交鋒。從廢奴成爲世界性共同體驗的事實來看，後者看起來略勝一籌。但是如果把廢奴視爲世界史的共同體驗，就有待商榷。因爲，廢奴終究只是法律上的廢除，經濟的全球化合法的產生了取代奴隸的必要勞動力。其中一部分由前奴隸承擔，他們多數藉由新創的合法手段，再次強加與廢奴

前相似的角色。但是，經濟全球化所需要的勞動量，只靠他們還不足以應付。因此，雇傭契約勞工出現了。奴隸制與雇傭契約勞動制應該在制度上嚴格區分。最大的差異在契約的有無。但是如果追溯廢奴的世界史共同體驗過程，前者過渡到後者並不是斷絕，而應理解爲連續或是修正且擴大的重現。

從事雇傭契約工的人來自四面八方，前奴隸成爲雇傭契約勞工的事例也不少見。另一方面，雇傭契約勞工在世界各地誕生，與前者不同，他們的境遇幾乎與奴隸驚人的相似。有些事例甚至令人想說，前奴隸的雇傭契約勞工在當奴隸時，待遇還比較好。他們勞役的管理監督，與奴隸制時相違，國家會統一的深入介入。雇傭契約勞動制之所以合法，主要是因爲有契約，國家或雇主以雇傭契約勞工在契約上的簽名或蓋章爲根據，辯稱雙方是基於自由意志下達成協議。但是，對於散布著艱深法律用語的契約書，勞工們是否在完全理解之下同意，令人存疑。話雖如此，他們留下了協議的證據。這些契約雖然是國家或雇主在辯稱自己正當性時的根據，卻不能成爲反證。這裡我認爲雇主或國家停止了對勞工的想像力。如果說契約書阻擋了對勞工境遇應有的想像力，這已是對他們最大的辯護了。不論如何，契約導致合法的奴隸替身誕生。

許多時候，毫無關係的雇佣契約勞工們會在異鄉追求社會性的結合。種植園中混雜著不同背景的人的狀況不在少數，但透過民族、人種、國家的媒介，產生了社會性的結合。回應他們求助聲的，不是近在眼前、不同出身的種植園主或當地政府，而是遠在大海彼側的本國政府，和將他們視爲同胞的國民。如印度跨海形成強大的民族意識和國民意識。就印度的情況來說，雇佣契約勞工移民讓他們聯想到奴隸，提升了民族意識。殖民地統治者堅稱雇佣契約勞動制與奴隸制不同，是基於勞工的自由意志成立的制度，然而面對雇佣契約勞動制與民族主義結合的現實，殖民統治者最終禁止了印度雇佣契約勞工的移民。

2 世界史共同體驗的走向

更進一步的現代①——記憶與補償①

直到今日，廢除奴隸的世界史共同體驗還在繼續。因此，本書最後想通過幾個主題，將現代社會置於這一共同體驗的延長線上來進行探討。

一九九〇年代以後，國際社會將奴隸制或奴隸貿易定爲人道罪。尤其透過通稱德班大會（二〇〇一年，譯注：反對種族主義世界會議，是聯合國教科文組織的國際活動之一，目前已舉辦過五屆，二〇〇一年在南非德班舉行）的宣言文告，廣泛的爲人所知。與此相關的，是國際社會試圖將奴隸制度、奴隸貿易及其廢止過程納入自身歷史的努力越發活躍。聯合國教科文組織從一九九四年起，實施「奴隸道路企畫」（The Slave Route Project）用二十年時間在全世界蒐集、調查奴隸制度和奴隸貿易歷史的相關資料。包含之前制定的計畫，現在至少有四十一項世界遺產的說明中，包含了奴隸一詞。另外，同樣登入了六件與奴隸相關的教科文組織制定的記憶遺產。二〇〇七年是英國國會通過廢止奴隸貿易法兩百周年紀念，聯合國將此法通過的三月二十五日，制定爲「奴隸及大西洋間奴隸貿易犧牲者追悼國際日」。於是，奴隸制度和奴隸貿易不只在民族國家，也在國際社會的歷史中保有一席之地。

與此同時，有關歷史上奴隸制度和奴隸貿易的賠償問題，也一再躍上新聞版面。記憶猶新的有，二〇一三年加勒比海周邊十四個國家和一地區組成的加勒比共同體，設立了賠償委員會，向英、法、葡、西、荷等前宗主國提出索賠，要求爲殖民時期對原住民的大規模屠殺、跨大西洋奴隸貿易及奴隸制度的反人道罪行進行道歉和賠償。具體內容爲「十點行動計畫」，包含正式道歉、非洲裔居民回歸非洲大陸事業、對原住民社群的開發方案、公共衛生事業等的實施、設置反人道罪相關的啓蒙設施、放棄債權等共十項。與此對照的是非洲各國的動向。德班宣言雖然宣告人權侵害的受害者有權利要求補償，但是非洲統一組織內早已從一九九〇年代起，受到納粹大屠殺相關的補償運動、和合衆國內非裔美國人要求補償的影響，依據本書前面介紹的華特・羅德尼的非洲低開發論爲理論支柱，而有對奴隸制度、奴隸貿易及殖民地統治要求補償的動作。一九九一年，多哥、塞內加爾、奈及利亞領袖勸告作爲對奴隸貿易過去的補償，應償淸非洲國家的債務。但是，德班大會前夕，甫就任的塞內加爾總統阿卜杜拉耶・瓦德（Abdoulaye Wade）卻強烈反對補償，他認爲藉補償拿到若干的金錢，就把奴隸貿易的過去一筆勾銷，是一件粗暴而侮辱的事。不過也有人分析，從他們把非洲各國低開發的責任歸咎在奴隸問題，而投入補償問題中，推測得出試圖轉移國際對直接問題（如獨裁等）的注意，更多於打破低開發的現狀。而加強要求補償的論者中，對於是否應將涉及伊斯蘭教的印度洋奴隸貿易與跨大西洋奴隸貿易視爲同質問題，也存在立場上的差異。非洲統一組織在二〇〇二年發展改組成非洲聯盟，現在這個新組織並未展開組織性的補償運動。

奴隸制度和奴隸貿易的過去，與殖民地統治的過去深刻連動，雖然有被害者與加害者二元對立爲基底，但是就補償問題而言，被害者方面也存在著多種見解，我們手邊所看到的還是未解決的現在進行式問題。

更進一步的現代②──現代奴隸制②

處於現代奴隸制的人數粗估約有兩千七百萬人或三千六百萬人，這一現象進一步證明我們仍然處於奴隸廢止這一全球歷史性共同體驗之中。「現代奴隸制」這個詞指涉的對象，有一派認爲只限定於人口買賣。也有一派將兒童勞動等寬鬆的對象都包含在內。但是他們的共同點是其中都包含了在經濟上被極大剝削的對象。現代奴隸制與過去的奴隸制不同，多數時候，某個個人爲奴期較短。這是因爲人口爆炸性的增加和貧困的嚴重化，使得到處充滿了奴隸的潛在成員，價格低廉。因而，躲過合法的所有權，在短時間內盡最大的可能進行經濟的壓榨，待他們失去用途時，就將之捨棄，再籌集新奴隸。爲了達到盡可能的經濟壓榨，也會使用暴力，許多論者認爲這是現代奴隸制不可缺少的要素。

在這裡提到現代奴隸制，是因爲它與經濟的全球化密不可分。爲了達成更高的利益，資本會到世界各地尋找更廉價的勞動力。在人與物、通訊的往來更簡單、迅速的現在，資本的流動快速得令人驚訝。全球性的一體化讓資本家投入更激烈的競爭，效率的追求比起經濟利益更重要。現代奴隸制無非就是在這種脈絡中誕生的。但是，它並不是現代才突然冒出來的，而是位於本書描述的世界性共同體驗的延長線上，應該解讀爲廢奴這個世界史共同體驗的一環。現代奴隸制多數時候都是透過契約而成立。雖然也有運用暴力強制簽下契約，不過，在貧困逼迫下自己同意簽約的例子也不少。契約的概念才是廢奴這個世界性共同體驗形成中，全世界勞資關係的基調。勞資協議的契約書，具有履行內容的強大約束力。本書中提到過，奴隸制和奴隸貿易也有爲求生存的安全網功能，不過現代奴隸制卻很難找到這一面向。因爲現代奴隸制中的奴隸，是用過即丟的存在③。

「用過即丟」的表現很震撼，但是靜下來細想，這個表現將勞工看得太被動了。具有自由意志的勞工依著心意，如蝴蝶般自由的改變勞動環境不就好了嗎？勞動的自由意志，不正是人類經由廢奴這個世界史共同體驗而平等得到的東西嗎？但是，這種修辭顯然不具備現實感。明天的食物都不知在哪兒的人，哪能悠哉的選工作呢？即使有自由意志，也因爲種種因素而受到限制，一來一往中只好同意會被隨時棄用的契約。這裡如果連結到現代日本面臨的非正規雇用問題，我認爲問題也不大。而且「自由」是什麼？重新探討這樣的問題，正是本書所討論的世界史共同體驗在現代的具體表現。

更進一步的現代③──人道主義與保護的放棄④

這裡先暫停一下，我想提醒一個事實，目前爲止，與現代問題有關而亮相的奴隸制或奴隸貿易，幾乎都與大西洋或非洲大陸有關。前述教科文組織的「奴隸道路企畫」，建立了有關世界各地奴隸制的起源、發展和歸結的專業知識，闡明起因於奴隸制的全球變化和文化接觸，目標在建立和平的文化、新的身分認同和公民權。但是不能否定，大多數被探討的事例都集中在非洲大陸與包含加勒比海的南北美洲大陸。此外，國際社會上蔚爲話題的是，包含現代奴隸制在內，以經濟壓榨爲主要目的的經濟奴隸制，提供奴隸的交易。在世界性共同體驗中所有被廢除的奴隸制和奴隸貿易，與應該在共同體驗延長線上的我們，所聯想到的奴隸制和奴隸貿間易之間，有著很大的距離。

那麼，這些討論遺漏的其他廢除經驗，對現代社會沒有任何影響嗎？並非如此。我想提出兩個問題。廢除奴隸轉化成世界性共同體驗的轉機，在於它成爲一種手段。換言之，奴隸廢止本身並非最終目的，而是爲了實現殖民化或統治結構轉換等其他目標而推行的手段。運用崇高的理念來遮蔽手段化的本性，就如殖民地化的案例中看到的文明使命等。這種現象在現代的國際社會中也能發現。人道介入就是最典型的事例。提到人道介入，一般會聯想到藉由武力阻止他國國民的人道危機，但是我們應該理解它是一個包含多種方式——包含武力——的複合性程序。

人道介入干預之所以在大衆中引起關注，是因爲它常常涉及對擁有主權的國家進行干預，這一干預往往伴隨武力，另一方面，卻又用人道主義——看似正當理由爲後援，於是形成了一個矛盾的局面。許多論者都傾向把人道主義理解爲「對他人的痛楚有共鳴，而且以它爲動機，試圖解決該痛楚的思想與行動」⑤。共鳴，在人道介入的動機中特別重要，它可能是政策決定者個人的感受，也可能是輿論建立起來的。如果依循著廢奴這個世界史的共同體驗，問題在於「對他人痛楚有共鳴」的珍貴情感，如何能被利用成手段呢？另外，我們也不能忘了，在世界各地發現「奴隸」這個人類共鳴對象的過程，其實交織著種種的意圖。

另一個論點與國家提供保護的問題相關。多數被廢除的制度，都內含了對爲奴者的保護。當然，這種保護換來某些壓榨是不爭的事實。這種主從關係，在被廢除的制度下，大多建立於個人之間。但泰國和日本事例中，明顯可見國家經由廢奴，想與曾經爲奴的人建立直接的關係。將上述的奴隸包含在內，創造出至少在表面上平等的國民。如同泰國事例介紹過的，廢除奴隸與對國民徵稅和徵兵制並行。那麼，對這種壓榨，國家給了國民什麼呢？社會保障是其中之一。尤其，一九四八年《世界人權宣言》的序言，將社會保障與人權結合之後，各國逐步擴展社會保障。但是許多國家直至今日仍不完備，日本的漏洞也很明顯。就日本來說，圍繞勞動環境的問題，如非正規雇用等，也必須視爲相關的問題納入考量。關於這類問題，可以用國家財政或產業結構的改變等理由來說明，但是如果站在廢奴的世界史共同通驗這個歷史視角上，應重新審視國家應擔負的責任。同時，儘管有著種種因素，如果國家明擺著放棄社會保障或國民保護的話，奴隸廢止這一全球共同體驗正進入一個新的局面。

生活在世界史共同體驗的我們

從人類破壞自己建立的制度這一點來說，廢除奴隸是人類第一次的共同體驗，這個共同體驗實現了現代人認同的崇高價值——人權、自由、和平，似乎是個輝煌的體驗。在現代，不論是國家內、還是國際社會，不容許奴隸制和奴隸貿易的堅定意志，常常透過周年活動或紀念碑不斷驗證，也給予我們達成廢奴的信心與安慰。但是，所謂的奴隸到底是指什麼？現在，在本書即將結束的這個階段，即使重新翻閱本書序章介紹的一九二六年奴隸條約的定義，我還是感到惘然。但是一提到「奴隸」這個詞時，倒是反射性的聯想到朦朧的印象。我相信多數讀者也是一樣吧。可能它的眞面目，就是被人一味壓榨的人們。回顧前面，本書序章提到我在波斯灣的經驗——（對過去奴隸制堅決否定的經驗）可能是因爲在我朋友印象中的奴隸樣貌，就是那樣吧。這正是廢奴這個世界性共同體驗帶給人類最大的遺產之一。這個印象與上述的安慰感結合，成爲了進步的象徵，代表著人類現已與過去訣別。未來的世代，或許也會像我在泰國蠟像館中遇見的孩子們一樣，共享這樣的認知。

但是，另一方面，在合法的、依據契約書證明的協議下，現代已經不再有奴隸制了，然而這個地球上，還是有人生活在與印象中奴隸制沒什麼差別的現實中。全世界共享的奴隸樣貌和它附帶的觀念和情緒，宛如促使人類停止思考，逃避另一個現實。所以我必須提醒一個事實，廢奴成爲手段的結果，使它只限於法律範圍，並沒有本質性根除，以及它的替身不時在合法範圍內連綿產生，直到今日的現實。而且，國家藉由將廢奴手段化，瓦解過去的保護體系，直接與個人連結關係，但多數時候，國家卻放棄保護應該被包含在這關係中的個人。即使在現代的日本，支持這種現象的政策一個個產生。與現代全球化齊頭並進的新自由主義加強了力道，在自由的名義下，不得不生活在殘酷的競爭和國家微薄保護中的我們，毫無疑義的，正站在廢奴的世界史共同體驗中。

廢奴的世界史共同體驗，在現下的位置一方面讓現代的人類共享和懷抱著向厭惡的過去告別、對現在的安慰，以及對未來的希望；另一方面卻要面對現實中理應告別的過去再度回歸。只觀看前者無異於欺騙自我。在完滿更好的生命上，我們眞的進步了嗎？也許我們只是在同一個地方來來去去而已。不論如何，現在我們眼前的這個矛盾狀況，並不是突然冒出來的，而是經過長久時間打造出來的結果。頭痛醫頭，腳痛醫腳的處理方式對擋在面前的現實恐怕無效吧。想要在這個現實中前進，我們必須先停下來，查證廢奴的世界史共同體驗的現下位置。爲了做到這一點，必須具備想像力，根據接續性，在廣闊的時空間中，爲我們所在的現實定位。這麼做雖然不能直接解決眼前的問題，但是少了它，我們恐怕無法邁出踏實的步伐。

後記

現在（二〇二〇），新冠病毒正在全世界蔓延當中。構思本書時，完全無法想像後記會在這種狀況下寫成。當然，病毒的蔓延與本書談論的內容稍有不同，但是它們同樣是世界性的共同體驗。而且這種新傳染病創造的共同體驗，成爲引力的一端，帶動了「黑人的命也是命」（ＢＬＭ）的一系列運動。在日本，這個問題吸引了廣大的關注，在大都市圈舉行了集會和遊行。在明尼阿波羅里斯，非裔美國人喬治．弗洛伊德被警察殺害，當時的錄影片段透過社群媒體傳播開來，因而不只在合衆國，更昇華爲世界性運動。過去習以爲常豎立在街頭的銅像，有好幾座被卸下，丟進河裡。看著這些新聞，我再次強烈的肯定，我們眞的生活在廢奴的世界史共同體驗中。這個運動，以及新冠病毒的問題，今後會如何發展？沒有人知道。但是，至少新冠肺炎的走向如何，它已經改變了我們的日常生活，也影響到我們的歷史觀。而ＢＬＭ運動與之相輔相成，肯定會在現代社會面對奴隸制和奴隸貿易、廢除奴隸的態度上，引起漣漪。沉心於史料的歷史研究常被人認爲是與世隔絕的行爲。置身於現在這種狀況下，猛然站定時，我強烈感受到並非如此，而是與當下現實緊密相連的學問。

至於本書，首先，它是東京大學教授（當時）羽田正爲代表的日本學術振興會科學研究費補助金專案〈歐亞大陸的近代與新世界史敍述〉（通稱歐亞科研）成果的一部分，從參與一系列以奴隸爲主題的研究會，從中得到的知識，成爲本書的基礎。經過幾次的研究會，二〇一二年，我與東京大學副教授島田龍登以它爲部分主題，組織了國際會議。之後，編輯有關奴隸的部分，得以在新加坡國立大學出版社（NUS Press）出版爲二〇一六年論文集 *Abolitions as A Global Experience*。什麼機緣讓我有幸參加舉辦奴隸相關研究會的機會，又爲什麼會把焦點放在廢除奴隸上？關於這些的關鍵事件，我一點都想不起來。只記得當初含糊的認爲，既然世界各地曾經有奴隸，蒐集這些事例的話，說不定能成爲「新的世界史」。但是，隨著研究的進展，我對世界上曾有奴隸的感覺產生了疑問，追溯這感覺的源頭時，才注意到廢奴的世界性共同體驗的存在。在國際會議等一系列研討會和論文集中，我可以接觸到國內外活躍在第一線的研究者深厚的見解，也讓我蒐集到論文集出色的論述。在這種環境中，我開始思考能不能自己把廢奴的世界史描述成一個故事呢。於是便以這個主題報名本系列的撰寫者。歐亞大陸科研後，我也參加了全球史及奴隸，以及相關主題的國內外數個專案，十分幸運的接受多方面的刺激。另外，我現在就職於日本國立民族學博物館，毋庸置疑它是世界上最大規模的民族學博物館，館內環繞著來自世界各地的專家學者，當我漫步於研究部的廊道時，總有一種環遊世界的感覺。我非常喜歡這種感覺。另外，在大圖書館盤桓找到的幾本書，都是撰寫本書不可缺少的參考。在這種環境得到的刺激，對於撰寫本書上十分重要。本來，我想在這裡列出後來參加的各個專案，以及在歐亞大陸科研的奴隸研討會、論文集上幫助我的人士大名，以表感謝之意。但是，萬一漏了誰的名字，肯定會內疚很久。我沒把握這種事絕對不會發生，所以決定不列出，而是私下前往致謝。話雖如此，我還是要在此向系列監修者羽田正老師和東京大學出版會的山本徹先生，致上深刻的謝意。儘管本書原本應該更早完成，感謝兩位耐心十足、不斷的給予有益的建議和鼓勵，本書才終於順利出版。

比起近年全世界奴隸研究的興盛，在日本還是個未開拓的領域。如果從一般聯想到的奴隸形象來看，日本肯定還離這個主題非常遙遠。但是，並非因爲如此，只要讀了這個主題的外語文獻或其譯本就足夠了。因爲正如本書所論，日本也加入了廢奴的世界性共同體驗，我們也確實站在這個世界史共同體驗的延長線上。就這個主題，以日語累積思考，形成討論，在不可逆進行中的全球化中生活的我們而言，應該非常重要。今後，我希望稍微調整角度，再繼續思考這個問題。

二〇二〇年盛夏

鈴木英明

註釋

序章

① Jean Allain, *Slavery in International Law: Of Human Exploitation and Trafficking*, Leiden: Martinus Nijhoff,2013, pp. 149 -151.; Adolf Leo Oppenheim, *Ancient Mesopotamia: Portrait of a Dead Civilization*, rev.Erica Reiner, Chicago: University of Chicago Press, 1977 , p. 282.; Jack Goody, "Slavery in Time and Space," in James L. Watson（ed.）, *Asian and African Systems of Slavery*, Berkeley: University of California Press, 1980, p. 18.; https://abcnews.go.com/blogs/headlines/2012/01/teacher-who-assigned-math-homeworkwith-slavery-questions-resigns; https://www.riverfronttimes.com/newsblog/2019/12/09/missouri-schoolinvestigating-slave-trade-homework-assignment; http://nypost.com/2013/02/22/midtown-teacher-includesquestions-about-slavery-in-elementary-school-math-homework/（最終確認日二〇二〇年九月二十六日）。

② 關於近年日語著作的環境史發展，參照池谷和信編《起自地球環境史的疑問——什麼是人與自然的共生》（地球環境史からの問い—ヒトと自然の共生とは何か）岩波書店，二〇〇九年；水島司編《環境與歷史學——歷史研究的新地平線》（環境と歴史学—歴史研究の新地平）勉誠出版，二〇一〇年。

③ Thanet Aphornsuvan, "Slavery and Modernity: Freedom in the Making of Modern Siam," in Anthony Reid（ed.）, *Asian Freedoms: The Idea of Freedom in East and Southeast Asia*, Cambridge: Cambridge U.P., 1998.

④ 關於黑人法典與依據該典的奴隸使用具體實況，參照濱忠雄的《海地革命與法國革命》（ハイチ革命とフランス革命）北海道大學圖書刊行會，一九九八年，一四—三四頁（同，三〇三—三〇七頁收錄黑人

法典的抄譯）；小川了《奴隸商人索尼耶——十八世紀法國的奴隸貿易與非洲社會》（奴隸商人ソニエ—十八世紀フランスの奴隷交易とアフリカ社会）山川出版社，二〇〇二年，六五—七六頁；濱忠雄《起自加勒比的疑問——海地革命與近代世界》（カリブからの問い—ハイチ革命と近代世界）岩波書店，二〇〇三年、三九—四五頁。

⑤ 我們知道現在日語中的「自由」，是福澤諭吉在《西洋事情》初篇（一八六六年發行）絞盡腦汁翻譯出來的名詞，明治時代以後，自由民權運動等發展中，這個名詞也隨著它的意義內容漸漸的深入民間（請參照小堀桂一郎《日本人的「自由」的歷史—從〈大寶律令〉到〈明六雜誌〉（日本人の「自由」の歴史—「大宝律令」から「明六雑誌」まで）文藝春秋，二〇一〇年；王曉雨〈近代日中翻譯事業與思想受容——以「自由」爲實例〉《關西大學東西學術研究所紀要》（「近代日中における翻訳事業と思想受容—「自由」を実例として」『関西大学東西学術研究所紀要』）四八，二〇一五年，一七六—一八一頁》。但是，福澤並不是第一個把 freedom 譯成「自由」的人。例如，以最早正規英和辭典聞名、堀達之介編《英和對譯袖珍辭書》（一八六二年發行）中，已經將 free 解釋爲「意爲自由。意爲應眞。易。無障。」（堀達之介編『英和対訳袖珍辞書』江戸，一八六二年，三一五頁）；翻譯荷蘭語、葡萄牙語、拉丁語時，已使用「自由」的譯詞（柳父章《翻譯語成立緣由》岩波書店，一九八二年，一八〇頁）。此外，關於中國近代「自由」概念的流入與譯語的問題，參考王〈近代日中翻譯事業與思想的接受〉，一八一—一八六頁。

⑥ Jean Allain and Kevin Bales, "Slavery and its Definition," Queen's University Belfast Law Research Paper No. 12-06, 2012, p. 4 .; Gwyn Campbell, "Introduction: Slavery and Other Forms of Unfree Labour in the Indian Ocean World," in Gwyn Campbell（ed.）, *The Structure of Slavery in Indian Ocean Africa and Asia*, London: Frank Cass, 2004.; J. E. Penner, "The Concept of Property and the Concept of Slavery," in Jean Allein（ed.）, *The Legal Understanding of*

Slavery: From the Historical to the Contemporary, Oxford: Oxford U. P., 2012.; James L. Watson, "Introduction: Slavery as an Institution: Open and Closed System," in Watson（ed.）, *Asian and African Systems of Slavery*.

⑦ 譯文使用松井芳郎、薬師寺公夫、坂元茂樹、小畑郁、德川信治編《國際人權條約・宣言集》（国際人権条約・宣言集）東信堂，第三版，二〇〇五年，三一九頁。

⑧ 這裡舉出三浦、岸本美緒、關本照夫編《比較史的亞洲——所有・契約・市場・公正》東京大學出版會，二〇〇四年。尤其參照同書收錄的岸本美緒〈賣土地、賣人——試比較「所有」〉（土地を売ること、人を売ること—「所有」をめぐる比較の試み）。另外也參照大庭健、鷲田清一編《所有的倫理學》（所有のエチカ）中西屋出版，二〇〇〇年。

⑨ James Belich, John Darwin and Chris Wickham, "Introduction: Prospect of Global History," in James Belich, John Darwin, Margret Frenz and Chris Wickham（eds.）, *The Prospect of Global History*, Oxford: Oxford U. P., 2016, pp. 3 , 10-20.; Sebastian Conrad, *What is Global History*, Princeton: Princeton U. P., 2016, pp. 44 -61.; Patrick O'Brien, "Historiographical Traditions and Modern Imperatives for the Restoration of Global History," *Journal of Global History* 1-1, 2006, pp. 4 -7.; Diego Olstein, *Thinking History Globally*, Palgrave Macmillan, 2015, pp. 11, 15-19.; 秋田茂「グローバル・ヒストリーの挑戦と西洋史研究」『パブリック・ヒストリー』五，二〇〇八年，三六頁。トランスナショナル・ヒストリーの一例として，シェルドン・ギャロン「日本史の立場からトランスナショナル・ヒストリーを書く」羽田正編『グローバル・ヒストリーの可能性』山川出版社，二〇一七年。

⑩ Campbell, "Introduction," pp. xv-xviii, Suzanne Miers and Igor Kopytoff, "Introduction," in Suzanne Miers and Igor Kopytoff（eds.）, *Slavery in Africa: Historical and Anthropological Perspectives*, Madison: The University of Wisconsin Press, 1977 , pp. 14-26.; Anthony Reid, "'Slavery so Gentle': A Fluid Spectrum of Southeast Asian Conditions of Bondage," in Noel Lenski and Catherine M. Cameron（eds.）, *What is A Slave Society?: The Practice of Slavery in Global Perspective*, Cambridge: Cambridge U. P., 2018, pp. 4 22-425.; Watson, "Introduction," pp. 6 -7.

⑪ 例如，最爲人熟知的是奧蘭多・帕特森的論述，他援引法國的人類學家克勞德・梅亞德的論述等，定位奴隸爲藉出奴隸主絕對的權威，被宣判爲社會性死亡的存在。（奧蘭多・帕特森〔Orlando Patterson〕著，奥田曉子譯《世界奴隸制的歷史》明石書店，二〇〇一年，九五—一八一頁）。另外 Moses I. Finley, "Slavery," in *International Encyclopedia of the Social Sciences*, Vol. 14, New York: Macmillan, 1968, pp. 307-314 中提及的他者性論述也頻繁的被引用。

⑫ Gwyn Campbell, "Introduction: Abolition and its Aftermath in the Indian Ocean World," in Gwyn Campbell（ed.）, *Abolition and its Aftermath in Indian Ocean Africa and Asia*, London: Routledge, 2005, p. 3 .; ibid.,"Introduction: Slavery and Other Forms of Unfree Labour in the Indian Ocean World," pp. xxi-xxiii.; Philip D. Curtin, *The Rise and Fall of the Plantation Complex: Essays in Atlantic History*, Second edition, Cambridge:Cambridge U. P., 1998 , p. 178 .; Seymour Drescher, *Econocide: British Slavery in the Era of Abolition*, Chapel Hill: the University of North Carolina Press, 2010（1st. 1977 , The University of Pittsburgh Press）.; J. S. Mangat, "The Immigrant Communities（2）: the Asians," in D. A. Low ad Alison Smith（eds.）, *History of East Africa*, Vol. 3 , Oxford: Clarendon Press, 1976 , p. 469 .; Anthony Reid,"'Closed' and 'Open'Slave Systems in Pre-colonial Southeast Asia,"in Anthony Reid（ed.）, *Slavery, Bondage and Dependency in Southeast Asia*, Melbourne: University of Queensland Press, 1983 , pp. 158 -161.; United Nations, *World Economic and Social Survey 2004: International Migration*, New York: United Nations, 2004, p. 16.; 清水和裕『イスラーム史のなかの奴隷』山川出版社、二〇一五年、一四頁、シドニー・ミンツ著、川北稔・和田光弘訳『甘さと権力—砂糖が語る近代史』平凡社、一九八八年、二六九—二七〇頁、柳橋博之『イスラーム財産法』東京大学出版会、二〇一二年、三四頁、同『イスラーム家族法—婚姻・親子・親族』創文社、二〇〇一年、六三三—六三四頁、デイヴィッド・R・ローディ

ガー著、小原豊志・竹中興慈・井川眞砂・落合明子訳『アメリカにおける白人意識の構築—労働者階級の形成と人種』明石書店、二〇〇六年。

⑬ Campbell （ed.）, *Abolition and its Aftermath*.; David Brion Davis, "Looking at slavery from broader perspectives,"*American Historical Review* 105-2, 2000.; Seymour Drescher, *Abolition: A History of Slavery and Antislavery*, Cambridge: Cambridge U. P., 2009.; Kumie Inose, "What was Remembered and What was Forgotten in Britain in the Bicentenary of the Abolition of the Slave Trade?," in Hideaki Suzuki （ed.）, *Abolitions as A Global Experience*, Singapore: NUS Press, 2016.; Martin A. Klein, "Introduction: Modern European Expansion and Traditional Servitude in Africa and Asia," in Martin A. Klein （ed.）, *Breaking the Chains: Slavery, Bondage, and Emancipation in Modern Africa and Asia*, Madison: The University of Wisconsin Press, 1993 , p. 27.; William Mulligan, "Introduction: The Global Reach of Abolitionism in the Nineteenth Century," in William Mulligan and Maurice Brich （eds.）, *A Global History of Anti-Slavery Politics in the Nineteenth Century*, p. 3 .; Derek R. Peterson （ed.）, *Abolitionism and Imperialism in Britain, Africa, and the Atlantic*, Athens: Ohio U. P., 2010.; Hideaki Suzuki, "Abolitions as A Global Experience: Introduction,"in Suzuki （ed.）, *Abolitions as A Global Experience,* 5 , Howard Temperley （ed.） *After Slavery: Emancipation and its Discontents,* London: Frank Cass, 2000.

⑭ David Brion Davis, "Looking at slavery from broader perspectives," *American Historical Review* 105-22000, pp. 452-467 .

⑮ Howard Temperley, "Introduction" in Howard Temperley （ed.） *After Slavery: Emancipation and its Discontents*, London: Frank Cass, 2000, p. 1.

第1章

① Paul E. Lovejoy, *Transformations in Slavery: A History of Slavery in Africa*, 3 rd ed., Cambridge: Cambridge U. P., 2012, p. 25; http://www.slavevoyages.org（最終確認日二〇二〇年七月二十六日）。

② 有關這個數據庫的建立細節，參見布留川正博〈大西洋奴隸貿易新數據庫的歷史意義〉《同志社商學》六六，二〇一五年。但是論文發行後，數據庫大幅的擴張。

③ 近年的研究中得知橫越撒哈拉沙漠的奴隸貿易最盛期在十世紀，這個時期據考最多每年約有五千人到達地中海沿岸。經過一段停滯期之後，從十三世紀到十五世紀又再重啓（John Wright, *The Trans-Saharan Slave Trade: Essays in Atlantic History*, London: Routledge, 2007, pp. 39-40）。

④ Ibn Faqīh, *Kitāb al-buldān*, ed. by M. J. de Goeje, Leiden: Brill, 1885 , p. 87 .; Herbert S. Klein, *The Atlantic Slave Trade*, new ed., Cambridge: Cambridge U. P., 2010, p. 9 .; Nehemia Levtzion and J. F. P. Hopkins, *Corpus of Early Arabic Sources for West African History*, Cambridge: Cambridge U. P., 1981 1.; Lovejoy, *Transformations in Slavery*, pp. 36 -38 .; William D. Phillips, Jr., "The Old World Background of Slavery in the Americas," in Barbara L. Solow （ed.）, *Slavery and the Rise of the Atlantic System*, Cambridge: Cambridge U. P., 1991, p. 50.; Gerhard Seibert, "São Tomé and Príncipe: The First Plantation Economy in the Tropics,"in Robin Law, Suzanne Schwarz and Silke Strickrodt （eds.）, *Commercial Agriculture, the Slave Trade and Slavery in Atlantic Africa*, Woodbridge: James Currey, 2013, p. 69 .; John Thornton, *Africa and Africans in the Making of the Atlantic World, 1400-1800*, 2nd ed., Cambridge: Cambridge U. P., 1998 （1st. 199 2）, p. 34 , Alberto Vieira, "Sugar Islands: The Sugar Economy of Madeira and the Canaries, 1450-1650," in Stuart B. Schwartz （ed.）, *Tropical Babylons: Sugar and the Making of the Atlantic World, 1450-1680*, Chapel Hill: the University of North Carolina Press, 2004, pp. 69 -73 .; John Vogt, *Portuguese Rule on the Gold Coast, 1469-1682*,

Athens: University of Georgia Press, 1979 , pp. 57 -59 .; William H. Worger, Nancy L. Clark and Edward A. Alpers, *Africa and the West: A Documentary History*, 2nd ed., Oxford: Oxford U. P., Vol. 1, 2010, pp. 5 -7.; 家島彦一『イブン・バットゥータと境域への旅―『大旅行記』をめぐる新研究』名古屋大学出版会、二〇一七年、三六六頁。

⑤ 十六世紀初以前，大西洋奴隸貿易的規模，是ＶＤ未能充分網羅的領域之一。關於這部分，下列精查葡萄牙語史料的文獻，最值得參考（Ivana Elbl, “The Volume of the Early Atlantic Slave Trade, 1450-1521, “*The Journal of African History*”38 : , 1997）。根據這份資料，當時供給奴隸最多的是上幾內亞，也就是塞內加爾河到帕爾馬斯角之間的地區，以現在的國家來說，相當於塞內加爾、甘比亞、幾內亞比索、幾內亞、獅子山和賴比瑞亞。

⑥ Curtin, *The Rise and Fall of the Plantation Complex*, p. 24.; Pablo B. Eyzaguirre, “Small farmers and Estates in São Tomé, West Africa,” Ph. D. thesis to Yale University, 1986 , p. 34 .; Celestin Goma Foutou, *Histoire des civilisations du Congo*, Paris: Editions Anthropos, 1981, pp. 247 -248 .; Robert Garfield, *A History of São Tomé Island 1470-1655*, San Francisco: Mellen Research U. P., 1992, p. 80.; Anne Hilton, *The Kingdom of Kongo*, Oxford: Clarendon Press, 1985 , pp. 50–55 .; Herbert Klein, “The Atlantic Slave Trade to 1650,” in Stuart B. Schwartz（ed.）, *Tropical Babylons*, 209, Seibert, “São Tomé and Príncipe,” pp. 56 -73 .

⑦ 初期的定居者也包含囚犯，和被強迫與父母分離的猶太籍孩童（Garfield, *A History of São Tomé Island 1470-1655*, pp. 13-16; Seibert, “São Tomé and Príncipe,” p. 58）。

⑧ 聖多美島產砂糖之所以品質低，原因在於過度濕潤的氣候和豐富的水資源，因而乾燥作業不夠充分。安特衛普是砂糖流通到歐洲市場的據點，此地讓大家都知道聖多美島的砂糖品質「全球最低」，而且還有從島上一起運來的黑螞蟻穿梭其中（Garfield, *A History of São Tomé Island 1470-1655*, pp. 71–73）。

⑨ Foutou, *Histoire des civilisations du Congo*, pp. 161-162.; Hilton, *The Kingdom of Kongo*, pp. 55 -59 , 74 -75 .;

Joseph C. Miller, "The Slave Trade in Congo and Angola," in Martin L. Kilson and Robert I. Rotberg （eds.）, *The African Diaspora: Interpretive Essays*, Cambridge: Harvard U. P., 1976 .; W. G. L. Randles, *L'ancien royaume du Congo des origins à la fin du XIX siècle*, Paris: Mouton, 1968 , pp. 7 1-72.; John Thornton, "Early Kongo-Portuguese Relations: A New Interpretation," *History in Africa* 8, 198 1, p. 191.; Jan Vansina, *The Tio Kingdom of the Middle Congo 1880-1892,* London: Oxford U. P., 1973 , p. 283 , p. 445 .

⑩ 但是，葡萄牙勢力，尤其是聖多美商人後來從貝南、維德角、巴西等地成功得到類似的貝殼（Randles, *L'ancien royaume du Congo,* p. 137）。

⑪ 有關盧安達爲據點的奴隸貿易發展，請參照 Joseph C. Miller, "The Slave Trade in Congo and Angola, " in Martin L. Kilson and Robert I. Rotberg (eds.)," *The African Diaspora: Interpretive Essays,* Cambridge: Harvard University Press, 1976, 84-111）。

⑫ Luiz Felipe de Alencastro, "The Apprenticeship of Colonization," in Solow （ed.）, *Slavery and the Rise of the Atlantic System*, pp. 169 -170.; Eyzaguirre, "Small farmers and Estates in São Tomé, West Africa," p.46 .; Stuart B. Schwartz, *Sugar Plantations in the Formation of Brazilian Society: Bahia, 1550-1835*, Cambridge: Cambridge U. P., 1985 , p. 16.; ibid., "Introduction," in Schwartz （ed.）, *Tropical Babylon*, p. 18.; James Walvin, *Questioning Slavery*, London and New York: Routledge, 1996 , pp. 3 -9.; 青野和彦「ラス・カサスの平和的布教観の発展史的研究—三通の書簡（一五三一、一五三四、一五三五年）の検討を中心に」『神学研究』六一、二〇一四年、一二六頁、同「ラス・カサスの『インディアス新法』評価—『賠償論』からの考察」『沖縄キリスト教短期大学紀要』四七、二〇一八年、一八—二〇頁、染田秀藤『ラス・カサス伝—新世界征服の審問者』岩波書店、一九九〇年、六〇—六一頁、松森奈津子『野蛮から秩序へ—インディアス問題とサマランカ学派』名古屋大学出版会、二〇〇九年、一一〇頁、R・メジャフェ著、清水透訳『ラテンアメリカ

と奴隷制』岩波書店，一九七九年，二二一—二二九頁。

⑬ 拉斯．卡薩斯對非洲黑奴見解的變化，詳見 Lawrence Clayton, "Bartolomé de las Casas and the African Slave Trade," *History Compass* 7: 6, 2009。

⑭ 拉斯．卡薩斯著，長岡南譯《印地安史》五，岩波書店，一九九二年，四五〇頁。但是至少在一五四四年的時期，確定他自己也持有非洲黑奴（茨維坦．托多洛夫〔Tzvetan Todorov〕著，及川馥、大谷尚文、菊地良夫譯《他者的記號學——美洲大陸的征服》法政大學出版局，一九八六年，二三七頁）。

⑮ 據考，聖多美島的熱那亞商人將三百名非洲黑奴送往新大陸（António de Almeida Mendes, "The Foundations of the System: A Reassessment of the Slave Trade to the Spanish Americas in the Sixteenth and Seventeenth Centuries," in David Eltis and David Richardson (eds), *Extending the Frontiers: Essays on the New Transatlantic Slave Trade Database*, New Haven: Yale U. P., 2008, p. 72）。

⑯ 一五八〇年以前的話，聖多美島是巴西極重要的交易對象。此島占有巴西進口總額的七五%。其中主要的交易品就是奴隸（yzaguirre, "Small Farmers and Estates in São Tomé, West Africa," p.57）。

⑰ James, A. Delle, *The Colonial Caribbean: Landscapes of Power in the Plantation System*, New York: Cambridge University, 2014, pp. 57–59 .; David W. Galenson, *Traders, Planters and Slaves: Market Behavior in Early English America*, Cambridge: Cambridge U. P., 2002, p. 7 .; J. H. Galloway, *The Sugar Cane Industry: an Historical Geography from its Origins to 1914*, Cambridge: Cambridge U. P., 1989 , pp. 77–83 .; B. W. Higman, *Jamaica Surveyed: Plantation Maps and Plans of the Eighteenth and Nineteenth Centuries,* Barbados: University of the West Indies Press, 2001, p. 8 .; F. A. Hoyos, *Barbados: A History from the Amerindians to Independence*, London: Macmillan, 1978 , pp. 35 -38 .; Russell R. Menard, *Sweet Negotiations: Sugar, Slavery, and Plantation Agriculture in Early Barbados*, Charlottesville: University of Virginia Press, 2006, pp. 16-17.; Richard B. Sheridan, *Sugar and Slavery: an Economic History of the British West Indies*

1623-1775, Baltimore: the Johns Hopkins U. P., 1973 , pp. 128-130.; ミンツ『甘さと権力』、九〇—一〇五頁。

⑱ 關於這一點，應該將梅賈菲（Rolando Mellafe）的見解列入考量，對新大陸初期的被征服者而言，與白人一起到來的黑人也有征服者角色的一面（梅賈菲《拉丁美洲》三四—三六頁）。

⑲ David M. Goldberg, *The Curse of Ham: Race and Slavery in Early Judaism, Christianity, and Islam*, Princeton: Princeton U. P., 2003.; ibid, *Black and Slave: The Origins and History of the Curse of Ham*, Berlin: De Gruyter, 2017.; Colin Kidd, *The Forging of Races: Race and Scripture in the Protestant Atlantic World, 1600-2000*, Cambridge: Cambridge U. P., 2006.; Herbert S. Klein and Ben Vinson III, *African Slavery in Latin America and the Caribbean*, 2nd ed., Oxford: Oxford U. P., 2007, p. 14.; Walvin, *Questioning Slavery*, 5 , David M. Whitford, *The Curse of Ham in the Early Modern Era: The Bible and the Justification for Slavery*, Farnham: Ashgate, 2009.; 樺山紘一『異境の発見』東京大学出版会、一九九五年、二二頁も参照。

⑳ 「含的詛咒」隱含著不可忽視的跳躍。總之(1)《創世記》中並沒有將含與非洲、黑人聯結起來。進而，(2)雖然明明是含做出了觸怒諾亞的行爲，但是受詛咒的卻是他的兒子迦南。關於這些點，大衛・戈德堡（David Goldberg）提出了饒富趣味的說法。關於(1)，他首先從「含」的語源開始說起（以下，本段落根據 Goldenberg, *The Curse of Ham*, pp. 141-156）。過去，學界提出「含」的語源有希伯來語中意指西閃族的太陽神的「Hammu」、希伯來語中「燙 ḥom」或「熱 ḥam」的語根（ḥmm），同樣意指「黑」「暗」（ḥūm）的語根（hwm）、埃及語中意味「埃及」的（kmt）等。「含」在希伯來語中拚成「ḥām」。第一個「Ḥ」是清咽擦音，但是閃族祖語衍生出的古代希伯來語卻有清軟顎擦音（「Ḫ」），不同於前者。而受腓尼基文字的影響，希伯來文字無法區別兩者，全都用 Ḥ 標記。相對的，希臘文字中可以區分兩者，「含」的拼法是「Xαμ」，確知第一個音是清軟顎擦音。也就是說，古代希伯來語的含，應該發音爲「Ḫām」。根據這個結果，可以排除所有向上列希伯來語尋求起源的說法。因爲可以標記清咽擦音與

清軟顎擦音兩者的古代南阿拉伯語、阿拉伯語、烏加里特語的第一個字也是用清咽擦音發音。同樣的，以埃及語「kmt」爲語源的說法，也和「Ḥām」的「Ḥ」不同，「kmt」的「k」是有氣音，應該排除。如此可知，「含」這個詞本來與非洲和黑人並無相干，但是隨著時代的演進，與希伯來文字中有著相同字頭的「含」與「燙」「熱」「黑」等詞相結合，於是含就與非洲、黑人有牽連了。

另外，關於(2)，也發展出下面的爭論（ibid, 157-167）。著有《猶太戰史》的一世紀史學家弗拉維烏斯．約瑟夫，以及涉及猶太教、基督教、伊斯蘭教的各方面學者，都嘗試作出有說服力的說明。尤其最常看到的解釋，是含因爲已經得到上帝的祝福，所以諾亞不能詛咒他，便轉而詛咒迦南。但是，據戈德堡的見解，即使如此，同時代的學者認爲犯下罪孽的含難逃詛咒，因而加諸了各式各樣的解釋。例如，有人解釋說「迦南當受咒詛，必給他弟兄作奴僕的奴僕」這句話中「奴僕的奴僕」的表現，第二個「奴僕」明確指的是迦南，兩個「奴僕」以屬格相連，令人聯想到血緣的關係，所以第一個「奴僕」指的不是別人，正是含。另外，雖然不能當面直接詛咒，但是，卻不能免除詛咒。另外戈德堡也指出，記述含被詛咒的文本很多，但是這些文本很難與犯下罪孽的含未受詛咒的事整合起來。很可能是同時代的作者或抄寫員在錯誤理解下記述的。他主要的論點是，追求以上具整合性的說明，與希伯來文字拼法的混淆，還有《創世記》內容的誤解，與目睹奴隸身分的黑人機會很多的環境因素相乘之下，讓含的詛咒說法普及化。

㉑ Drescher, *Abolition*, pp. 48 -57 .; David Eltis, *The Rise of African Slavery in the Americas*, Cambridge: Cambridge U. P., 2000, pp. 16, 57 -84 .; Alan Gallay, "Introduction," in Alan Gallay（ed.）, *Indian Slavery in Colonial America*, Lincoln: University of Nebraska Press, 2009, p. 15.; ibid., "South Carolina's Entrance into the Indian Slave Trade," in Gallay（ed.）, *Indian Slavery in Colonial America*, pp. 134 -135 .; Ramón A. Gutiérrez, *When Jesus Came, the Corn Mothers Went Away: Marriage, Sexuality, and Power in New Mexico, 1500-1846*, Stanford: Stanford U. P., 2006, pp. 104-105.; Klein, *The Atlantic Slave Trade*, pp. 18-19.; Klein and Vinson, *African Slavery in Latin America and the Caribbean*, pp. 19-21.; A. J. R. Russell-Wood, *The Portuguese Empire, 1415-1808: A World on the Move*, Baltimore: the Johns Hopkins U. P., 199 2, p. 106.; Russell Menard and Stuart B. Schwartz, "Why African Slavery? Labor Force Transitions in Brazil, Mexico, and the Carolina Lowcountry," in Wolfgang Binder (ed.), *Slavery in the Americas*, Würzburg: Königshausen und Neumann, 1993, pp. 93-94.; Alida C. Metcalf, *Go-Betweens and Colonization of Brazil: 1500-1600*, Austin: the University of Texas Press, 2005, p. 182.; Stuart B. Schwartz, "Indian Labor and New World Plantations: European Demands and Indian Responses in Northeastern Brazil," *The American Historical Review* 83 : 1, 1978, pp. 45-47.; John Thornton, *A Cultural History of the Atlantic World, 1250-1820*, Cambridge: Cambridge U. P., 2012, p. 205.; ラス・カサス『インディアス史』五、二〇九頁、川北稔『民衆の大英帝国―近世イギリス社会とアメリカ移民』岩波書店、一九九〇年、九五―一二八頁、木村正俊「正戦と全体戦争」『立教法学』五四、二〇〇〇年、二二七―二四一頁、松森『野蛮から秩序へ』、九七、二七九―二八五頁、山内進『略奪の法観念史―中・近世ヨーロッパの人・戦争・法』東京大学出版会、一九九三年、一四七頁。

(22) 有關這項「處女地流行病」的古典研究，有 Henry F. Dobyns, "Estimating Aboriginal American Population 1: An Appraisal of Techniques with a New Hemispheric Estimate," *Current Anthropology* 7, 1966.; H. Paul Thompson, "Estimating Aboriginal American Population 2: A Technique Using Anthropo- logical and Biological Data," Current Anthropology 7, 1966.; Alfred W. Crosby, "Virgin Soil Epidemics as a Factor in the Aboriginal Depopulation in America," *The William and Mary Quarterly* 33-2, 1976.; 另外，評論最近研究動向的著作，可參照 James D. Rice, "Beyond 'the Ecological Indian' and 'Virgin Soil Epidemics': New Perspectives on Native Americans and the Environment," *History Compass* 12: 9, 2014。同時，也參照 Massimo Livi - Bacci 著《人口的世界史》東洋經濟新報社，二〇一四年，五六―五七頁中的提醒，過度強調處女地流行病，常會忽略暴力等造成人口減

少的其他因素。

㉓ 以哥倫布到達爲分界，南北美洲大陸、加勒比海諸島的整體人口都呈現急劇的減少。這已是研究者之間的共同理解。但這種現象的程度並非各處相同。已確知在地區之間有著很大的差異。（Linda A. Newson, "The Demographic Collapse of Native Peoples of the Americas, 1492-1650" *Proceedings of the British Academy* 81, 1993.; Linda Newson, "Pathogens, Places and Peoples: Geographical Variations in the Impact of Disease in Early Spanish America and the Philippines," in George Raudzens(ed.). *Technology, Disease, and Colonial Conquests, Sixteenth to Eighteenth Centuries: Essays Reappraising the Guns and Germs Theories*, Boston: Brill, 2003）。此外，有關哥倫布到達之前原住民人口相關的研究史整理，William M. Denevan (ed.), *The Native Population of the Americas in 1492*, 2nd ed., Madison: The University of Wisconsin Press, 1992'而有關哥倫布到達前後人口變動的相關議題整理，David Henige, *Numbers from Nowhere: The American Indian Contact Population Debate*, Norman: University of Oklahoma Press, 1998。

㉔ 不過，奪回俘虜可以是正義戰爭的理由。這是自希波的奧古斯丁後，歐洲普遍承認的觀念（山內《略奪之法觀念史》一四六—一六〇頁）。

㉕ ラス・カサス『インディアス史』五、二〇九頁。

㉖ 從同樣的論法，埃爾蒂斯認爲在非洲與新大陸，人們並未形成跨越大範圍共享的「內側之人」意識，導致了奴隸貿易的橫行（Eltis, *The Rise of African Slavery in Americas*, pp. 57-84）。

㉗ 歐洲人需要一定的時間才能理解哥倫布等人到達的地點，是一個與舊世界截然不同，超出自己知識的地方。而促使他們理解的重要轉機，則是亞美利哥・維斯普奇的航海，一五〇七年孚日聖迪耶發行的《宇宙學入門》，尤其是其中收錄作爲解說的瓦爾德澤米勒世界地圖（E・歐戈曼著，青木芳夫譯《亞美利加的發明——一四九二年的印象》日本經濟評論社，一九九九年，八九—一八二頁）。

㉘ デイヴィッド・アーミテイジ著、平田雅博・山田園子・細川道久・岡本慎平訳『思想のグローバル・ヒストリー—ホッブズから独立宣言まで』法政大学出版局、二〇一五年、一三七—一四〇頁、アリストテレス著、山本光雄訳『政治学』岩波書店、一九六一年、四〇—四三頁、ドリンダ・ウートラム著、田中秀夫監訳、逸見修二・吉岡亮訳『啓蒙』法政大学出版局、二〇一七年、一一七—一一九頁、髙田紘二「ジョン・ロックと奴隷制にかんする諸問題」『研究季報』（奈良県立商科大学）四—四、一九九四年、二四—二六頁、アダム・スミス著、水田洋訳『法学講義』岩波書店、二〇〇五年、一七二—一七三頁、ジャン＝ジャック・ルソー著、中村元訳『社会契約論／ジュネーヴ草稿』光文社、二〇〇八年、二一—二四頁、松本哲人「J・プリーストリーの奴隷制批判—ダーウィン、スミスとの比較」『経済学史研究』五三—一、二〇一一年。

㉙ ジョン・ロック著、加藤節訳『完訳統治二論』岩波書店、二〇一〇年、三二〇—三二一頁。

㉚ ロック『完訳統治二論』、三三二頁。

㉛ ウートラム『啓蒙』一一七—一一八頁。

㉜ 竹沢泰子「人種概念の包括的理解に向けて」、竹沢泰子編『人種概念の普遍性を問う—西洋的パラダイムを超えて』人文書院、二〇〇五年、五三頁、弓削尚子『啓蒙の世紀と文明観』山川出版社、二〇〇四年。

㉝ 福田喜一郎訳「さまざまな人種について」福谷茂・田山令史・植村恒一郎・山本道雄・福田喜一郎訳『カント全集』第三巻、岩波書店、二〇〇一年、三九八頁。

㉞ Lovejoy, *Transformations in Slavery*.; Thornton, *Africa and Africans in the Making of the Atlantic World, 1400-1800*.; Walter Rodney, *How Europe Underdeveloped Africa*, London: Bogle-L'Ouverture, 1973（ウォルター・ロドネー著、北沢正雄訳『世界資本主義とアフリカ—ヨーロッパはいかにアフリカを低開発化したか』

柘植書房、一九七八年）。

㉟ Stephen D. Behrendt, "Merchants, Mariners and Transatlantic Networks of Trade: Britain and Old Calabar（Nigeria）in the 18th Century"（二〇一〇年一〇月二三日、東京大学東洋文化研究所で開催された科研費プロジェクト『ユーラシアの近代と新しい世界史叙述』（研究代表　羽田正東京大学教授）研究会で回覧されたペーパー）、ibid., A. J. H. Latham and David Northrup, *The Diary of Antera Duke: An Eighteenth-Century African Slave Trader*, Oxford: Oxford U. P., 2010.; Kazuo Kobayashi, *Indian Cotton Textile in West Africa: African Agency, Consumer Demand and the Making of the Global Economy, 1750-1850*, Cham:Palgrave, 2019.; ibid,"Indian Textile and Gum Arabic in the Lower Senegal River: Global Significance of Local Trade and Consumers in the Early Nineteenth Century," *African Economic History* 45 , 2017, 小林和夫「イギリスの大西洋奴隷貿易とインド産綿織物―トマス・ラムリー商会の事例を中心に」『社会経済史学』七七―三、二〇一一年、正木響「19世紀にセネガルに運ばれたインド産藍染綿布ギネ―フランスが介在した植民地間交易の実態とその背景」『社会経済史学』八一―二、二〇一五年。

第２章

① 尤其正在推進大英（帝國）史的研究史整理。關於廢奴運動的研究史，田村理向北海道大學研究所文學研究科提出的博士論文〈英國廢除奴隸貿易運動的歷史意義——以利物浦的威廉・羅斯科爲主〉，二〇一五年五—一〇頁的重點歸納。

② 代表性的研究有 David Brion Davis, *Inhuman Bondage: the Rise and Fall of Slavery in the New World*, Oxford: Oxford U. P., 2006.; Christopher Leslie Brown, *Moral Capital: Foundation of British Abolitionism*, Chapel Hill:

University of North Carolina Press, 2006.; John R. Oldfield, *Transatlantic Abolitionism in the Age of Revolution: An International History of Anti-slavery, c. 1787-1820*, Cambridge: Cambridge U.P., 2013。此外，也參照小林和夫從全球史的立場，概觀大西洋奴隸貿易和其廢除的研究史〈威廉斯論文與奴隸貿易研究〉《公共歷史》六，二〇〇九年。

③ 青木道彦「イギリス革命前夜のアルミニウス主義をめぐる論争―ロード体制の性格について」『駒澤史学』四五、一九九三年、一〇一―一〇六頁、小嶋潤『イギリス教会史』刀水書房、一九八八年、一四七―一五一頁、中野泰治「クエーカーの普遍贖罪論における自由意志の問題―R・バークレーのApology（『弁明』）を中心に」『基督教研究』六七―一、二〇〇五年、一二―一三頁、山本通『近代英国実業家たちの世界―資本主義とクエイカー派』同文館、一九九四年、四二―七七頁。

④ 小嶋『イギリス教会史』一四七頁。

⑤ Hildegard Binder-Johnson, "The Germantown Protest of 1688 against Negro Slavery," *The Pennsylvania Magazine of History and Biography* 65 : 2, 1941, pp. 152-155.; Brycchan Carey, *From Peace to Freedom: Quaker Rhetoric and the Birth of American Antislavery, 1657-1761*, New Haven: Yale U. P., 2012, pp. 72-86.; J. William Frost, "Why Quakers and Slavery? Why Not More Quakers," in Brycchan Carey and Geoffrey Plank（eds.）, *Quakers and Abolition*, Urbana, Chicago: University of Illinois Press, 2014, p. 30.; Katharine Gerbner, "'We are against the Traffik of Men-Body': the Germantown Quaker Protest of 1688 and the Origins of American Abolitionism," *Pennsylvania History* 72: 2, 2007, pp. 149, 156-157, 168-169（申請書の翻刻）.; Jerome Handler, "Slave Revolts and Conspiracies in Seventeenth-Century Barbados," *New West Indian Guide* 56, 1982.; Jean R. Soderlund, *Quakers and Slavery: A Divided Spirit*, Princeton: Princeton U.P., 1985, p. 24（map 1）, pp. 189-199.; 小嶋『イギリス教会史』一五〇―一五一頁。

⑥ 喬治・福克斯於一六七一年登上巴貝多島，目睹奴隸制度。當時，他與持有奴隸的貴格會成員舉辦了集

會，會上雖然沒有直言批判奴隸制度，但是從整理他在集會中發言的小冊可以窺見他的立場。（George Fox, Gospel Family-Order: Being a Short Discourse Concerning the Ordering of Families, both of Whites, Blacks and Indians, London, 1676）。但是，他也開導會員，如果買下的奴隸很有誠意的侍奉你，應在一段時間後將他解放。而且到時候不要讓他身無分文的離開。（ibid, p. 15），如果奴隸們有意結婚，應該幫他們達成心願（ibid, pp. 16-17）。在這番建議之後，又說道，請你對照自己想一想，如果你與這些來到你家的陌生人，或是被當成奴隸賣給你的黑人處在相同的狀況下（中略），現在我告訴你，如果那是你或你們的立場，你們應該會覺得很痛苦。沒錯，那是極大的屈服和悲慘。（ibid, p. 18）

⑦ 這片土地是英格蘭國王查理二世於一六八一年賜給給威廉・賓恩的土地，後來稱之爲賓夕法尼亞（「賓恩的土地」之意）。這項賜予是爲了償還王室欠賓恩父親擔任海軍總督時的薪俸。賓恩年輕時就加入貴格會，想在這片領主殖民地嘗試「神聖的實驗」，實施包含信教自由的民主制度。關於賓恩爲了招攬民衆來到他的殖民地所寫的布告和解說，請見平井朮大《不只爲了信仰——賓恩的神聖實驗與「美國賓夕法尼亞殖民地的相關說明」》遠藤泰生編《從史料解讀美國文化史 1》東京大學出版會，二〇〇五年。

⑧ 但是，此時並非所有的州都批准。一九九五年，密西西比州是最後批准的一州。

⑨ Anthony Benezet, *A Caution and Warning to Great-Britain and Her colonies, in A Short Representation of the Calamitous State of the Enslaved Negroes in the British Dominions : Collected from Various Authors, and submitted to the Serious Consideration of All, More Especially of Those in Power*, Philadelphia: Henry Miller, 1766 .; Brown, *Moral Capital*, pp. 396 -409.; Brycchan Carey, "Inventing A Culture of Anti-Slavery: Pennsylvanian Quakers and the Germantown Protest of 1688 ," in Cora Kaplan and John Oldfield （eds.）, *Imagining Transatlantic Slavery*, Basingstoke: Palgrave, 2010.; David Brion Davis, *The Problem of Slavery in Western Culture*, Ithaca: Cornell U. P., 1966 , p. 309.; Travis Glasson, *Mastering Christianity: Missionary Anglicanism and Slavery in the Atlantic World*, Oxford: Oxford U. P., 2012, p. 201.;

America Mott Gummere, *The Journal and Essays of John Woolman: Edited from the Original Manuscripts with A Biographical Introduction*, New York: The Macmillan Company, 1922, p. 161.; Lery T. Hopkins, "The Germantown Protest: Origins of Abolitionism among the German Residents of Southeastern Pennsylvania," *Yearbook of German-American Studies* 23, 1988 , p. 22.; Maurice Jackson, "Anthony Benezet: Working the Antislavery Cause Inside and Outside of 'The Society'," in Carey and Plank （eds.）, *Quakers and Abolition*, p. 112.; Gary B. Nash and Jean R. Soderlund, *Freedom by Degrees: Emancipation in Pennsylvania and Its Aftermath*, New York: Oxford U. P., 199 1, p. 64 （Table 2-4）, p. 65 .; Geoffrey Plank, "Anthony Benezet, John Woolman, and Praise," in Marie-Jeanne Rossignol and Bertrand Van Ruymbeke （eds.）, *The Atlantic World of Anthony Benezet （1713-1784）: from French Reformation to North American Quaker Antislavery Activism*, Leiden: Koninklijke Brill, 2017, pp. 9 1-105.; Soderlund, *Quakers and Slavery*, p. 4 .

⑩ 這份抗議書於一八四〇年發現後，成爲貴格會員廢奴運動的象徵。但是它再度遺失，二〇〇六年才又重見天日。事情的始末，參照 Gerbner, "'We are against the Traffik of Men-Body'," pp. 150-152。

⑪ 從約翰・伍爾曼的日記中，也可以讀取到他與奴隸主人調解，試圖解放奴隸的行動（野村文子〈拒絕奴隸制度——約翰・伍爾曼的《日記》〉遠藤編《從史料解讀美國文化史 1》）。

⑫ Ameria Mott Gummere, *The Journal and Essays of John Woolman: Edited from the Original Manuscripts with A Biographical Introduction*, New York: The Macmillan Company, 1922, p. 161.

⑬ 關於貝內澤的一生、著作與其中呈現的理論結構，有許多研究，代表性的有 Irv A. Brendlinger, "Anthony Benezet, the True Champion of the Slave," in Paul N. Anderson and Howard R. Macy (eds.), *Truth's Bright Embrace: Essays and Poems in Honor of Arthur O. Roberts*, Newberg: George Fox University, 1996.; Maurice Jackson, "The Social and Intellectual Origins of Anthony Benezet's Antislavery Radicalism, " *Pennsylvania History* 66, sup, 1999, Jackson, "Anthony Benezet, " pp. 109-110. また，Brown, *Moral Capital*, pp. 397-398。

⑭ Benezet, *A Caution and Warning to Great-Britain and Her colonies*, p. 27.

⑮ 但是，在組織的內部，例如一七五七年倫敦的「爲受難的集會」，組織了專門委員會調查會徒與奴隸貿易的關係（David Brion Davis, *The Problem of Slavery in the Age of Revolution, 1770-1823*, New York: Oxford U. P., 1999, p. 215, n. 3）。

⑯ 貴格會應該遵守的規則中，有關連到國家關係者，包含支付或拒絕教會稅和十分之一稅，或反對所有戰爭的和平主義（Elizabeth Isichei, *Victorian Quakers*, Oxford: Oxford U. P., 1970, pp. 1470-152）。

⑰ Brown, *Moral Capital*, pp. 4 08-409.

⑱ Rush to Barbeu du Bourg, Philadelphia, 3 0 August 1769 in *Ephemerides du citoyen, ou bibliotheque raisonnée des sciences morales et politiques* 9 , 1769 , pp. 173 -174 .

⑲ 現在，有研究評價這個協會是問題導向的 NGO 之始（Steve Charnovitz, "Two Centuries of Participation: NGOs and International Governance," *Michigan Journal of International Law* 18: 2, 1997, pp. 191-192。

⑳ Irv A. Brendlinger, *To Be Silent... Would be Criminal: The Antislavery Influence and Writings of Anthony Benezet*, Lanham: the Scarecrow Press, 2007, p. 28.; Thomas Clarkson, *The History of the Rise, Progress, and Accomplishment of the Abolition of the African Slave-Trade by the British Parliament*, London: Longman, Hurst, Rees, and Orme, 1808, Vol. 1, pp. 205-207.; Maurice Jackson, *Let This Voice Be Heard: Anthony Benezet, Father of Atlantic Abolitionism*, Philadelphia: University of Philadelphia Press, 2010, pp. 72-107.; Stephen Tomkins, *The Clapham Sect: How Wilberforce's Circle transformed Britain*, Oxford: Lion Books, 2010.; James Walvin, "Slave Trade, Quakers, and the Early Days of British Abolition," in Carey and Plank （eds.）, *Quakers and Abolition*, pp. 166 -167 .

㉑ Clarkson, *The History of the Rise, Progress, and Accomplishment of the Abolition of the African Slave-Trade by the British Parliament*, Vol. 1, p. 207.

㉒ Clarkson, *The History of the Rise, Progress, and Accomplishment of the Abolition of the African Slave-Trade by the British Parliament*, Vol. 1, p. 207.

㉓ Brown, *Moral Capital*, pp. 416–423.; Peter Fryer, *Staying Power: the History of Black People in Britain*, London: Pluto Press, 1984 , pp. 113-120.; Prince Hoare, *Memoirs of Granville Sharp, Esq.*, London: Henry Colburn and Co., 1820, pp. 32–94 .; Andrew Lyall, *Granville Sharp's Cases on Slavery*, Oxford: Hart, 2017, pp. 42–99 .; John R. Oldfield, *Popular Politics and British Anti-Slavery: the Mobilisation of Public Opinion against the Slave Trade, 1787-1807*, London: Frank Cass, 1998 , pp. 4 1-42.; James Walvin, "The Propaganda of Anti-Slavery," in James Walvin （ed.）, *Slavery and British Society, 1776-1846*, London: Macmillan 1982, pp. 5 2, 169 .; ibid, *The Zong: A Massacre, the Law and the End of Slavery*, New Haven: Yale U. P., 2011.; 川北稔「福音主義者の理想と奴隷制の廃止」松村昌家・川本静子・長島伸一・村岡健次編『英国文化の世紀 1 新帝国の開花』研究社、一九九六年、七九頁、平田雅博『内なる帝国・内なる他者―在英黒人の歴史』晃洋書房、二〇〇四年、二六―五三頁。

㉔ Hoare, *Memoirs of Granville Sharp*, p. 7 0.

㉕ Olaudah Equiano, *The Interesting Narrative and Other Writings: Revised Edition*, ed. by Vincent Carretta, New York: Penguin, 2003, p. xxxi.; Oldfield, *Popular Politics and British Anti-Slavery*, pp. 43 -45 , 156 -159 .; Sharon F. Patton, *African-American Art*, Oxford: Oxford U. P., 1998 , p. 76 .; Mimi Sheller, "Bleeding Humanity and Gendered Embodiments: from Antislavery Sugar Boycotts to Ethical Consumers," *Humanity: an International Journal of Human Rights, Humanitarianism, and Development* 2: 2, 2011, p. 176 .; Helen Thomas, *Romanticism and Slave Narratives: Transatlantic Testimonies*, Cambridge: Cambridge U. P., 2000, pp. 157 -271, オラウダ・イクイアーノ著、久野陽一訳『アフリカ人、イクイアーノの生涯の興味深い物語』研究社、二〇一二年、二三九頁。

㉖ 依據他相關傳記中書寫於最早期的 Eliza Meteyard, *The Life of Josiah Wedgwood from His Private*

Correspondence and Family Papers, London: Hurst and Blackett, Vol. 2, 1866, p. 565、是在威治伍德的指導下，由他最信賴的雕塑者威廉・哈克伍德設計出來的。

㉗ 協會也買下非會員書寫的廢奴相關書籍的版權出版。而此時，經營書籍零售的菲力浦斯的收藏與知識貢獻良多（Oldfield, *Popular Politics and British Anti-Slavery*, p. 44）。

㉘ 艾奎亞諾《非洲人艾奎亞諾的傳奇一生》，二二九頁。另，引文中括弧出自〈馬太福音〉7・・9–10。

㉙ Anonymous, *Harris's List of Covent Garden Ladies: or Man of Pleasure's Kalendar for the Year 1788*, London: H. Ranger, 1788, p. 84.; Kathleen Chater, *Untold Histories: Black People in England and Wales during the Period of the British Slave Trade, c. 1660-1807*, Manchester: Manchester U. P., 2011, p. 3 2.; Ray Costello, *Black Salt: Seafarers of African Descent on British Ships*, Liverpool: Liverpool U. P., 2012, pp. 41-50.; Seymour Drescher, "Whose Abolition? Popular Pressure and the Ending of the British Slave Trade,"*Past and Present* 143 , 1994 , pp. 137 -138 .; Fryer, *Staying Power*, pp. 68 -72, 8 1.; Gretchen Gerzina, *Black London: Life before Emancipation*, New Brunswick: Rutgers U. P., 1995 , p. 5 .; James Oliver Horton and Lois E. Horton, *In Hope of Liberty: Culture, Community, and Protest among Northern Free Blacks, 1700-1860*, New York: Oxford U. P., 1997 , pp. 158 -159 .; Oskar Cox Jensen, *Napoleon and British Song, 1797-1822*, Basingstoke: Palgrave, 2015, p. 33 .; Rodreguez King-Dorset, *Black Dance in London, 1730-1859: Innovation, Tradition and Resistance*, Jefferson: McFarland and Co., 2008, pp. 142-148 .; Philip D. Morgan, British Encounters with Africans and African-Americans, circa 1600-178 0," in Bernard Bailyn and Philip D. Morgan（eds.）, *Strangers within the Realm: Cultural Margins of the First British Empire*, Chapel Hill: The University of North Carolina Press, 199 1, p. 208.; Norma Myers, *Reconstructing the Black Past: Blacks in Britain 1780-1830*, London: Frank Cass, 1996 , pp. 107-108.; Sue Peabody, "*There are No Slaves in France:" the Political Culture of Race and Slavery in the Ancien Régime*, New York: Oxford U. P., 1996 , p.4.; Alan Rice, *Radical Narratives of the Black*

Atlantic, London: Continuum, 2003, pp. 15-24.; Folarin Shyllon, *Black People in Britain 1555-1833*, London: Oxford U. P., 1977, pp. 100-102.; John Thomas Smith, *Vagabondiana or, Anecdotes of Mendicant Wanderers through the Street of London; with Portraits of the Most Remarkable*, New ed., London: Chatto and Windus, 1874, p. 14.; 鈴木英明「インド洋西海域と大西洋における奴隷制・交易廃絶の展開」島田竜登編『一七八九年─自由を求める時代』岩波書店、二〇一八年、二四四─二四八頁、デイヴィッド・ダビディーン著、松村高夫・市橋秀夫訳『大英帝国の階級・人種・性─W・ホガースにみる黒人の図像学』同文館、一九九二年、平田『内なる帝国・内なる他者』五六、六二─六六、一二八─一二九頁。

㉚ 另一方面，住在倫敦的黑人人口增多，而貧困也成了一大社會問題。一七八六年組成「黑人貧民救濟委員會」，開辦糧食配給。之後，從一七八七年開始，這個委員會主導將倫敦的黑人遣送回非洲大陸西部的獅子山。一七九二年起，來自英屬加拿大新斯科舍的保皇派非洲黑人也遭遣送（平田《內在的帝國・內在的他者》八六─九二頁）。

㉛ Seymour Drescher, "Cart Whip and Billy Roller: Antislavery and Reform Symbolism in Industrializing Britain," *Journal of Social History* 15: 1, 1981, pp. 6-18.; Foyer, *Staying Power*, pp. 209-213.; Oldfield, *Popular Politics and British Anti-Slavery*, p. 10.; R. M. Wiles, *Serial Publication in England before 1750*, Cambridge: Cambridge U. P., 1957, pp. 5-6.; John Storey, *Culture and Politics in Cultural Studies: the Politics of Signification*, Edinburgh: Edinburgh U. P., 2010, pp. 37-39.; Hugh Thomas, *The Slave Trade: the History of the Atlantic Slave Trade, 1440-1870*, London: Papermac, 1998, pp. 465-469.; R・C・アレン著、眞嶋史叙・中野忠・安元稔・湯沢威訳『世界史のなかの産業革命─資源・人的資本・グローバル経済』名古屋大学出版会、二〇一七年、五八（表2─6）、五九頁、小林章夫『チャップ・ブック─近代イギリスの大衆文化』駸々堂出版、一九八八年、同『チャップ・ブックの世界』講談社、二〇〇七年、リン・ハント著、松浦義弘訳『人権を創造する』

岩波書店、二〇一一年、二九―三一頁。

㉜ ハント『人権を創造する』二九頁。

㉝ Brown, *Moral Capital*, pp. 447 -448 .; Brycchan Carey, "William Wilberforce's Sentimental Rhetoric: Parliamentary Reportage and the Abolition Speech of 1789 ," in Paul J. Korshin and Jack Lynch （eds.）, *the Age of Johnson: A Scholarly Annual*, Vol. 14, New York: AMS Press, 2003, pp. 297 , 3 03.; Seymour Drescher, *Capitalism and Antislavery: British Mobilization in Comparative Perspective*, New York: Oxford U. P.,1986 , pp. 7 0-74 .; James W. LoGerfo, "Sir William Dolben and 'The Cause of Humanity': The Passage of the 123 ― 注 Slave Trade Regulation Act of 1788 ," *Eighteenth-Century Studies* 6 : 4 , 1973 , pp. 43 2-433 .; F. E. Sanderson, "The Liverpool Delegates and Sir William Dolben's Bill," *Transactions of the Historic Society of Lancashire and Cheshire* 124, 1972, p. 124.; また、新聞記事については、次のデータベースを参照した（https://www.britishnewspaperarchive.co.uk/ 最終確認日二〇二〇年七月二十六日）。

㉞ Oldfield, *Transatlantic Abolitionism in the Age of Revolution*, pp. 3 2-50.; Sue Peabody, "France's Two Emancipations in Comparative Context," in Suzuki （ed.）, *Abolitions as A Global Experience*, pp. 26-27, 浜『ハイチ革命とフランス革命』六九―七〇頁。

㉟ Robert Foster, "The French Revolution, People of Color, and Slavery," in Joseph Klaits and Michael H.Haltzel （eds.）, *The Global Ramifications of the French Revolution*, Cambridge: The Press Syndicate of the University of Cambridge, 1994 , p. 9 0.; Oldfield, *Transatlantic Abolitionism in the Age of Revolution*, p.21.; 小林亜子「フランス革命・女性・基本的人権―「公教育」と統合／排除のメカニズム」『岩波講座世界歴史　環大西洋革命』一七、一九九七年、一五〇、一五三―一五四頁、浜『ハイチ革命とフランス革命』七〇―七一頁。

㊱ Robin Blackburn, "Epilogue," in David Patrick Geggus and Norman Fiering （eds.）, *The World of the Haitian*

Revolution, Bloomington: Indiana U. P., 2009, p. 395 .; Jack R. Censer and Lynn Hunt, *Liberty, Equality, Fraternity: Exploring the French Revolution*, Philadelphia: The Pennsylvania U. P., 2001, p. 122.; Laurent Dubois, *Avengers of the New World: The Story of the Haitian Revolution*, Cambridge: Harvard U. P., 2004, pp. 103-107.; Carolyn Elaine Fick, "Black Masses in the San Domingo Revolution: 179 1-1803,"Ph. D thesis to Concordia University, 1979 , pp. 155 -157 .; ibid., *The Making of Haiti: The Saint Domingue Revolution from Below*, Knoxville: The University of Tennessee Press, 1990, pp. 91–92, 267 -268 .; David Patrick Geggus, "Slavery, War, and Revolution in the Greater Caribbean, 1789 -1815," in David Barry Gaspar and David Patrick Geggus （eds.）, *A Turbulent Time: The French Revolution and the Greater Caribbean*, Bloomington: Indiana U. P., 1997 , pp. 8 -12.; ibid., "Print Culture and the Haitian Revolution: The Written and the Spoken World," *Proceedings of the American Antiquarian Society* 116: 2, 2006, p. 3 02, 3 04.; ibid., *The Haitian Revolution: A Documentary History*, Indianapolis: Hackett Publishing, 2014, p. 78 .; Malick W. Ghachem, *The Old Regime and the Haitian Revolution*, New York: Cambridge U. P., 2012, pp. 73 , 277 -278 .; Wim Klooster, "Le décret d'émancipation imaginaire: monarchisme et esclavage en Amérique du Nord et dans la Caraïbe au temps des révolutions," *Annales historiques de la Révolution française* 363 , 2011, p. 121.; 小川『奴隷商人ソニエ』七三—七四頁。

㊲ 舉例來說，法國大革命前夕，白人五・八%，奴隸八八・八%，自由黑人五・二%（Ghachem, *The Old Regime and the Haitian Revolution*, p. 36）。

㊳ "Conch Shell," in Stephen Farrell, Melanie Unwin and James Walvin （eds.）, *The British Slave Trade: Abolition, Parliament and People*, Edinburgh: Edinburgh U. P., 2007, pp. 284 -285 .; David Geggus, "The Demographic Composition of The French Caribbean Slave Trade," *Proceedings of the Meeting of the French Colonial Historical Society* 13/14, 1990, p. 27, table 7 .; ibid,"Sugar and Coffee Cultivation in Saint Domingue and the Shaping of the Slave Labor Force," in Ira Berlin and Philip Morgan （eds.）, *Cultivation and Culture: Labor and the Shaping of Slave*

Life in the Americas, Charlottesville: U. P. of Virginia, 1993 , p. 8 1.; Jack Salzman, David Lionel Smith and Cornel West （eds.）, Encyclopedia of African-American Culture and History: the Black Experience in the Americas, New York: Macmillan, Vol. 5 , 1996 , p. 2244 , s.v. "Voodoo".; John K. Thornton, "'I am the Subject of the King of Congo': African Political Ideology and the Haitian Revolution," *Journal of World History* 4 : 2, 1993 , pp. 181-182, 186 -187 .; 浜『カリブからの問い』三一—一三五頁。

㊴ François-Joseph-Pamphile de Lacroix, *Mémoires pour servir à l'histoire de la révolution de Saint Domingue*, Vol. 1, Paris: Chez Pillet Ainé, 1819, p. 253 .

㊵ 浜『カリブからの問い』一〇八—一一一、一三七—一七七頁。

㊶ Frédérique Beauvois, *Between Blood and Gold: The Debates over Compensation for Slavery in the Americas*, New York and Oxford: Berghahn, 2016.; Robin Blackburn, *The Overthrow of Colonial Slavery 1776-1848*, London: Verso, 1988 , pp. 33 1-38 0.; Allen Carden, *Freedom's Delay: America's Struggle for Emancipation 1776-1865*, Knoxville: The University of Tennessee Press, 2014, pp. 76 -77 .; Hebe Clementi, *La Abolición de la Esclavitud en América Latina*, Buenos Aires, Editorial la Pleyade: 1974 .; Seymour Drescher and Pieter C. Emmer （eds.）, *Who Abolished Slavery? Slave Revolts and Abolitionism: A Debate with João Pedro Marques*, New York: Berghahn Books, 2010.; Geggus, "Slavery, War, and Revolution," pp.8-11.; ibid, *Haitian Revolutionary Studies*, Bloomington: Indiana U. P., 2002, p. 6 2.; Aline Helg, *Liberty and Equality in Caribbean Colombia, 1770-1835*, Chapel Hill and London: The University of North Carolina Press, 2004, pp. 244 -253 .; Christopher Schmidt-Nowara, *Slavery, Freedom, and Abolition in Latin America and the Atlantic World*, Albuquerque: the University of New Mexico Press, 2011.; Klein and Vinson, *African Slavery*, pp. 232-233 , Oldfield, *Transatlantic Abolitionism in the Age of Revolution*, p. 114, 浜忠雄「ハイチ革命とラテンアメリカ諸国の独立」『岩波講座世界歴史　環大西洋革命』一七、岩波書

店、一九九七年、一一六頁、同『カリブからの問い』、一八九—一九二頁。

㊷ 中南美各國，除了巴西之外，沒有任何國家的奴隸人口超過總人口的一成（Clementi, *La Abolición de la Esclavitud en América Latina*, p. 201）。

㊸ 早在一七八八年的時節，格列納達的奴隸們聽到英國國會開始討論廢除奴隸貿易的傳聞時，便呼口號「幫助黑人的威伯福斯！幫助黑人的福克斯！幫助黑人的全能上帝！」在英國下議院院會中成爲話題（*The Parliamentary History of England form the Earliest Period to the Year 1803*, Vol. 28, 1816, p.505）。

第 3 章

① Wayne Ackerson, *The African Institution （1807-1827） and the Antislavery Movement in Great Britain*, Lewiston: The Edwin Mellen Press, 2005, pp. 16-17.; Blackburn, *The Overthrow of Colonial Slavery 1776-1848*, pp. 146 -149 , 157–158 , 295 -299 , Davis, *The Problem of Slavery*, pp. 117, 309-311, 423-427.; Drescher, *Capitalism and Antislavery*, p. 215.; Paula E. Dumas, *Proslavery Britain: Fighting for Slavery in An Era of Abolition*, London: Palgrave MacMillan, 2016, pp. 9 -49 .; Stephen Farrell, "'Contrary to the Principles of Justice, Humanity and Sound Policy': The Slave Trade, Parliamentary Politics and the Abolition Act, 1807," in Farrell et al. （eds.）, *The British Slave Trade*, pp. 146 -148 .; Jenna M. Gibbs, *Performing the Temple of Liberty: Slavery, Theater, and Popular Culture in London and Philadelphia, 1760-1850*, Baltimore: The Johns Hopkins U. P., 2014, pp. 74 -86 .; Jenny S. Martinez, *The Slave Trade and the Origins of International Human Rights Law*, Oxford: Oxford U. P., 2012, p. 22.; Clare Midgley, *Women against Slavery: The British Campaigns, 1780-1870*, London: Routledge, 199 2.; Oldfield, *Transatlantic Abolitionism in the Age of Revolution*, pp. 185 -198 .; Srividhya Swaminathan, *Debating the Slave*

Trade: Rhetoric of British National Identity, 1759-1815, London and New York: Routledge, 2009.; David Turley, *The Culture of English Antislavery 1780-1860*, London: Routledge, 199 1, pp. 173 -174 .; リンダ・コリー著、川北稔監訳『イギリス国民の誕生』名古屋大学出版会、二〇〇〇年、三七五頁。

② *Acte du congrès de Vienne du 9 Juin 1815, avec ses annexes*, Vienne: L'imprimerie impériale et royale,1815, p. 302.; Arthur F. Corwin, *Spain and the Abolition of Slavery in Cuba, 1817-1886*, Austin: The University of Texas Press, 1967 , pp. 28-32.; Serge Daget, "France, Suppression of the Illegal Trade, and Eng land, 1817-1850," in David Eltis and James Walvin （eds.）, *The Abolition of the Atlantic Slave Trade: Origins and Effects in Europe, Africa, and the Americas*, Madison: The University of Wisconsin Press, 1981.; Drescher, *Abolition*, pp. 228-230.; ibid, "Whose Abolition?" pp. 159 -160.; Peter Grindal, *Opposing the Slavers: the Royal Navy's Campaign against the Atlantic Slave Trade*, London: I. B. Tauris, 2016, pp. 109, 112-171.; Lewis Hertslet, *A Complete Collection of the Treaties and Conventions at Present Subsisting between Great Britain and Foreign Powers; So far as They Relate to Commerce and Navigation; to the Repression and Abolition of the Slave Trade*, London: T. Egerton, 1820, Vol. 1, pp. 260-263 .; Paul Michael Kielstra, *Politics of Slave Trade Suppression in Britain and France, 1814-48: Diplomacy, Morality and Economics*, London: Macmillan, 2000, pp. 23-30.; Suzanne Miers, *Britain and the Ending of the Slave Trade*, New York: Africana Publishing, 1975 , pp. 9 -28.; *The Parliamentary Debates from the Year 1803 to the Present Time* 27, 1814, pp. 1078 -1079 .; Jim Powell, *Greatest Emancipations: How the West Abolished Slavery*, New York: Palgrave Macmillan, 2008, pp. 94 -95 .; Jerome Reich, "The Slave Trade at the Congress of Vienna: A Study in English Public Opinion," *The Journal of Negro History* 53 : 2, 1968 .; Charles William Vane （ed.）, *Correspondence, Despatches, and Other Papers, of Viscount Castlereagh, Second Marquess of Londonderry*, London: John Murray, 1853 , Vol. 2, pp. 73 , 103, 110, 115-120, 199 .; Brian E. Vick, *The Congress of Vienna: Power and Politics after Napoleon*, Cambridge: Harvard U. P., 2014, pp. 195 -202.

③ Vane (ed.), *Correspondence, Despatches, and Other Papers of Viscount Castlereagh, Second Marquess of Londonderry*, Vol. 2, p. 73 .

④ Arthur F. Corwin, *Spain and the Abolition of Slavery in Cuba, 1817-1886*, Austin: The University of Texas Press, 1967 , pp. 28-32.; Daget, "France, Suppression of the Illegal Trade, and England, 1817-185 0,"p. 211.; David Eltis, *Economic Growth and the Ending of the Transatlantic Slave Trade*, New York: OxfordU. P., 1987 , p. 94 .; Foreign and Common Wealth Office, *Slavery in Diplomacy: the Foreign Office and the Suppression of the Transatlantic Slave Trade* (Foreign and Commonwealth Office Historians History Note 17), 2007, pp. 29-47 .; Lawrence C. Jennings, "France, Great Britain, and the Repression of the Slave Trade, 184 1-1845 ," *French Historical Studies* 10: 1, 1977 .; Suzanne Miers, *Slavery in the Twentieth Century: the Evolution of AGlobal Problem*, Walnut Creek: Altamira, 2003, p. 15.; ibid, *Britain and the Ending of the Slave Trade*, pp. 13-28.; Maeve Ryan, "The Price of Legitimacy in Humanitarian Intervention: Britain, the Right of Search, and the Abolition of the West African Slave Trade, 1807-1867 ," in Brendan Simms and D. J. B. Trim (eds.), *Humanitarian Intervention (1807-1827) and the Antislavery Movement in Great Britain,: A History*, Cambridge: Cambridge U. P., 2011, pp. 238 -254 .

⑤ Ackerson, *The African Institution (1807-1827) and the Antislavery Movement in Great Britain*, pp. 15-16.; Emilia Viotti da Costa, *Crowns of Glory, Tears of Blood: The Demerara Slave Rebellion of 1823*, New York: Oxford U. P., 1994 , pp. 171-206.; Drescher, *Abolition*, p. 255 .; Dumas, *Proslavery Britain*, pp. 47–48 , 149 -153 .; William A. Green, *British Slave Emancipation: the Sugar Colonies and the Great Experiment, 1830-1865*, Oxford: Clarendon Press, 1976 , pp. 100-101, 109.; William Law Mathieson, *British Slave Emancipation 1838-1849*, London: Longman, 1832, p. 118.; Gelien Matthews, *Caribbean Slave Revolts and the British Abolitionist Movement*, Baton Rouge: Louisiana State U. P., 2006, pp. 137 -138 .; Kenneth Morgan, *Slavery and the British Empire: From Africa to*

America, Oxford: Oxford U. P., 2007, pp. 173 -174 , 179 -182.

⑥ Brown, *Moral Capital*.; Drescher, *Abolition*, pp. 250-251.; ibid., *Capitalism and Antislavery*, pp. 125-133 .; Moira Ferguson, *Subject to Others: British Women Writers and Colonial Slavery, 1670-1834*, New York: Routledge, 1992, pp. 258 -264 .; Elizabeth Heyrick, *Immediate, Not Gradual Abolition; or, An Inquiry into the Shortest, Safest, and Most Effectual Means of Getting Rid of West Indian Slavery*, London: Harchard, 1824.; Judie L. Holcomb, *Moral Commerce: Quakers and the Transatlantic Boycott of the Slave Labor Economy*, Ithaca: Cornell U. P., 2016, pp. 92-106.; Midgley, *Women against Slavery*, 199 2, pp. 43 -70.; コリー『イギリス国民の誕生』二九二—二九三頁、田村理「クリストファ・ブラウンの「モラル資本」論—イギリス反奴隷制運動史研究における先端的議論の紹介」『北大史学』五一、二〇一一年、四六—六〇頁。

⑦ Midgley, *Women against Slavery*, p. 44 .

⑧ Nicholas Draper, *The Price of Emancipation: Slave-Ownership, Compensation and British Society at the End of Slavery*, Cambridge: Cambridge U. P., 2010, pp. 1-113.; Seymour Drescher, *The Mighty Experiment: Free Labor versus Slavery in British Emancipation*, Oxford: Oxford U. P., pp. 121-143 .; Oldfield, *Transatlantic Abolitionism in the Age of Revolution*, p. 253 .; Mike Kaye, "The Development of the Anti-Slavery Movement after 1807," in Farrell et al. （eds.）, *The British Slave Trade*, p. 239 .

⑨ Neta C. Crawford, *Argument and Change in World Politics: Ethics, Decolonization, and Humanitarian Intervention, Cambr*idge: Cambridge U. P., 2002, p. 166 .; Draper, *The Price of Emancipation*.; Eltis, *Economic Growth*, table 2, pp. 92–93 .; Catherine Hall, Nicholas Draper, Keith McClelland, Katie Donington and Rachel Lang, *Legacies of British Slave-Ownership: Colonial Slavery and the Formation of Victorian Britain*, Cambridge: Cambridge U. P., 2014.; Richard Huzzey, *Freedom Burning: Anti-Slavery and Empire in Victorian Britain*, Ithaca:

Cornell U. P., 2012, pp. 4 2-43 .; Chaim D. Kaufmann and Robert A. Pape, "Explaining Costly International Moral Action: Britain's Sixty-year Campaign against the Atlantic Slave Trade," *International Organization* 53 : 4 , 1999 , pp. 636 -637 .; David Olusoga, "The History of British Slave Ownership has been buried: Now its Scale can be revealed," *The Guardian*, 12 July 2015.; E. Phillip LeVeen, "British Slave Trade Suppression Policies 1821-1865 ," Ph. D dissertation to Chicago University, 197 1, pp. 85 -102.; https://www.ucl.ac.uk/lbs/（最終確認日二〇二〇年八月一日）https://www.esri.cao.go.jp/jp/sna/data/data_list/kakuhou/files/h30/h30_kaku_top.html（最終確認日二〇二〇年九月八日）。

⑩ L. Diane Barnes（ed.）, *Frederick Douglass: A Life in Documents*, Charlottesville: University of Virginia Press, 2013, p. 55 .; Swaminathan, *Debating the Slave Trade*.; Howard Temperley, *British Antislavery 1833-1870*, Columbia: University of South Carolina Press, 1972, pp. 63 , 86 -87 .; Turley, *The Culture of English Antislavery*, pp. 192-199 .; Sarah Meer, *Uncle Tom Mania: Slavery, Minstrelsy, and Transantlantic Culture in the 1850s*, Athens: The University of Georgia Press, 2005, p. 164 .; コリー『イギリス国民の誕生』三六八—三七一頁、井野瀬久美惠『大英帝国という経験』講談社、二〇一七年。

⑪ 美利堅合衆國的女性廢奴運動家，將獲贈的手工藝品在舉辦的市集上販售。手工藝品與市集在她們活動中的重要性，參照 Julie Roy Jeffrey, *The Great Silent Army of Abolitionism: Ordinary Women in the Antislavery Movement*, Chapel Hill: The University of North Carolina Press, 1998, pp. 96-126.

⑫ Ackerson, *The African Institution*（*1807-1827*）*and the Antislavery Movement in Great Britain*, pp. 49 -50.; Brown, *Moral Capital*, pp. 260-261, 278 -279 .; Dino Costantini, *Mission civilisatrice: le rôle de l'histoire coloniale dans la construction de l'identité politique française*, Paris: Edition la découverte, 2008, pp. 82–89 .; Miers, *Britain and the Ending of the Slave Trade*, pp. 17-19.; Oldfield, *Transatlantic Abolitionism in the Age of Revolution*, pp.

170-172.; Thomas, *Romanticism and Slave Narratives*, p. 44.; Tomkins, *The Clapham Sect*, pp. 66-67.; 工藤庸子『ヨーロッパ文明批判序説—植民地・共和国・オリエンタリズム』東京大学出版会、二〇〇三年、一一七—一二〇頁、西川長夫『増補国境の越え方—国民国家論序説』平凡社、二〇〇一年、一六二—一六三頁、平野千果子『フランス植民地主義の歴史—奴隷制廃止から植民地帝国の崩壊まで』人文書院、二〇〇二年、五九—七〇頁。

⑬ British Library Add MS41262A, 63［Thomas Clarkson to John Clarkson, s.l., s.d.］.

⑭ *Substance of the Report of the Court of Directors of the Sierra Leone Company*, London: James Phillips, 1795, p. 30.

⑮ Edward A. Alpers, *Ivory and Slaves in East Central Africa: Changing Pattern of International Trade in East Central Africa to the Later Nineteenth Century*, Berkeley: University of California Press, 1975, pp. 152-153, 188, 199.; Epidariste Colin, "Notice sur Mozambique," *Annales des voyages, de la géographie et de l'histoire* 9, 1809, pp. 304, 312.; G. S. P. Freeman-Grenville, *The French at Kilwa Island: An Episode in Eighteenth-Century East African History*, Oxford: Clarendon Press, 1965.; Klein, *The Atlantic Slave Trade*, pp. 71-72.; MAHA（インド・マハーラーシュトラ州立文書館）PD186 0/159 /225［Rigby to Anderson, Zaznzibar, 11 February 1860］.; Daniel Domingues da Silva, David Eltis, Philip Misevich, and Olatunji Ojo, "The Diaspora of Africans Liberated from Slave Ships in the Nineteenth century," *Journal of African History* 55, 2014.; Hideaki Suzuki, *Slave Trade Profiteers in the Western Indian Ocean: Suppression and Resistance in the Nineteenth Century*, New York: Palgrave, 2017, pp. 22-23, 97-99.; Dale W. Tomich（ed.）, *The Politics of the Second Slavery*, New York: SUNY Press, 2016.; 鈴木「インド洋西海域と大西洋における奴隷制・交易廃絶の展開」、二四八—二五二頁。

⑯ MAHA PD186 0/159 /225［Rigby to Anderson, Zaznzibar, 11 February 1860］.

⑰ Gwyn Campbell, *An Economic History of Imperial Madagascar, 1750-1895: The Rise and Fall of an Island

Empire, Cambridge: Cambridge U. P., 2005.; Suzuki, *Slave Trade Profiteers in the Western Indian Ocean*, pp. 22-23.; Vijaya Teelock, *Bitter Sugar: Sugar and Slavery in 19th Century Mauritius*, Moka: Mahatma Gandhi Institute, 1998 .; 鈴木「インド洋西海域と大西洋における奴隷制・交易廃絶の展開」二五二—二五八頁。

⑱ Matthew S. Hopper, *Slaves of One Master: Globalization and Slavery in Arabia in the Age of Empire*, New Haven: Yale U. P., 2015, pp. 54 -58 , 60-64 .; Behnaz A. Mirzai, *A History of Slavery and Emancipation in Iran, 1800-1929*, Austin: University of Texas Press, 2017, pp. 37–38 , 53 .; Hideaki Suzuki, "Enslaved population and Indian Owners along the East African Coast: Exploring the Rigby Manumission List, 1860-1861," *History in Africa* 39 , 2012.; ibid, *Slave Trade Profiteers in the Western Indian Ocean*, pp. 19-33 , 鈴木英明「インド洋西海域と「近代」—奴隷の流通を事例にして」『史学雜誌』一一六—七、二〇〇七年、九一一一頁、同「世界商品クローヴがもたらしたもの—十九世紀ザンジバル島の商業・食料・人口移動」石川博樹・小松かおり・藤本武編『食と農のアフリカ—現代の基層に迫る』昭和堂、二〇一六年、二一三—二一六頁。

⑲ 但是，部分地區也有要求奴隸下田工作。例如在下伊拉克需要大量人力去除土壤中的鹽分，因此利用了黑奴，他們也是後來發動津芝起義的主體。其後，下伊拉克地區害怕再起叛亂，不再使用奴隸下田。但是阿拉伯半島的幾個地區的農耕，還是使用非洲黑奴作爲主要勞動力，直到二十世紀（Benjamin Reilly, *Slavery, Agriculture, and Malaria in the Arabian Peninsula*, Athens: Ohio U. P., 2015）。

⑳ 鈴木「世界商品クローヴがもたらしたもの」、二一五—二一六頁。

㉑ R. W. Beachey, *The Slave Trade of Eastern Africa*, London: Rex Collings, 1976 , pp. 61-63 .; Fryer, *Staying Power*, pp. 9 -10.; John Johnson, *A Journey from India to England through Persia, Georgia, Russia, Poland, and Prussia in the Year 1817*, London: Longman, Hurst, Rees, Orme, and Brown, 1818.; pp. 12-13.; 鈴木「インド洋西海域と大西洋における奴隷制・交易廃絶の展開」二六一—二六四頁、浜『ハイチ革命とフランス革命』九七頁、メル

シエ著、原宏編訳『一八世紀パリ生活誌―タブロー・ド・パリ』下、岩波書店、一九八九年、一一六頁。

㉒ 印度洋西海域周邊各社會，有較強的傾向要求奴隸同化入主人社會，因而喜歡容易同化的兒童奴隸（Hideaki Suzuki, "Tracing their 'Middle Passages': Slave Accounts from the Nineteenth-Century Western Indian Ocean," in Alice Bellagamba, Sandra E. Greene and Martin A. Klein (eds.), *African Voices on Slavery and the Slave Trade*, Cambridge: Cambridge U. P., 2013, pp. 310-311）。此外，非洲有關大陸東部沿岸的史瓦希利社會的奴隸制度分析，參考鈴木英明〈十九世紀東非沿岸部社會的奴隸制度與性別——從「史瓦希利人的風俗」著手〉粟屋利江、松本悠子編《人的移動與文化的交差》，明石書店，二〇一〇年。

㉓ Samuel Sullivan Cox, *Buckeye Abroad, Or, Wanderings in Europe and in the Orient*, Columbus: Follett, Foster and Company, 1859, pp. 244-245.

㉔ HCPP（英庶民院議会文書） 1868–69 ［4131-I］ LVI, 747 ［Livingstone to the Earl of Clarendon, East Africa, 11 June 1866］。

㉕ Satyendra Peerthum, *From Captivity to Freedom: A History of the Liberated Africans associated with the Aapravasi Ghat during the Nineteenth Century*, Port Louis: Aapravasi Ghat Trust Fund, 2013, p. 3.; Suzuki, *Slave Trade Profiteers in the Western Indian Ocean*, pp. 59-72.; 鈴木英明「インド洋西海域における「奴隸船」狩り―十九世紀奴隸交易廃絶活動の一断面」『アフリカ研究』七九、二〇一一年、一三―二五頁、同「インド洋西海域と「近代」」一一―一六頁。

㉖ PPEM MH201/Box3 ［F.R. Webb to E.D. Ropes, Zanzibar, 13 April 1869］。

㉗ 關於皇家海軍捉拿「奴隸船」方面，監視隊員之間的獎勵金分配也有很大的影響。按照規定，高級軍官獲得的的報酬配額比較多，這也導致追捕現場發生以下的情況。作者威廉·杜佩羅是參與印度洋西海域奴隸貿易監視活動的士官，他留下的日誌著作提到監視活動。其中記述了匿名傑克的船員行動。

由於接下船上所有危險激烈的任務，所以他們認為在巡航中蒐到的掠奪品，不管是黃金還是寶石，都屬於自己。不管這些物品是否為正當取得。

有關掠奪等無法無天的態度，雖然令人可恥，但是不受監督。因此這便導致了悲慘的結果。總之，不論是否緝捕船隻，傑克腦海中首先浮現的是「掠奪品」，他就像尋血獵犬般，只要聞到掠奪品的味道，他就一定出手搶奪，據為己有。所有的物品都成了祭品。「正直的傑克」頻繁的變成不正直的野獸（中略）他無視長官與極少數有良心的同僚拉起緝捕船的船帆，一聲不響的下船，破門，開箱，然後衝向黃金和寶石，將它獨吞。在地獄般的戰場上連貪婪者都不屑為之的事，傑克都幹遍了（W. Cope Devereux, *A Cruise in the "Gorgon;" Or, Eighteen Months on H.M.S. "Gorgon," engaged in the Suppression of the Slave Trade on the East Coast of Africa*, London: Bell and Daldy, 1869, p.129）。

第4章

① 詳細は、鈴木英明「サイード・ビン・スルターン没後のアフリカ大陸東部領土相続をめぐる経緯―奴隷流通構造における沿岸部スワヒリ社会の機能変化に関する追論」『スワヒリ・アンド・アフリカ研究』二二、二〇一一年を参照。

② デイヴィッド・アーミテイジ著、平田雅博・岩井淳・菅原秀二・細川道久訳『独立宣言の世界史』ミネルヴァ書房、二〇一二年、五八―六二頁、清水忠重『アメリカの黒人奴隷制論―その思想史的展開』木鐸社、二〇〇一年、五五―六七頁、ジェームス・B・スチュワート著、眞下剛訳『アメリカ黒人解放前史―奴隷制廃止運動（アボリッショニズム）』明石書店、一九九四年、七五―八七頁。

③ "Anthony Johnson versus John Casar, Northampton County Court Case, 1655," Document Bank of Virginia (http://

edu.lva.virginia.gov/dbva/items/show/126　最終確認日二〇二〇年七月三十日）.; Theodore W. Allen, *The Invention of the White Race: The Origin of Racial Oppression in Anglo-America*, Vol. 2, London: Verso, 1997 , pp. 178 -180.; Ira Berlin, "From Creole to African: Atlantic Creoles and the Origins of African-American Society in Mainland North America," *The William and Mary Quarterly* 53 : 2, 1996 .; ibid., *Many Thousands Gone: The First Two Centuries of Slavery in North America*, Cambridge: Harvard U. P., 1998 , pp. 29-31.; Warren M. Billings （ed.）, *The Old Dominion in the Seventeenth Century: A Documentary History of Virginia, 1606-1700*, Chapel Hill: The University of North Carolina Press, 2007, pp. 173 -174 , 180.; T.H. Breen and Stephen Innes, *"Myne Owne Ground": Race and Freedom on Virginia's Eastern Shore, 1640-1676*, 25th Anniversary Ed., New York: Oxford U. P., 2005, pp. 7 -18.; John C. Coomb, "Beyond the 'Origins Debate': Rethinking the Rise of Virginia Slavery," in Douglas Bradburn and John C. Coomb （eds.）, *Early Modern Virginia: Reconsidering the Old Dominion*, Charlottesville: University of Virginia Press, 2011.; Winthrop D. Jordan, "Modern Tensions and the Origins of American Slavery," *The Journal of Southern History* 28: 1, 1962, pp. 23-24.; Abbot Emerson Smith, *Colonists in Bondage: White Servitude and Convict Labor in America 1607-1776*, Chapel Hill: The University of North Carolina Press, 1947 , p. 336 .; David W. Galenson, "The Rise and Fall of Indentured Servitude in the Americas: An Economic Analysis," *The Journal of Economic History* 44 : 1, 1984 , pp. 2-6.; Edmund S. Morgan, *American Slavery, American Freedom: The Ordeal of Colonial Virginia*, New York: W.W. Norton and Co., 2003 （1st. 1975）, pp. 316-337 .; Justin Roberts, "Race and the Origin of Plantation Slavery," Oxford Research Encyclopedias of American History （http://americanhistory.oxfordre.com/view/10.1093 /acrefore/978 01993 29175 .001.0001/acrefore-978 01993 29175 -e-268 ?rskey=fZo3n8&result=1 最終確認日二〇二〇年八月四日）.; John HendersonRussell, "The Free Negro in Virginia 1619-1865 ," Ph.D thesis to the Johns Hopkins University, 1913,p. 24.; Lorena S. Walsh, *Motives of Honor, Pleasure, and Profit: Plantation*

Management in the Colonial Chesapeake, 1607-1763, Chapel Hill: The University of North Carolina Press, 2010, p. 113.; アイラ・バーリン著、落合明子・大類久恵・小原豊志訳『アメリカの奴隷制と黒人―五世代にわたる捕囚の歴史』明石書店、二〇〇七年、四七―九〇頁、和田光弘『紫煙と帝国―アメリカ南部タバコ植民地の社会と経済』名古屋大学出版会、二〇〇〇年、一四四―一四五頁。

④ 和田光弘引用了一個範例，英國底層出身的年輕單身男子是十七世紀典型的雇佣契約工人，在故鄉找不到工作的他們，遷移到近郊的小都市謀職。在那裡也找不到工作，又遷移到大都市。最後決定移民到新大陸。總之，他將移民解釋爲國內遷移的延長（和田《紫煙與帝國》一一〇—一一一頁）。

⑤ 關於維吉尼亞殖民地與馬里蘭殖民地的事例過程相仿，它的奴隸法制定過程，請參考池本幸三《近代奴隸制社會的歷史展開——以乞沙比克灣維吉尼亞殖民地爲中心》密涅瓦書房，一九八七年，二四七—二六五頁。

⑥ Gary B. Nash, *Forging Freedom: The Formation of Philadelphia's Black Community 1720-1840*, Cambridge: Harvard U. P., 1988 , pp. 63 -65 .; Patrick Rael, *Eighty-eight Years: The Long Death of Slavery in the United States, 1777-1865*, Athens: The University of Georgia Press, 2015, pp. 64 -68 .; バーリン『アメリカ の奴隷制と黒人』一六六—一六九頁。

⑦ Carden, *Freedom's Delay*, p. 68 .; Judith A. Carney, *Black Rice: The African Origins of Rice Cultivation in the Americas*, Cambridge: Harvard U. P., 2001, p. 289 .; Steven Deyle, *Carry Me Back: The Domestic Slave Trade in American Life*, Oxford: Oxford U. P., 2005.; Thomas Ellison, *The Cotton Trade of Great Britain: Including A History of the Liverpool Cotton Market and of the Liverpool Cotton Broker's Association*, London: Effingham Wilson, 1886 , p. 86 .; Elizabeth Fox-Genovese and Eugene D. Genovese, *The Mind of the Master Class: History and Faith in the Southern Slaveholders' Worldview*, Cambridge: Cambridge U. P., 2005, p. 77 .; Allan Kulikoff, *Tobacco and Slaves: The Development of Southern Cultures in the Chesapeake 1680-1800*, Chapel Hill: the University of North Carolina Press, 1986, p. 70.; Angela Lakwete, *Inventing the Cotton Gin: Machine and Myth in Antebellum America*, Baltimore: The Johns Hopkins U. P., 2003, pp. 21-25.; Patricia Phillips Marshall, "King Cotton," in Anita Zaleski Weinraub（ed.）, *Georgia Quilts: Piecing together a History*, Athens: The University of Georgia Press, 2006, p. 102.; バーリン『アメリカの奴隷制と黒人』二六一—二七〇頁、本田創造『アメリカ南部奴隷制社会の経済構造』岩波書店、一九六四年、七一頁。

⑧ Scott Gac, *Singing for Freedom: The Hutchinson Family Singers and the Nineteenth-Century Culture of Antebellum Reform*, New Haven: Yale U. P., 2007.; Deborah C. De Rosa, *Domestic Abolitionism and Juvenile Literature 1830-1865*, New York: State University of New York Press, 2003, pp. 18-24.; Hannah Townsend, *The Anti-Slavery Alphabet*, Philadelphia: Merrihew and Thompson, 1846.; 小池洋平『「奴隷的拘束禁止」の憲法上の意義—アメリカ合衆国憲法修正第一三条はなぜ奴隷制を廃止したのか』早稲田大学大学院社会科学研究科に提出された学位請求論文、二〇一八年、一九—二〇頁、澤入要仁「一九世紀のアメリカン・バンド——ハッチンソン・ファミリーとアメリカ大衆詩」『国際文化研究科論集』一三、二〇〇五年、森本あんり『反知性主義—アメリカが生んだ「熱病」の正体』新潮社、二〇一五年、一四五—一八三頁。

⑨ Richard Price（ed.）, *Maroon Societies: Rebel Slave Communities in the Americas*, 2nd. ed., Baltimore: The Johns Hopkins U. P., 1979.; Mary Ellen Snodgrass（ed.）, *The Underground Railroad: An Encyclopedia of People, Places, and the Operations*, London: Routledge, 2015.

⑩ L. Diane Barnes, *Frederick Douglass : A Life in Documents*, Charlottesville: University of Virginia Press, 2013, p. 72.

⑪ Eric Burin, *Slavery and the Peculiar Solution: A History of the American Colonization Society*, Gainesville: U. P. of Florida, 2005, pp. 7-8, 26, 88-91（table 1-5）.; Lacy Ford, *Deliver Us from Evil: The Slavery Question in the Old*

South, New York: Oxford U. P., 2009, pp. 7 0-71.; Holcomb, *Moral Commerce*, pp. 79 -80.; James Oliver Horton and Lois E. Horton, *Slavery and the Making of America*, Oxford: Oxford U. P., 2005, pp. 9 0-92.; Richard S. Newman, "'A Chosen Generation': Black Founders and Early America," in Timothy Patrick McCarthy and John Stauffer（eds.）, *Prophets of Protest: Reconsidering the History of American Abolitionism*, New York: The New Press, 2006, pp. 61-62.; Nash, *Forging Freedom*, pp. 142-143 , 238 .; Rich ard S. Newman, *Freedom's Prophet: Bishop Richard Allen, the AME Church, and the Black Founding Fathers*, New York: New York U. P., 2008, p. 204.; Allan Yarema, *The American Colonization Society: An Avenue to Freedom?*, Lanham: U. P. of America, 2006, pp. 53 -55 .; 清水忠重「アメリカ植民協会のリベリア経営」『神戸女学院大学論集』三九—三、一九九三年、三頁、竹本友子「アメリカ植民協会の歴史的性格—黒人解放運動との関連において」『史苑』四二—一・二、一九八二年、一一六頁、バーリン『アメリカの奴隷制と黒人』一七三—一七七頁。

⑫ 舉例來說，維吉尼亞州議會在一八〇六年通過，規定已解放黑人一年內離開州境的法案（Carden, *Freedom's Delay*, p. 66）。

⑬ 有部分自由黑人展現善意的反應，舉例來說，Gress D. Kimball, "African, American, and Virginian: The Shaping of Black Memory in Antebellum Virginia, 179 0-1860," in W. Fitzhugh Brundage（ed.）, *Where These Memories Grow: History, Memory, and Southern Identity*, Chapel Hill: The University of North Carolina Press, 2000, p. 72 を参照。

⑭ *Nash, Forging Freedom*, p. 238 .

⑮ 關於內布拉斯加－堪薩斯法的廣泛影響，參照 John R. Wunder and Joann M. Ross（eds.）, *The Nebraska-Kansas Act of 1854*, Lincoln: University of Nebraska Press, 2008 。

⑯ William A. Blair and Karen Fisher Younger（eds.）, *Lincoln's Proclamation*, Chapel Hill: The University of North Carolina Press, 2009.; Henry Louis Gates, Jr.（ed.）, *Lincoln on Race and Slavery*, Princeton: Princeton U. P., 2009, pp. xvii-lxviii, 237 , 243 , 301.; 清水『アメリカの黒人奴隷制論』二八二—二九八頁、エリック・フォーナー著、森本奈理訳『業火の試練—エイブラハム・リンカンとアメリカ奴隷制』白水社、二〇一三年。

⑰ Gates, Jr.（ed.）, *Lincoln on Race and Slavery*, p. 237 .

⑱ Gates, Jr.（ed.）, *Lincoln on Race and Slavery*, p. 301

⑲ フォーナー『業火の試練』、二三四頁。

⑳ Benjamin A. Batson, *The End of the Absolute Monarchy in Siam*, Singapore: Oxford U. P., 1984 , pp. 4 -6.; S. Baring-Gould and C.A. Bampfylde, *A History of Sarawak: Under Its Two White Rajahs 1839-1908*, Kuala Lumpur: Synergy Media, 2007, pp. 155 -156（1st. London, 1909）.; Nidhi Eoseewong, *Pen and Sail: Literature and History in Early Bangkok*, ed. by Chris Baker, Bangkok: Silkworm Books, 2005, p. 145 .; Steven Runciman, *The White Rajahs: A History of Sarawak from 1841 to 1946*, Kuala Lumpur: Synergy Media, 2007（1st. Cambridge, 1960）, pp. 128-129.; 石井米雄『タイ近世史研究序説』岩波書店、一九九九年、石井米雄著、飯島明子解説『もうひとつの「王様と私」』めこん、二〇一六年、一六、九五頁、永井史男「外圧なき開国（一）—一九世紀シャムにおける近代化の開始に関する一考察」『法学論叢』（京都大学）一三五—二、一九九四年、五六、六五—七〇頁、矢野暢「政治の〈前近代〉と〈近代〉—「チャクリー改革」論」矢野暢編『講座東南アジア学—東南アジアの政治』七、弘文堂、一九九二年、一二頁。

㉑ 石井米雄著、飯島明子解説『もうひとつの「王様と私」』六四—六五頁。

㉒ 飯島明子見解認爲，泰王朝以後述人的結合作爲統治的基礎，對他們來說，俗人主義的領事裁判權反而更理所當然（飯島明子〈關於泰國領事裁判權——保護民問題之所在〉《東南亞研究》一四—一，一九七六年，七五頁）。

㉓ Eoseewong, *Pen and Sail: Literature and History in Early Bangkok*, p. 145 .

㉔ John Bowring, *The Kingdom and People of Siam: With a Narrative of the Mission to that Country in 1855*, Vol. 1, London: John W. Parker and Son, 1857 , p. 455 .; R. B. Cruikshank, “Slavery in Nineteenth Century Siam,” *The Journal of the Siam Society* 63 : 2, 1975 , pp. 316, 330.; Neil A. Englehart, *Culture and Power in Traditional Siamese Government*, Ithaca: Cornell Southeast Asia Program Publications, 2001, pp. 36 -41.; R. Lingat, *L’esclavage privé dans le vieux droit Siamois*, Paris: Les Editions Domat-Montchrestien, 1931, p.227.; Jean-Baptiste Pallegoix, *Description du royaume Thaï ou Siam*, Bangkok: D.K. Book House, 1976 , p. 119.; Akin Rabibhadana, “The Organization of Thai Society in the Early Bangkok Period, 178 2-1873 ,” Data Paper Number 74 , Southeast Asia Program Department of Asian Studies, Cornell University, 1969 , pp. 110-111.; Andrew Turton, “Thai Institutions of Slavery,” in Watson （ed.）, *Asian and African Systems of Slavery*, pp. 262-267 .; 飯島「タイにおける領事裁判権」七四、石井米雄「タイの奴隷制に関する覚書」『東南アジア研究』五—三、一九六七年、一六七—一七六頁、同「三印法典について」『東南アジア研究』六—四、一九六九年、北原淳『タイ農村社会論』勁草書房、一九九〇年、三〇—三一頁、西澤希久男「タイ伝統法における奴隷制度が有する担保機能について」『国際開発研究フォーラム』三四、二〇〇七年、一六〇—一六一頁。

㉕ 但是，例如〈住在曼谷的紳士〉雖然爲寶靈提供奴隸制的詳細資訊，但是，文中提到並不贊同「奴隸」作爲「塔德」的譯語，他暗示有更合適的單字，但是並沒有寫出是哪個詞（Bowring, *The Kingdom and People of Siam*, Vol. 1, p. 189）。

㉖ 關於《塔德法》，有一說認爲塔德是梵語譯爲奴隸的「達沙」的變音，所以應受印度古代法的影響。不過另一見解認爲緬甸古代化的影響超越印度（Lingat, *L’esclavage privé dans le vieux droit Siamois*, pp. 18-27, Turton, “Thai Institutions of Slavery,” pp. 251-253）。

㉗ Cruikshank, “Slavery in Nineteenth Century Siam,” p. 330.; Englehart, *Culture and Power in Traditional Siamese*

Government, pp. 11-13, 19-20, 4 0-43 .; David Feeny, "The Demise of Corvée and Slavery in Thailand, 178 2-1913," in Klein (ed.), *Breaking the Chains*, p. 92, Rabibhadana, "The Organization of Thai Society," pp. 17-20.; Turton, "Thai Institutions of Slavery," p. 267 .; 石井『タイ近世史研究序説』二四二—二五九頁、北原『タイ農村社会論』三一頁、郡司喜一『タイ国固有行政の研究』日本書院、一九四五年、九九頁、小泉順子「バンコク朝と東北地方」池端雪浦編『変わる東南アジア史像』山川出版社、一九九四年、一九五—二〇八頁、同「徭役と人頭税・兵役の狭間」『上智アジア学』一七、一九九九年、六〇—六八頁、田坂敏雄・西澤希久男『バンコク土地所有史序説』日本評論社、二〇〇三年、二七—三〇頁、玉田芳文「官僚制の近代化—タイの事例」矢野編『講座東南アジア学—東南アジアの政治』一〇五頁、矢野「政治の〈前近代〉と〈近代〉」二五七—二五八頁。

㉘ 老年或身體殘障者可免除賦役，不過要刻上刺青爲證（石井《泰近世史研究序說》二四九頁）。

㉙ Eoseewong, *Pen and Sail*, pp. 77 -89 , 99 .; Feeny, "The Demise of Corvée and Slavery in Thailand, 1782-1913," pp. 91-92.; James C. Ingram, *Economic Change in Thailand, 1850-1970*, Stanford: Stanford U. P., 1971 (1st. 1955), pp. 21-24, 38 (Table III), 58 -59 , 94 (Table VIII) .; D.E. Malloch, *Siam: Some General Remarks on its Productions*, Calcutta: the Baptist Mission Press, 185 2, pp. 6 , 8 .; George William Skinner, "A Study of Chinese Community Leadership in Bangkok, together with an Historical Survey of Chinese Society in Thailand," Ph.D thesis to Cornell University, 1954 , pp. 38 -44 .; Jeffery Sng and Pimpraphai Bisalputra, *A History of the Thai-Chinese*, Bangkok: Didier Millet, 2015, pp. 161-168 , 188 -189 .; 高谷好一「チャオプラヤ・デルタの開拓」『東南アジア研究』一七—四、一九八〇年、六三四頁、同『熱帯デルタの農業発展—メナム・デルタの研究』創文社、一九八二年、一〇—一三、二二七—二三六頁、田辺繁治「Chao Phraya デルタの運河開発に関する一考察（I）」『東南アジア研究』一一—一、一九七三年、一八—二一、二八頁、同「Chao Phraya デルタの運河開発に関する

一考察（II）—一九世紀末葉における変容過程」『東南アジア研究』一一—二、一九七三年。

㉚ John Crawfurd, *Journal of An Embassy from the Governor-General of India to the Courts of Siam and Cochin China*, 2nd ed., Vol. 2, London: Henry Colburn and Richard Bentley, 1830, p. 161.

㉛ 但是，高薪還是不足以吸引泰國人爲工資勞動。據大衛・費尼的見解，若是以白米爲指標，一八五〇年到一九一四年，王朝內的實質工資以一・三五%的比例下跌（David Feeny, *The Political Economy of Productivity: Thai Agricultural Development, 1880-1975*, Vancouver: University of British Columbia Press, 1982, p.18）。

㉜ David M. Engel, *Law and Kingship in Thailand during the Reign of King Chulalongkorn*, Michigan Papers on South and Southeast Asia 9 , 1975 , p. 97 .; Feeny, "The Demise of Corvée and Slavery in Thailand, 178 2-1913," p. 95 .; Snit Smuckarn and Kennon Breazeale, *A Culture in Search of Survival: The Phuan of Thailand and Laos*, New Haven: Yale University Southeast Asia Studies, 1988 , pp. 127-131.; David Wyatt, *The Politics of Reform in Thailand: Education in the Reign of King Chulalongkorn*, New Haven: Yale U. P., 1969 , pp. 42–43 .; 小泉順子「自由と不自由の境界—シャムにおける「奴隷」と「奴隷」制度の廃止」小泉順子編『歴史の生成—叙述と沈黙のヒストリオグラフィ』京都大学学術出版会、二〇一八年、二五六頁、玉田芳史「チャクリー改革と王権強化—閣僚の変遷を手がかりとして」『総合的地域研究の手法確立—世界と地域の共存パラダイムを求めて（重点領域研究総合的地域研究成果報告書シリーズ）』一九九六年、三五、六〇—六九、八五—九六頁。

㉝ 蒙固一八六八年發出的布告是爲了防止負債而產生更多的奴隸人口。因此規定男主人若想把妻子、兒女當奴隸賣掉時，必須得到妻子的首肯。有評論認爲這是對泰國舊法的一大挑戰，尤其是三印法典將女性的地位置於男性之下。

㉞ 朱拉隆功最初並不贊同攝政提出的廢除塔德案（小泉〈自由與不自由的境界〉二五六頁）。

㉟ 外務省調査部『大日本外交文書』五、日本国際協会、一九三九年、四一二—五四〇頁、譚聲迷子『夜半鐘聲』横浜中華会館、一八七二年（石橋正子編『マリア・ルス号事件関係資料集』私家本、二〇〇八年、四一—七六頁にファクシミリ版収録）、笠原英彦「マリア・ルス号事件の再検討—外務省「委任」と仲裁裁判」『法学研究—法律・政治・社会』六九—一二、一九九六年、森田朋子『開国と治外法権—領事裁判制度の運用とマリア・ルス号事件』吉川弘文館、二〇〇五年、一四七—一九八頁、

㊱ ダニエル・V・ボツマン「奴隷制なき自由？—近代日本における「解放」と苦力・遊女・賤民」佐賀朝・吉田伸之編『シリーズ遊郭社会2　近世から近代へ』吉川弘文館、二〇一四年、一〇四—一一四頁。石橋編『マリア・ルス号事件関係資料集』、二—四頁、松村正義「マリア・ルス号事件の広報外交的性格」『帝京国際文化』九、一九九六年、一—五二頁、森田『開国と治外法権』一五〇—二一五頁。

㊲ Edmund Hornby, *Sir. Edmund Hornby: An Autobiography*, Boston: Houghton Mifflin Co., 1928, p. 303.

㊳ 佐和希児編、林道三郎訳『白露国馬厘亜老士船裁判略記』神奈川県、一八七四年、二頁。

㊴ Yuriko Yokoyama, "The *Yūjo* Release Act as Emancipation of Slaves," in Suzuki（ed.）, *Abolition as A Global Experience*, pp. 183 -185 .; 阿部保志「明治五年井上馨の遊女「解放」建議の考察」『史流』三六、一九九六年、大日方純夫『日本近代国家の成立と警察』校倉書房、一九九二年、二八〇—二八四頁、ボツマン「奴隷制なき自由？」一一八頁、森田『開国と治外法権』二五三頁。

㊵ 阿部「明治五年井上馨の遊女「解放」建議の考察」七五頁に全文が掲載。

㊶ 大藏省以「時代傾向文明，人權也該得到自由」爲旨，根據司法省案，撰寫自己的布告案。據大日方純夫的研究，此案是打算將遊女屋與遊女的人身隸屬關係，轉變爲妓院與遊女之間的金錢關係（大日方《日本近代國家的形成與警察》二八三—二八四頁）。

㊷ Yokoyama, "The *Yūjo* Release Act as Emancipation of Slaves," pp. 178 -182, 190-191.; 人見佐知子『近代公娼制度の社会史的研究』日本経済評論社、二〇一五年、一九四—一九七頁。

㊸ https://pj.ninjal.ac.jp/corpus_center/cmj/meiroku/（最終確認日二〇二〇年八月六日）、石川禎浩「近代東アジアにおける「奴隷」概念」弘末雅士編『越境者の世界史—奴隷・移住者・混血者』春風社、二〇一三年、一〇〇頁、王青「梁啓超と明治啓蒙思想」『北東アジア研究』一七、二〇〇九年、七五—八六頁、岸本美緒「清末における「奴隷」論の構図」『お茶の水史学』五六、二〇一三年、一八〇—一八四頁、曺明玉「申采浩の「我」言説研究—アイデンティティの政治という視座から」『ソシオサイエンス』一八、二〇一二年、五二—五八頁。

㊹ Charles Henry Alexandrowicz, *The Law of Nations in Global History*, ed. by David Armitage and Jennifer Pitts, Oxford: Oxford U. P., 2017, pp. 34 1-346 .; Jean Allain, "Slavery and the League of Nations: Ethiopia as a Civilised Nation," *Journal of the History of International Law* 8 , 2006, pp. 235 -242.; ibid., *The Slavery Conventions: The Travaux Préparatoires of the 1926 League of Nations Convention and the 1956 United Nations Convention*, Leiden: Martinus Nijhoff, 2008, p. 31.; Antoinette Iadarola, "Ethiopia's Admission into the League of Nations: An Assessment of Motives," *The International Journal of African Historical Studies* 8 : 4 , 1975 , pp. 603-607, 615-622.; Amalia Ribi Forclaz, *Humanitarian Imperialism: The Politics of Anti-Slavery Activism, 1880-1940*, Oxford: Oxford U. P., 2015.; *League of Nations, Records of the Third Assembly Plenary Meetings*, Vol. 1, Text of Debates, 1922, pp. 49 -50, 102-103.; Miers, *Slavery in the Twentieth Century*, pp. 20, 66 -74 .; *League of Nations Official Journal*, Special Supplement 13, 1923, p. 125.; LNGA（スイス・国際連盟文書館）S265 /56 /1［Harris? to Drummond, s.l., n.d.］, R61/22290/31174 /1 "Slavery in Abyssinia," 4 , 14-15, LNGA R61/23252/246 28/1［Lugard to Drummond, Surrey, 22 December 1922］, LNGAR64 /23252/357 04/1.; Junius P. Rodriguez, *The Historical Encyclopedia of*

World Slavery, Santa Barbara: ABC-CLIO, 1997 , Vol. 1, p. 108, s.v. Brussels Conference.

㊺ Haile Selassie, *My Life and Ethiopia's Progress*, Vol. 2, ed. by Harold Marcus et al., East Lansing: Michigan State University, 1994 , p. 175 .

㊻ Martin A. Klein, "The End of Slavery in French West Africa," in Suzuki （ed.）, *Abolitions as A Global Experience*, pp. 199 -212.

㊼ Hideaki Suzuki, "Baluchi Experiences under Slavery and the Slave Trade of the Gulf of Oman and the Persian Gulf, 1921-1950," *The Journal of the Middle East and Africa* 4 : 2, 2013.; 鈴木英明「二〇世紀前半ペルシア湾岸における奴隷解放調書の資料性の検討」（第五九回日本オリエント学会大会における報告原稿）。

第 5 章

① Alessandro Stanziani, "The Abolition of Serfdom in Russia," in Suzuki （ed.）, *Abolitions as A Global Experience*, pp. 228-239 .

② Richard B. Allen, *Slaves, Freedmen and Indentured Laborers in Colonial Mauritius*, Cambridge: Cambridge U. P., 1999 , pp. 15-16, 53 -54 .; Frederick Cooper, *From Slaves to Squatters: Plantation Labor and Agriculture in Zanzibar and Coastal Kenya, 1890-1925*, New Haven: Yale U. P., 198 0, pp. 73 -76 .; HCPP 1897 ［C.8433］ LXII, 7 11-713 ［Abolition of the Legal Status of Slavery in Zanzibar and Pemba］.; Elisabeth McMahon, *Slavery and Emancipation in Islamic East Africa: From Honor to Respectability*, Cambridge: Cambridge U. P., 2013, pp. 56 -57 .; Abdul Sheriff, Vijayalakshmi Teelock, Saada Omar Wahab and Satyendra Peerthum, *Transition from Slavery in Zanzibar and Mauritius: A Comparative History*, Dakar: Council for the Development of Social Science Research in

Africa, 2016, pp. 111-114.; Teelock, *Bitter Sugar*, pp. 273 -276 .

③ 奴隸在法庭上獲得解放時，要向奴隸主支付補償金，它解釋爲由政府收買了該奴隸，而稱爲「政府的奴隸」。此外，奴隸主當中，也有依據伊斯蘭法解放奴隸，他們不要補償金，而是從伊斯蘭教式的積德行善來找到解放的意義。（Cooper, *From Slaves to Squatters*, pp. 74, 76）。

④ "Abolition of Slavery in the West Indies," *The Anti-Slavery Record* 1: 12, 1835 .; O. Nigel Bolland, "Systems of Domination after Slavery: the Control of Land and Labor in the British West Indies after 1838 ," *Comparative Studies in Society and History* 23: 4 , 198 1, pp. 594 -597 .; HCPP 1842 （479） XXX, 656 ［Free labourers of Plantation Walton Hall to Joseph Allen, Walton Hall, 6 January 1842］.; Mrs. Lanaghan, *Antigua and the Antiguans*, Vol. 1, London: Saunders and Otley, 1844 , pp. 148 -149 .; Mathieson, B*ritish Slave Emancipation 1838-1849*, pp. 35 -38 .; Green, *British Slave Emancipation*, pp. 124-125.; Melanie Newton, "'The Children of Africa in the Colonies': Free People of Colour in Barbados during the Emancipation Era, 1816-1854 ," Ph.D. thesis to University of Oxford, 2001, pp. 27, 272-275 .; Nigel Worden, "Freed Slaves and Farmers in the Mid-Nineteenth-Century South-Western Cape," in Wilmot G. James and Mary Simons （eds.）, *Class, Caste and Color: A Social and Economic History of the South African Western Cape*, New Brunswick: Transaction Publishers, 2009, p. 37 .

⑤ "Abolition of Slavery in the West Indies," *The Anti-Slavery Record* 1-12, 1835 , p. 137 .

⑥ HCPP 184 2 （479）, XXX, 656 ［Free labourers of Plantation Walton Hall to Joseph Allen, Walton Hall, 6 January 1842］.

⑦ Douglas A. Blackmon, *Slavery by Another Name: The Re-Enslavement of Black Americans from the Civil War to World War II*, New York: Anchor Books, 2009.; George P. Rawick （ed.）, *The American Slave: A Composite Autobiography*, 19Vols, Westport: Greenwood Publishing, 1972 （1st. 1941）.; 辻内鏡人『アメリカの奴隷制と

自由主義』東京大学出版会、一九九七年、一五〇—一六一、二二八—二三〇頁。

⑧ 辻内『アメリカの奴隷制と自由主義』、一五〇—一五一頁。

⑨ 辻内『アメリカの奴隷制と自由主義』、一五九頁。

⑩ Rawick （ed.）, *The American Slave*, Vol. 3 , p. 266 .

⑪ Rawick （ed.）, *The American Slave*, Vol. 3 , p. 279 . 元奴隷の証言分析から、解放後の彼らの生活世界を描写した研究として、Paul D. Escott, *Slavery Remembered: A Record of Twentieth-Century Slave Narratives*, Chapel Hill: The University of North Carolina Press, 1979 , pp. 159 -175 も参照。

⑫ 加藤貴之『花月史—長崎丸山文化史』花月、二〇一二年、三七二—三七三頁、横山百合子「一九世紀都市社会における地域へゲモニーの再編—女髪結・遊女の生存と〈解放〉をめぐって」『歴史学研究』八八四、二〇一一年、同「芸娼妓解放令と遊女—新吉原『かしく一件』史料の紹介をかねて」『近世社会史論叢（東京大学日本史学研究室紀要別冊）』、二〇一三年、一六三—一六七頁、Yokoyama, "The YūjoRelease Act as Emancipation of Slaves," pp. 190-191 。

⑬ 現在の地名への比定は原直史にしたがう（http://hysed.human.niigata-u.ac.jp/blog/2013/06/10/177　最終確認日二〇二〇年七月二十六日）。

⑭ 人見佐知子進一步指出，《藝娼妓解放令》雖然讓遊女屋業者不可避免解散，但是它不只未成爲現實的問題，新成立的近代公娼制就是通過這樣的業界組織重組（人見《近代公娼制度的社會史研究》一九四—一九六頁）。

⑮ Scot Barmé, *Woman, Man, Bangkok: Love, Sex, and Popular Culture in Thailand*, Bangkok: Silkworm Books, 2002, pp. 5 -6, 78 .; Stefan Hell, *Siam and the League of Nations: Modernisation, Sovereignty and Multilateral Diplomacy, 1920-1940*, Bangkok: River Books, 2010, pp. 164 -165 .; James A. Warren, *Gambling, the State and*

Society in Thailand, c.1800-1945, London and New York: Routledge, 2013, pp. 72, 152.; 飯島明子・小泉順子「「人を〝タート〟にしたくない」—タイ史のジェンダー化に関する一試論」『東南アジア—歴史と文化』二九、二〇〇〇年、小泉「自由と不自由の境界」二六三—二七五頁。

⑯ Aphornsvan, "Slavery and Modernity," p. 176 .

⑰ Bridget Brereton, *A History of Modern Trinidad 1783-1962*, Kingston: Heinemann, 198 1, pp. 78 -79 .;David Eltis, "The Traffic in Slaves between the British West Indian Colonies, 1807-1833 ," *The Economic History Review*, New Series, 25: 1, 1972, pp. 57 -60.; Stanley L. Engerman, "Economic Change and Contract Labor in the British Caribbean: the End of Slavery and the Adjustment to Emancipation," *Explorations in Economic History* 21, 1984 , pp. 138 -140.; Green, *British Slave Emancipation*, pp. 192-195 .; B.W. Higman, "Population and Labor in the British Caribbean in the Early Nineteenth Century," in Stanley L. Engerman and Robert E. Gallman （eds.）, *Long-Term Factors in American Economic Growth*, Chicago: Chicago U. P., 1986 .; W. Emmanuel Riviere, "Labour Shortage in the British West Indies after Emancipation," *The Journal of Caribbean History* 4 , 1970.

⑱ HCPP 1837（521）［Smith to Glenelg, Barbados, 26 July 1836］。但是，儘管有這種限制，還是有一定比例的前奴隸從巴貝多島移居到英屬蓋亞那和千里達（Howard Johnson, "Barbadian Immigrants in Trinidad 1870-1897" *Caribbean Studies* 13:3, 1973, pp. 5-30）。

⑲ MAHA PD 1901/XXV/175 /236 /5 ［the Commissioner of Police, Bombay to Consul and Political Agent, Muscat, Bombay, 19 December 1901］, MAHA PD 1906/XXVII/131/289 ［Commissioner of Police, Bombay to the Secretary to Government, Bombay, Bombay, 3 0 April 1906］, MAHA PD 1902/XLI/169 /245 -246 ［Statement of Abdullah bin Nasib］.; 鈴木英明「インド洋西海域周辺諸社会における近世・近代移行期とその矛盾—奴隷制・奴隷交易の展開に着目して」『史苑』七七—二、二〇一六年、一一三—一一六頁。

⑳ HCPP 187 1 ［420］ XII, 5 .

㉑ HCPP 187 1 ［420］ XII, 3 0.

㉒ Deryck Scarr, *Seychelles since 1770: History of A Slave and Post-slavery Society*, London: Hurst, 2000, p. 70.

㉓ 大西洋的部分，在海面上救出了二十多萬名奴隸，最後送到新大陸和非洲大陸的人數共十八萬九百六十九人。（Da Silva, Eltis, Misevich and Ojo, "The Diaposra of Africans Liberated from Slave Ship in the Nineteenth Century," p. 367 ）。關於從大西洋海上救出的奴隸和他們的處理方式，參照 Rosanne Marion Adderley, "*New Negroes from Africa": Slave Trade Abolition and Free African Settlement in the Nineteenth-Century Caribbean*, Bloomington: Indiana U. P., 2006 。

㉔ Victor Bulmer-Thomas, *The Economic History of the Caribbean since the Napoleonic Wars*, Cambridge: Cambridge U. P., 2012, pp. 65 -67 .; Michael L. Bush, *Servitude in Modern Times*, Cambridge: Polity, 2000, pp. 203-210.; Jo-Anne S. Ferreira, "Madeiran Portuguese Migration to Guyana, St. Vincent, Antigua and Trinidad: A Comparative Overview," *Portuguese Studies Review* 14: 2, 2006, pp. 64 -68 .; Donna R. Gabaccia, *Italy's Many Diasporas*, London: Routledge, 2004, pp. 65 -66 .; Richard A. Hawkins, *Pacific Industry: The History of Pineapple Canning in Hawaii*, London: I.B. Tauris, 2011, pp. 40-41.; Walton Look Lai, *Indentured Labor, Caribbean Sugar: Chinese and Indian Migrants to the British West Indies, 1838-1918*, Baltimore: The Johns Hopkins U. P., 1995 , pp. 19-49 .; ibid., "Introduction: the Chinese in Latin America and the Caribbean,"in Walton Look Lai and Tan Chee-Beng （eds.）, *The Chinese in Latin America and the Caribbean*, Leiden: Brill, 2010, pp. 38 -45 .; ibid., "Asian Diaspora and Tropical Migration in the Age of Empire: A Comparative Overview," in Lai and Tan （eds.）, *The Chinese in Latin America and the Caribbean*.; Brij V. Lal, *Girmitiyas: The Origins of the Fiji Indians*, Lautoka: Fiji Institute of Applied Studies, 2004 （1st. 1983 ）.; Arnold J. Meagher, *The Coolie Trade: The Traffic in Chinese Laborers to Latin America 1847-1874*, Bloomington: Xlibris,

2008, pp. 59 -61.; David Northrup, *Indentured Labor in the Age of Imperialism, 1834-1922*, Cambridge: Cambridge U. P., 1995 , pp. 43 -79 .; Skinner, "A Study of Chinese Community Leadership in Bangkok, together with an Historical Slavey of Chinese Society in Thailand," pp. 4 1-44 .; Hugh Tinker, *A New System of Slavery: The Export of Indian Labour Overseas 1830-1920*, 2nd ed., London: Hansib, 1993 .; Ronald Wenzlhuemer, *From Coffee to Tea Cultivation in Ceylon, 1880-1900*, Leiden: Brill, 2008, pp. 64 -65 , 76 -83 .; 可兒弘明『近代中国の苦力と「豬花」』岩波書店、一九七九年、二一四頁、木村健二「近代日本の出移民史」日本移民学会編『日本人と海外移住—移民の歷史・現状・展望』明石書店、二〇一八年、三二—四五頁。

㉕ 現在尚不清楚全世界雇佣契約勞工的移民總數。對雇佣契約勞動制最概括性的研究 Northrup, *Indentured Labor in the Age of Imperialism*, pp. 156-157 中，從一八三一年到一九二〇年之間，確定有二百零七萬六千六百二十五名雇佣契約勞動移民的產生，可是這個數字並不包括到東南亞的移民數。雇佣契約勞工的移民未必是排他的進行，大多數與自由移民共乘，而另外，雇佣契約勞動制包含的勞工仲介制度也有很多種，因此查明總體數量是件艱巨的作業。

㉖ Richard. B. Allen, *Slaves Freedmen and Indentured Laborers in Colonial Mauritius*, p. 17.; Pamela Sooben, "Unlawfully Married," *the Angagē* 2, 2012, pp. 6 0-61.; Robert Townsend Farquhar, *Suggestions, arising from the Abolition of the African Slave Trade, for supplying the Demands of the West India Colonies with Agricultural Labourers*, London: John Stockdale, 1807.

㉗ Jane Elizabeth Adams, "The Abolition of the Brazilian Slave Trade," *Journal of Negro History* 10: 4 ,1925, pp. 635 -636 .; David Baronov, *The Abolition of Slavery in Brazil: The "Liberation" of Africans through the Emancipation of Capital*, West Port: Greenwood, 2000, pp. 152, 162-167 .; Robert Conrad, *The Destruction of Brazilian Slavery 1850-1888*, Berkeley: University of California Press, 1972, p. 33 .; Ada Ferrer, *Freedom's Mirror: Cuba and Haiti in the Age of Revolution*, New York: Cambridge U. P., 2014, p.25.; Dale Torston Graden, *From Slavery to Freedom in Brazil: Bahia, 1835-1900*, Albuquerque: University of New Mexico Press, 2006, pp. 1-49 .; Evelyn Hu-DeHart, "Chinese Coolie Labor in Cuba in the Nineteenth Century: Free Labor or Neoslavery?" *Black Studies* 12, 1994 , p. 38 .; David R. Murray, *OdiousCommerce: Britain, Spain and the Abolition of the Cuban Slave Trade*, Cambridge: Cambridge U. P., 1980, pp. 10-13.; Robert L. Paquette, *Sugar is made with Blood: The Conspiracy of La Escalera and the Conflict between Empires over Slavery in Cuba*, Middletown: Wesleyan U. P., 1988 .; Rebecca Jarvis Scott, *Slave Emancipation in Cuba: The Transition to Free Labor, 1860-1899*, Pittsburgh: University of Pittsburgh Press, 2000 （1st. 1985）, pp. 127-200.

㉘ Ronald T. Takaki, *Pau Hana: Plantation Life and Labor in Hawaii, 1835-1920*, Honolulu: University of Hawaii Press, 1983 , pp. 127-129.; Tinker, *A New System of Slavery*, p. 161.; M・K・ガーンディー著、田中敏雄訳注『南アフリカでのサッティヤーグラハの歴史』一、平凡社、二〇〇五年、五〇頁、村上衛『海の近代中国―福建人の活動とイギリス・清朝』名古屋大学出版会、二〇一三年、二六一―二七〇頁。

㉙ 『中外新聞外篇』九、一八六八年閏四月。

㉚ 福永郁雄「ヴァン・リード論評」『英学史研究』一八、一九八六年、六二頁。

㉛ 但是，隨著時代進步，雇傭契約勞工載運中的死亡率逐漸降低。原因是移送船的大型化和載運的快速性、有關移送的規則制定、大量移送的經驗累積等（Northrup, *Indentured Labor in the Age of Imperialism, 1834-1922*, pp. 89-103）。此外，也必須考量到渡海前，會對勞工進行身體檢查，不合格者不能上船等狀況。一八九〇年代的加爾各答，有許多年，不合格者超過募集者的一〇％以上（Lal, *Girmitiyas*, pp. 59-61. Table 14, 15）。

㉜ 鄭観応「論禁止販人力奴」夏東元編『鄭観応集』上、上海人民出版社、一九八二年、一一二頁。

㉝ Northrup, *Indentured Labor in the Age of Imperialism, 1834-1922*, p. 119、塩出浩之『越境者の政治史―アジ

ア太平洋における日本人の移民と植民』名古屋大学出版会、二〇一五年、一三〇―一五三頁、園田節子『南北アメリカ華民と近代中国―一九世紀トランスナショナル・マイグレーション』東京大学出版会、二〇〇九年、五九―一〇四頁、アラン・T・モリヤマ著、金子幸子共訳『日米移民史学―日本・ハワイ・アメリカ』PMC出版、一九八八年、一八二―一八三頁。

㉞ 一八七〇年代後期以後，鑑於這種狀況，便在華人居留地設置公使館或領事館（貴堂嘉之《美利堅合衆國與中國移民――歷史中的「移民國家」美國》名古屋大學出版會，二〇一二年，五六―五七頁）。

㉟ Michael L. Bush, *Servitude in Modern Times*, Cambridge: Polity, 2000, p. 206.; Charles J. McClain, *In Search of Equality: The Chinese Struggle against Discrimination in Nineteenth-Century America*, Berkeley: University of California Press, 1994, pp. 79-97.; Northrup, *Indentured Labor in the Age of Imperialism, 1834-1922*, p. 118.; Stacey L. Smith, *Freedom's Frontier: California and the Struggle over Unfree Labor, Emancipation, and Reconstruction*, Chapel Hill: The University of North Carolina Press, 2013, pp. 223-224.; Takaki, *Pau Hana*, pp. 127-176.; 貴堂『アメリカ合衆国と中国人移民』四六、一〇四―一四七、二四三―二四六頁、貴堂嘉之『移民国家アメリカの歴史』岩波書店、二〇一八年、八六―一〇九頁、塩出『越境者の政治史』一四九―一五一、二九四頁、園田『南北アメリカ華民と近代中国』一三四―一六三頁、帆刈浩之『越境する身体の社会史―華僑ネットワークにおける慈善と医療』風響社、二〇一五年、九四―一一四頁、簑原俊洋『アメリカの排日運動と日米関係―「排日移民法」はなぜ成立したか』朝日新聞出版、二〇一六年、二八四―二九四頁。

㊱ 貴堂嘉之『移民国家アメリカの歴史』一〇二頁。

㊲ J.E. Corbett, "A Study of the Capetown Agreement," MA thesis to the University of Cape Town, 1947, p. 17.; Ashwin Desai and Goolam Vahed, *The South Indian Gandhi: Stretcher-Bearer of Empire*, Stanford: Stanford U. P., 2016, pp. 33-34.; Uma Dhupelia-Mesthrie, "The Passenger Indian as Worker: Indian Immigrants in Cape Town in the Early

Twentieth Century," *African Studies* 68 : 1, 2009.; HCPP 1910 〔C. 5 192〕 XXVII, 13, 23.; Ashtosh Kumar, *Coolies of the Empire: Indentured Indians in the Sugar Colonies, 1830-1920*, Cambridge: Cambridge U. P., 2017, pp. 212-228.; Hilda Kuper, *Indian People in Natal*, Natal: the U. P., 196 0, pp. 5 -9.; David Northrup, *Indentured Labor in the Age of Imperialism 1834-1922*, pp. 144 -145 .; Tinker, *A New System of Slavery*, pp. 334 -366 , ガーンディー『南アフリカでのサッティヤーグラハの歴史』一、七五—七七頁。

㊳ ガーンディー『南アフリカでのサッティヤーグラハの歴史』一、七六頁。

㊴ HCPP 1910 〔C. 5 192〕 XXVII, 13, 23.

㊵ Kumar, *Coolies of the Empire*, p. 218.

㊶ Tinker, *A New System of Slavery*, pp. 339 -34 0.

㊷ 鎌田耕一「労働者概念の生成」『日本労働研究雑誌』六二四、二〇一二年、七頁。

終章

① http://caricomreparations.org/.; https://en.unesco.org/themes/fostering-rights-inclusion/slave-route.; https://www.un.org/en/events/slaveryremembranceday/.; "Press Release: Acknowledgement of Past, Compensation urged by Many Leaders in Continuing Debate at Racism Conference"（https://www.un.org/press/en/2001/rd94 2.doc.htm）（以上、すべて最終確認日　二〇二〇年八月四日）, Rhoda E. Howard-Hassmann, "Reparation to Africa and the Group of Eminent Persons," *Cahiers d'étude africaines* 173 -174 （2004）.; ibid., *Reparation to Africa*, with Anthony P. Lombardo, Philadelphia: University of Pennsylvania Press, 2008.; *Legacies of Slavery: A Resource Book for Managers of Sites and Itineraries of Memory*, Paris: UNESCO, 2018.; Alamin Mazrui and Willy Mutunga （eds.）,

Debating the African Condition: Ali Mazrui and His Critics, Trenton and Asmara: Africa World Press, 2004, pp. 275-480.; Daniel Tetteh Osabu-Kle, "The African Reparation Cry: Rationale, Estimate, Prospects, and Strategies," *Journal of Black Studies* 30: 3（2000）.; 永原陽子編『「植民地責任」論—脱植民地化の比較史』青木書店、二〇〇九年、「特集奴隷展示は問う」『月刊みんぱく』五〇四、二〇一九年。

② Kevin Bales, Zoe Trodd and Alex Kent Williamson, *Modern Slavery: Beginner's Guides*, Oxford: Oneworld, 2009.; Julia O'Connell Davidson, *Modern Slavery: The Margins of Freedom*, New York: Palgrave, 2015.; Siddharth Kara, Modern Slavery: A Global Perspective, New York: Columbia University Press, 2017.; ケビン・ベイルズ著、大和田英子訳『グローバル経済と現代奴隷制』凱風社、二〇〇二年。

③ 對於現代奴隷制，二〇一五年三月，英國政府制定了《現代奴隷法》（2015 c.30）。該法要求在英國國內經營事業，年營業額在三千六百萬英鎊以上的營利團體或企業，不論總公司是否在英國國內，都必須在年度報告書中公布，公司及其供應鏈在防止現代奴隷制和人口買賣的具體措施。許多日本企業也在官網上公開報告書，部分企業也公開日語譯本。

④ 五十嵐元道『支配する人道主義—植民地統治から平和構築まで』岩波書店、二〇一六年、小松志朗『人道的介入—秩序と正義、武力と外交』早稲田大学出版部、二〇一四年、二—四四頁、ジャン・ブリク293モン著、菊池昌実訳『人道的帝国主義—民主国家アメリカの偽善と反戦平和運動の現実』新評論、二〇一一年。また、人道的介入に関する研究動向については、千知岩正継「日本語で読める人道的介入・「保護する責任」の文献リスト」『社会と倫理』二九、二〇一四年が有用。

⑤ 五十嵐元道『支配する人道主義』、八九頁。

國家圖書館出版品預行編目 (CIP) 資料

自由誰說了算？奴隸廢除後的理想與現實／鈴木英明 著；陳嫺若譯
——初版——新北市：臺灣商務印書館股份有限公司，2024.12　面；
公分（歷史．世界史）
譯自：解放しない人びと、解放されない人びと　奴隷廃止の世界史
ISBN 978-957-05-3599-0（平裝）

1.CST: 奴隸制度　2.CST: 奴隸社會　3.CST: 世界史

546.2　　113017257

歷史．世界史

自由誰說了算？奴隸廢除後的理想與現實

解放しない人びと、解放されない人びと

奴隷廃止の世界史

作　　者—鈴木英明
譯　　者—陳嫺若
發 行 人—王春申
選書顧問—陳建守、黃國珍
總 編 輯—林碧琪
副總編輯—何珮琪
特約主編—霍爾
封面設計—謝宛廷
內頁設計—洪志杰
業　　務—王建棠
資訊行銷—劉艾琳、孫若屏
出版發行—臺灣商務印書館股份有限公司
23141 新北市新店區民權路 108-3 號 5 樓（同門市地址）
電話：（02）8667-3712　傳真：（02）8667-3709
讀者服務專線：0800056193　郵撥：0000165-1
E-mail：ecptw@cptw.com.tw　網路書店網址：www.cptw.com.tw
Facebook：facebook.com.tw/ecptw

局版北市業字第 993 號
初版：2024 年 12 月
印刷廠：鴻霖印刷傳媒股份有限公司
定價：新台幣 480 元

法律顧問　何一芃律師事務所